历史与社会学文库

中国历史
文化散论
（增订本）

瞿林东 著

Essays on Chinese
History and Culture
(revised and enlarged edition)

华东师范大学出版社
East China Normal University Press
上海

图书在版编目（CIP）数据

中国历史文化散论/瞿林东著.—增订本.—上海：华东师范大学出版社，2020
ISBN 978-7-5760-0434-2

Ⅰ．①中… Ⅱ．①瞿… Ⅲ．①文化史－中国－文集 Ⅳ．①K203-53

中国版本图书馆CIP数据核字（2020）第077429号

中国历史文化散论（增订本）

著　　者　瞿林东
责任编辑　曾　睿
特约审读　汪　燕　陈成江　王首贞
责任校对　时东明
装帧设计　金竹林
责任印制　张久荣

出版发行　华东师范大学出版社
社　　址　上海市中山北路3663号　邮编 200062
网　　址　www.ecnupress.com.cn
电　　话　021-52713799 行政传真 021-52663760
客服电话　021-52717891 门市（邮购）电话 021-52663760
地　　址　上海市中山北路3663号华东师范大学校内先锋路口
网　　店　http://hdsdcbs.tmall.com

印 刷 者　上海商务联西印刷有限公司
开　　本　710×1000 16开
印　　张　19.25
字　　数　309千字
版　　次　2021年1月第1版
印　　次　2021年1月第1次
书　　号　ISBN 978-7-5760-0434-2
定　　价　68.00元

出 版 人　王　焰

（如发现本版图书有印订质量问题，请寄回本社客服中心调换或电话021-52717891联系）

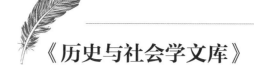

《历史与社会学文库》
编 委 会

成员：（按姓氏音序）

晁福林　陈其泰　陆益龙　瞿林东

杨雅彬　张书学　朱　力　朱　英

目录 CONTENTS

增订本序 ... 1
原书序 ... 3

上编 历史与启示 ... 1

西周汉唐之盛与总结历史经验 ... 3
论春秋时期各族的融合 ... 11
司马迁怎样总结秦汉之际的历史经验 ... 28
精于学而廉于政
　　——读《后汉书·儒林传》札记 ... 39
魏收和《魏书》的风波 ... 45
力主"匡正时弊"的李谔 ... 55
唐太宗：一代明君的业绩与悲剧 ... 59
"贞观之治"与《贞观政要》
　　——说说书与天下的辩证法 ... 75
"以富国安人之术为己任"
　　——史学家杜佑二三事 ... 78
文明的颂歌 ... 83
东林书院：学子与社会 ... 87
想起了顾炎武 ... 94
顾炎武的社会理想及政治学说
　　——读《亭林文集》郡县论及相关诸论书后 ... 99

阮元和历史文献学 —— 115

深沉的民族觉醒意识
　　——19世纪四五十年代的边疆史地研究 —— 125

史学家的河山之恋 —— 132

运河：历史的价值和现实的意义
　　——评史念海教授著《中国的运河》 —— 141

关于评价历史人物的是是非非 —— 148

决策漫谈 —— 154

中国古代史学家和思想家怎样看待历史进程 —— 169

下编 文化与精神 —— 185

黄帝文化精神与统一多民族国家的历史 —— 187

炎帝传说的历史意义 —— 199

楚人重史与长江文化 —— 202

史学传统与人文精神 —— 210

传统史学与人生修养 —— 226

史学名著与人文修养
　　——关于史学遗产和民族精神及民族风格的思考 —— 232

史学与大众文化 —— 241

永久的青春
　　——谈谈中国古代史学名著的魅力 —— 254

中国史书的特点 —— 260

关于历史文学的札记 —— 266

说"野史" —— 271

说风俗 —— 282

三个西方学者和中国传统史学 —— 285

经济全球化形势下的文化抉择 —— 289

附录：关于文化的民族性与世界性
　　——访北京师范大学教授瞿林东 —— 292

增订本序

《中国历史文化散论》一书，于2008年由重庆出版社出版，至今已有12年了。两年前，我收到华东师范大学出版社发来的一封邮件，信中阐述了该社计划编辑出版一套"历史与社会学文库"，拟将《中国历史文化散论》列为丛书之一。对于这一信息，我有两点感受。一是对华东师范大学出版社的这个创意，极为赞同和钦佩。华东师范大学出版社的这一做法，反映了新时代人们读书的需要、学术研究的需要和文化发展的需要，具有突出的时代性和前瞻性。二是对于"历史与社会学文库"将收入我的这本小书，既感到高兴，也感到惭愧。高兴的是，这本小书还值得阅读，这是笔者的荣幸。惭愧的是，诚如我在初版序中说过，这是一些零篇短简的汇集，没有太多深入的研究，这是笔者的心里话。

承蒙"历史与社会学文库"编纂者的雅意，趁着这本小书再版的机会，我在原书的基础上补入三篇文章：《论春秋时期各族的融合》（1981年）、《顾炎武的社会理想及政治学说》（2013年）、《中国古代史学家和思想家怎样看待历史进程》（2017年），分别讨论民族关系、政治学说和历史进程，这是中国历史文化中比较重要的几个问题，权当是对上述"零篇短简"的一点补充。

我是学习和研究中国史学史的，往往从史学发展的角度来看待和理解历史和文化。比如我在本书收入的《黄帝文化精神与统一多民族国家的历史》一文中，论述到"历史认同与文化认同源远流长"以及"黄帝祭祀传统的历史意义"等问题。此后，我和我的同事们对历史文化认同的历史进行了系统的研究和论述，撰成一部5卷本《历史文化认同与中国统一多民族国家》的著作（河北人民出版社2013年出版），受到社会各方面的关注和好评。这是从国家历史进程的层面，阐述历史认同与文化认同所产生的深远的历史影响。

在中国特色社会主义建设事业进入新时代以来，我和我的同事们致力于"铸牢中华民族共同体意识"的研究。历史表明：中国自古是一个多民族国家，《诗经》《尚书》《春秋》《左传》等先秦文献生动地记述了多民族活动的历史。中国自秦汉以后形成不断发展的统一多民族国家,太史公司马迁在《史记》中描绘了一幅统一多民族国家的宏伟画卷。史学工作者、民族工作者有责任用丰富的历史事实,讲述中国历史上各民族之间的交往、交流和交融,其间虽有种种复杂情况,但总的趋势是各民族间的关系越来越密切,历史文化认同的程度越来越深入,形成伟大的合力,共同创造了光辉灿烂的中华文明,共同推动了中国历史发展,为中华民族共同体奠定了历史基础。这是我们要深入研究的目标和前景。

祝贺"历史与社会学文库"系列丛书越办越好!感谢华东师范大学出版社的编辑们为本书的出版付出的辛劳!

瞿林东

2020年5月28日

序于北京师范大学史学理论与史学史研究中心

原书序

中国历史，悠久，厚重；中国文化，丰富，灿烂。中国各族人民共同创造了中国历史文化，中国历史文化又反转过来哺育着世世代代各族人民，如此螺旋般地前进，形成生生不息的、连续发展的伟大机制。这个机制蕴含着多民族历史文化认同的深刻意识，蕴含着"彰往察来"的启示意义和"自强不息"的进取精神。一言以蔽之，中国历史文化是中国各族人民生存、发展的土壤，是中华民族共有的精神家园。

几十年来，尤其是近三十年来，我致力于中国史学史的学习和研究，逐步对中国史学有了更多、更深的认识。当然，在学习和研究中国史学的过程中，不能脱离对于中国历史的认识，同样也不能不涉及对于中国文化的理解。这些认识和理解，一方面大多包含在我关于中国史学的历史和理论的论述之中，另一方面也形成了一些零篇短简。二者相辅相成，互相启迪，往往又不断激发起我寻求新知的欲望和不断上进的要求。唯其如此，不免敝帚自珍，今不揣谫陋将这些零篇短简编为一册，献给读者。

本书所收入的一些文章，或读书所得，有感而发；或因学术活动的需要，命题作文。它们之间并无"系统"可言，但却也有一种内在联系。编入上篇的，谓之"历史与启示"，是从对历史的认识中得到的一些教益；编入下篇的，谓之"文化与精神"，是讲的思想上的收获。我对于中国历史文化的点点滴滴的认识，不过沧海一粟罢了。如果它们能够给读者一点启发，进而能够引起一些共鸣，那就是对我的极大鼓励！

十几年前，我曾经出版一本论集《中国史学散论》（湖南教育出版社1992年版)，本书取名《中国历史文化散论》，聊以作为前者的姊妹篇吧。

我感谢出版社给我这样一个宝贵的机会，使这本小书得以面世。但从"高地文丛"来说，我又不免惶恐起来："高地"未曾登临，何以答人所"问"！

反之，我倒是真诚地期待着读者的批评、指正。

出版社的编辑为此书的策划费心费力甚多，付出了辛劳，我的一位博士生阎静同学协助我检阅、编次文稿，在此，我一并向他们衷心地表示感谢！

瞿林东

2008年5月21日

上 编
历史与启示

西周汉唐之盛与总结历史经验

一、我不可不监于有夏，亦不可不监于有殷

在中国历史上，西周的建立是划时代的事件。西周时期的物质生产、制度设施、思想成就，对后世都有极深远的影响。文、武、周公被视为"圣人"，是同西周的兴盛相关联的。文王奠基，武王灭商，周公对西周的巩固和发展有重大贡献。从《尚书·周书》来看，周公摄政期间及其归政于成王之初，他就当时所发生的一些重大事件而发布的诰文，一方面分析现实所面临的严峻形势，一方面又总结历史经验教训，并把二者结合起来，进而阐述他本人与诰文训诫对象应当采取的正确做法。

首先，周公结合一些重大政治事务，在发布诰文时强调总结历史经验的重要性。如康叔就封殷地之前，他训诫康叔说：由于文王"明德慎罚"，上帝很高兴，"乃大命文王殪戎殷"，代替殷来管理它的臣民。周公说："予惟不可不监，告汝德之说于罚之行。"我们不能不认真总结经验教训，我要告诫你怎样施行德政，怎样使用刑罚。周公最后指出：不要丢掉谨慎的作风，记住我的告诫，你和你的后人就能够世世代代管理好殷的遗民。①这里指出了"明德慎罚"是周之所以代殷的重要原因，也是一条重要的历史经验。在分析这些问题的过程中，强调了"不可不监"的原则。又如，周公归政于成王的那年，便东行视察洛邑，同时有诰文之作。周公在讲述了营建洛邑的经过后，便讲到了有关总结夏、殷灭亡的教训的问题，指出："我不可不监于有夏，亦不可不监于有殷……"（《尚书·召诰》）意思是说，我们不能不以夏为鉴戒，也不能不

---

① 《尚书·康诰》，参考王世舜译注本，成都：四川人民出版社1982年版，本文引《尚书》版本同。

以殷为鉴戒……他们不敬重德行，才早早地丧失了从上天那里接受的大命。现在成王承受了上天赐予的大命，我希望大家能够思考夏、殷两朝兴亡的原因，接受它们的教训，继承它们的功绩。周公最后说：希望大家都要有忧患之心，这样我们才能够说，我们接受上天的大命，能够像夏朝那样经历久远的年代，不至于经历像殷朝那样短的年代。这里提出的"我不可不监（鉴）于有夏，亦不可不监于有殷"的话，是历史上很有名的论点，反映了西周初年的政治家对历史经验的深刻认识。在周公看来，"天命"不是固定不变的，统治不是一劳永逸的，因此要有忧患之心；有了忧患之心，就能敬德；能够敬德，就能久安，即所谓"受天永命"。这同前面所说"明德慎罚"的思想是完全一致的。

其次，周公还就前朝的一些具体的历史教训发布了诰文，如：

——关于戒酒。周公指出：我们西土之人不论上下都遵照文王的教导，"不腆于酒""故我至于今，克受殷之命"。殷朝的"先哲王"时，上上下下也不敢"崇饮"；后来就不行了，"荒腆于酒"，以至于"庶群自酒，腥闻在上，故天降丧于殷"。这是很严重的教训。如果现在你们发现有"群饮"的人，就不要放过他们，把他们押送到我这里来，我要杀掉他们。你们要听从我的教训，不要让你们治下的臣民"腆于酒"。（《尚书·酒诰》）司马迁记商纣王"大聚乐戏于沙丘，以酒为池，悬肉为林，使男女倮，相逐其间，为长夜之饮"。（《史记·殷本纪》）这样的天子，岂有不亡之理？而西周初年强调"不腆于酒"，自是一件大事。

——关于"罔厉杀人""勤用明德"。周公认为，要使周的统治"至于万年"，就应长期实行"保民"的政策。从这一政治见解出发，他强调要总结周人兴起时先王所实行的德教的历史经验。（《尚书·梓材》）

——关于"四方小大邦丧，罔非有辞于罚"。周公训诫那些不安分的殷朝遗民说，上天不会把大命赐给那些不施行德教的人。凡四方小国、大国的丧亡，都是因为自身有过错而招致丧亡这样严重的惩罚。为了阐明这个道理，周公讲述了"成汤革夏"的原因，是因为夏朝末年的统治者太放纵自己；又讲述了"自成汤至于帝乙"都能"明德恤祀"，把殷朝治理得很好，而帝乙以后诸王就做得很差了，变得骄奢淫佚，招致了丧亡的大祸。这里，周公讲述了夏、殷、周的兴亡史及其经验教训。（《尚书·多士》）

——关于"君子所其无逸"。周公告诫成王不要陷于淫佚，为此他举出殷朝的中宗、高宗、祖甲三王和周文王的榜样，认为他们是通达明智之君，应以他们的做法为鉴戒（《尚书·无逸》）。此外，关于用人问题，周公举出夏桀、殷纣用人的错误和周文王、武王用人的成功，以此告诫成王要选用贤人来治理国家（《尚书·立政》）。关于善始慎终的问题，周公告诫周的贵族说，周朝已经建立起来，但是否能顺利发展、长久存在，这都是我不敢预料的，要记住殷朝灭亡的大祸，要时时想到天意和民心（《尚书·君奭》）。周公还反复训诫殷的遗民，给他们分析夏、殷兴亡的历史原因和周兴起的依据，告诉他们其中有必然的道理，要他们懂得同周人和睦相处，否则是要受到惩罚的。（《尚书·多方》）

通观周公的这些诰词可以看出，这是西周政治统治不断巩固、完善的过程，而凡重大措施无不与总结历史经验教训相联系。可以这样说，周公从摄政起至还政于成王之初的若干年代，是中国历史上第一次深刻总结历史经验教训的年代，其思想成果不仅对"成康之治"、西周的繁荣有直接的影响，而且在中国历史上产生了深远的影响。孔子说："周监于二代，郁郁乎文哉！吾从周。"（《论语·八佾》）可见这种影响之大之远。

二、试为我著秦所以失天下，吾所以得之者何

同西周比起来，西汉建立之初，最高统治者汉高祖缺乏总结历史经验教训的自觉意识；但后来的历史表明，这种意识一旦被启发出来，其积极影响却是深刻而巨大的。

汉高祖的这种自觉意识的产生同汉初一位儒生有关，他就是陆贾。陆贾是楚地人，以有辩才而从刘邦定天下，深得刘邦信任。司马迁在《史记》中记下了他在汉初所做的一件具有重大历史意义的事情，这就是：

> （汉初定）陆生时时前称说《诗》《书》。高帝骂之曰："乃公居马上而得之，安事《诗》《书》！"陆生曰："居马上得之，宁可以马上治之乎？且汤武以逆取而以顺守之，文武并用，长久之术也。昔者吴王夫差、智伯极武而亡；秦任刑法不变，卒灭赵（秦）氏。向使秦已并天下，行仁义，法先圣，陛下安得而有之？"高帝不怿而有惭色，乃谓陆生曰："试为我著秦所以失天下、吾所以得之者何，及

古成败之国。"陆生乃粗述存亡之征,凡著十二篇。每奏一篇,高帝未尝不称善,左右呼万岁,号其书曰《新语》。(《史记·郦生陆贾列传》)

可以想见,这在当时是何等庄严、深沉而又富有生气的场面!值得注意的是,刘邦这个人的文化素养并不高,但他毕竟是一位政治家,不像项羽那样"自矜功伐,奋其私智",因而能够采纳臣下的合理建议。他命陆贾总结秦何以失天下、汉何以得天下及古成败之国的历史经验,实在是一个极其英明的决定。汉初统治集团,以皇帝为首这样重视总结历史经验,对于西汉初年乃至西汉前期基本国策的制定和贯彻,无疑产生了重大的影响。还有一点值得注意的是,陆贾说的"逆取而以顺守之,文武并用,长久之术也",跟后来贾谊说的"取与守不同术也",是相通的。从这个历史的联系中,可以窥见汉初知识分子在总结历史经验、思考当代治国方略上有不少共同的认识,也做出了重大的贡献。

陆贾《新语》十二篇中的第四篇,即《无为》篇指出:"秦非不欲为治,然失之者,乃举措暴众而用刑太极故也。"认为实行"宽舒""中和"之政是非常必要的。"无为""宽舒""中和",既是对秦朝"用刑太极"政策的否定,也是直接影响到西汉前期基本国策的理论根据之一。汉初统治者内部在政治上存在着激烈的斗争,有朝廷同异姓封国的斗争,有刘氏集团同诸吕集团的斗争,有同姓封国同朝廷的斗争等等,但以"无为""宽舒""中和"为理论根据的基本国策却相沿未改,在较长的时期里得到了贯彻。

司马迁显然十分重视这一历史经验。他在考察这个问题的时候,一方面注意到它的连续性,另一方面也注意到它的实际效果。他在《吕太后本纪》后论中指出:"孝惠皇帝、高后之时,黎民得离战国之苦,君臣俱欲休息乎无为,故惠帝垂拱,高后女主称制,政不出房户,天下晏然。刑罚罕用,罪人是希。民务稼穑,衣食滋殖。"《吕太后本纪》所记述的史事,大多是关于诸吕同刘氏宗室及开国功臣争夺权力的斗争,以及吕后在这个斗争中的种种残酷手段。从上文所引司马迁语来看,他在总结惠帝、吕后统治时期的功过得失时,没有局限于统治集团内部的纷争,而着眼于这一时期总的社会发展趋势。这正是司马迁历史见识的非同凡响之处。而所谓"君臣俱欲休息乎无为",同刘邦废秦苛法，萧何"顺流与之更始"，陆贾提出"逆取而以顺守之"的历史经验和"无为"的主张等，一脉相承。这里贯穿着一个基本的国策，即顺应民心，与民休息。这一国策在文、景时继续得到贯彻，所以司马迁一再称颂文帝的"盛德"："汉兴，至孝文四十有余载，德至盛也。"（《史记·孝文本纪》后论）"汉兴，孝文施大德，天下怀安。"（《史记·孝景本纪》后论）司马迁这样盛赞文帝是有道理的，因为正是在他统治的二十多年中，西汉的社会经济得到了恢复并迅速发展起来，在惠帝、吕后时期"民务稼穑，衣食滋殖"的基础上，进而发展到"海内殷富，兴于礼义"的局面，这就是历史上所说的"文景之治"。

同西周初相比，这次总结历史经验的活动，一是参与的人更多，从刘邦、陆贾到贾谊、晁错，不少政治家、思想家都参加了讨论；二是延续的时间更长，从高祖、吕后到文帝、景帝，历时四十多年。当然，只是到武帝时期，司马迁以一个史学家所负有的历史责任，以其深刻的思考和见识，详尽地总结了秦汉之际的历史经验，进一步回答了汉高祖所提出的问题，为后人留下了一笔巨大的精神财富。

三、览前王之得失，为在身之龟镜

唐初统治集团包括唐高祖、唐太宗、令狐德棻、魏徵等君臣，对史学的社会作用有极深刻的认识，反映了他们对于历史和现实的关系有深切的理解和高度的重视。这是史学思想发展的一种表现，也是政治思想发展的一种表现。在这一点上，可以说唐初又超出了西汉初年和西周初年。其政治上的结果，是"贞观之治"和"开元盛世"的出现。

唐高祖根据令狐德棻的建议，于武德五年（622）下达《命萧瑀等修六代史诏》，指出："考论得失，究尽变通，所以裁成义类，惩恶劝善，多识前古，贻鉴将来。"（《唐大诏令集》卷八十一）对修史的重视，反映了对史学的社会作用的重视，对历史经验在现实活动中的重要性的重视。所谓"六代史"，是指梁、陈、北魏、北齐、北周和隋，这同西周初年论殷朝历史、西汉初年论秦朝历史有类似之处。

唐太宗为秦王时，就十分注重学习历史知识，研究历史经验，他同他的属官虞世南"共观经史""商略古今"，讨论"古先帝王为政得失"。（《旧唐书·虞世南传》）后来，虞世南根据这些讨论，撰成《帝王略论》一书。唐太宗即位后，每每与大臣们商讨治国安民之道，无不引古论今，非常重视历史经验，这在玄宗时期的史学家吴兢所著的《贞观政要》一书中，有很多记载。通观贞观朝的历史，凡重大举措都是同总结历史经验教训结合在一起的。贞观三年（629），唐太宗正式设立史馆于禁中，命史官们撰写梁、陈、齐、周、隋"五代史"。贞观十年（636），五史修成，唐太宗很高兴，他在表彰史臣们的同时，阐述了他对历史经验的见解，他说：

> 朕睹前代史书，彰善瘅恶，足为将来之戒。秦始皇奢淫无度，志存隐恶，焚书坑儒，用缄谈者之口。隋炀帝虽好文儒，尤疾学者，前世史籍竟无所成，数代之事殆将泯绝。朕意则不然，将欲览前王之得失，为在身之龟镜。公辈以数年之间，勒成五代之史，深副朕怀，极可嘉尚。（《册府元龟》卷五五四《国史部·恩奖》）

所谓"览前王之得失，为在身之龟镜"是其对待历史经验教训的基本宗旨。值得注意的是，这两句话，并非虚言饰词，而是唐初统治集团的实际想法。唐太宗还这样说过："以铜为镜，可以正衣冠。以古为镜，可以知兴替。以人为镜，可以明得失。朕常保此三镜，以防己过。"（《旧唐书·魏徵传》）"览前王之得失"当然主要是吸取隋朝的教训。在唐初统治者看来，一个"甲兵强盛""风行万里"的隋朝，怎么一下子就"率土分崩""子孙殄灭"（同上）了呢？唐皇朝是在隋末农民大起义摧垮了隋皇朝的基础上建立起来的，唐初统治者不能不认真地吸取这一历史教训，以作为巩固自身统治的借鉴，这就是"为在身之龟镜"了。例如，唐太宗批评隋文帝"性至察而心不明""谓群下不可信任，事皆自决，虽劳神苦形，未能尽于合理"。他批评隋炀帝"求采无已""竭人财力"。唐太宗还认为"神仙事本虚妄，空有其名"，嘲笑秦始皇、汉武帝信求仙事是"非分爱好"以致或"沙丘而死"，或"便行诛戮"。（以上均见《旧唐书·太宗纪》）

唐太宗的这些看法，无疑都贯彻于梁、陈、齐、周、隋五代史中。其中尤为突出的是魏徵主编的《隋书》。这是因为吸取隋朝灭亡的教训，是《隋书》的重要课题之一。如《隋书·炀帝纪》后论称：

> （隋炀帝）负其富强之资，思逞无厌之欲，狭殷、周之制度，尚秦、汉之规摹。恃才矜己，傲狠明德，内怀险躁，外示凝简，盛冠服以饰其奸，除谏官以掩其过。淫荒无度，法令滋章，教绝四维，刑参五虐，锄诛骨肉，屠剿忠良，受赏者莫见其功，为戮者不知其罪。骄怒之兵屡动，土木之功不息，频出朔方，三驾辽左，旌旗万里，征税百端，猾吏侵渔，人不堪命。乃急令暴条以扰之，严刑峻法以临之，甲兵威武以董之，自是海内骚然，无聊生矣。

这里是从政治、经济、军事等方面，指出了隋炀帝的政策错误。结论是："宇宙崩离，生灵涂炭，丧身灭国，未有若斯之甚也。"

在《隋书》卷七十后论中，魏徵还进而指出："其隋之得失存亡，大较与秦相类。始皇并吞六国，高祖统一九州，二世虐用威刑，炀帝肆行猜毒，皆祸起于群盗，而身殒于匹夫。原始要终，若合符契矣。"从而说明隋亡与秦亡的相似之处。

这种从不同的侧面来总结隋朝灭亡的教训的议论，在《隋书》中比比皆是。唐初统治集团这种"以史为镜"的思想，对唐代史学的发展有深刻的影响，对唐代政治的发展也有深刻的影响。唐太宗本人曾亲撰《金镜》一文（见《全唐文》卷十），作为时时对照的一面"镜子"，可见他对历史经验教训的真诚的重视。贞观年间，一些基本国策的制定，唐太宗和他的大臣们都要充分考虑到历史经验教训的因素。譬如，唐太宗君臣都认识到秦、隋之亡有一个共同的原因，这就是"过役民力"。因此，轻徭薄赋、减轻人民负担成为他们讨论得最多的问题。《贞观政要》的《俭约》篇记贞观元年（627）唐太宗称引秦始皇营建宫室遭到人民反对的史实，乃放弃营造宫殿的计划，"由是二十年间，风俗简朴，衣无锦绣，财帛富饶，无饥寒之弊"。《奢纵》篇记贞观十一年（637），马周上疏陈时政，讲到夏、殷、周、汉的历史经验和魏、晋、周、隋的历史教训，指出当今"供官徭役，道路相继"，"春夏秋冬，略无休时"，很不妥当，应恢复贞观初年的政策。《务农》篇记贞观二年（628），唐太宗讲到"凡事皆须务本。国以人为本，人以衣食为本，凡营衣食，以不失时为本"时，大臣王珪指出"秦皇、汉武，外则穷极兵戈，内则崇侈宫室，人力既竭，祸难遂兴"的教训，以及"亡隋之辙，殷鉴不远"的事实，希望唐太宗"慎终如始"。唐太宗表示要"安人宁国""克己自励"。所有这些都表明，唐太宗君臣从现实状况和历史经验教训中得到一个基本的认识：减轻人民负担。由此出发，人们不难窥见"贞观之治"基本国策的思想基础。此外，如唐初关于"偃武修文"的"教化"政策的确定，关于不实行分封制度的决定等，魏徵、李百药诸人也都是把历史经验教训和当时形势结合起来予以论证的。贞观二十年（646），唐太宗在《修晋书诏》中发出这样的感叹："大矣哉，盖史籍之为用也！"（《唐大诏令集》卷八十一）这句话，透露出他在读史过程中学习到了多么丰富的历史知识、历史经验、历史智慧。他作为一代英明君主，作为"贞观之治"的核心人物，他说的这句话该有多么重的分量！

西周、汉、唐三朝建立之初，统治者都十分注重把从总结历史经验教训中所得到的启示，作为制定基本国策和重大举措的指导原则之一，并都取得了巨大的成功，先后出现了彪炳于史册的"成康之治""文景之治""贞观之治"。这有力地表明，西周、汉、唐之盛同总结历史经验之间，自有一种必然的联系。那么，这种必然的联系又给今人什么启示呢？这使人想起了龚自珍的名言："欲知道者，必先为史。"（《龚定庵全集类编》卷五《尊史》）

（原载《文史知识》1999年第1期）

论春秋时期各族的融合

自古以来，我国是一个多民族的国家。中华民族的历史，是以汉族为主体、包括许多民族在内共同发展的历史。而就汉族来说，则是各有关民族长时期内不断融合的历史产物。这不仅为战国、秦汉以后的历史所证明，而且还可以追溯到更早的古代。本文试图通过对春秋时期各族融合的历史作简要论述，阐明汉族形成过程中的历史特点，探索对于中华民族发展史的某些规律性认识。笔者学识浅薄，错谬之处，祈请学术界同志和读者批评、指正。

一

春秋时期各族关系的发展趋势和历史特点，集中地表现为当时的华夏族和历史上称作夷、蛮、戎、狄等族的斗争、融合。

华夏族，主要聚居在黄河流域中、下游。华夏族贵族所建立的奴隶制国家，除了周王室以外，还有周王室所分封的许多诸侯国。这些国家，一般都具有比较先进的生产力和比较发达的文化，而且多已处在由奴隶制向封建制转变的历史阶段。

在华夏族各国之间及其四周，散居着其他各族：东方夷族、南方蛮族、西方戎族、北方狄族[①]，形成了各族插花式的交叉分布状况。与华夏族相比，夷、蛮、戎、狄各族的经济文化要落后一些，一般都还处在奴隶制刚刚出现时期。

[①] 《尔雅·释天》："九夷、八狄、七戎、六蛮，谓之四海。"郭璞注："九夷在东，八狄在北，七戎在西，六蛮在南。"这只是一个大概的说法，各族的实际分布状况，不可能如此整齐划一。顾颉刚先生指出："战国以下的人总喜欢把'夷、蛮、戎、狄'四名分配'东、南、西、北'四方。……拿"夷、蛮、戎、狄"四名分配到四方，固可以得其大齐，可是决不能看作有严密界限的称谓。"（见《从古籍中探索我国的西部民族——羌族》，载《社会科学战线》1980年第1期）顾先生所论极是。但为了叙述上的方便，即"得其大齐"，我们姑且还是沿用"战国以下的人"的说法。

东方夷族，主要有舒夷、淮夷、徐夷、莱夷。舒夷在今安徽中部（舒城、合肥一带有舒庸、舒蓼、舒鸠，统称"众舒"）。淮夷分布于今淮河下游苏北、皖北境内。徐夷，曾称徐戎或徐方①，在今安徽泗县北。莱夷在今山东半岛东北部。历史上有所谓"九夷"之说②；其实"九夷"不必一定是"九"夷，言其支系繁多而已。

南方蛮族，见于史书记载者较少。顾栋高云：春秋时期，中原各国"往往不能举其号第，称蛮曰'群蛮'，称濮曰'百濮'，以概之。其种实繁，其地为今某州县亦难为深考"③。一般地说，群蛮分布在今湖北北部，百濮分布在湖北西南部及湖南境内。此外还有卢戎，在今湖北南漳县境内；庸，在今湖北竹山县东南。濮、卢、庸，曾在西周初年参加过武王伐纣的战争④。

西方戎族，支系甚多。司马迁称：当秦穆公时，"自陇以西有绵诸、绲戎、翟、獂之戎，岐、梁山、泾、漆之北有义渠、大荔、乌氏、朐衍之戎，而晋北有林胡、楼烦之戎，燕北有东胡、山戎。各分散居谿谷，自有君长，往往而聚者，百有余戎，然莫能相一"⑤。足见戎族确是一个大族，但其不相统一，经常变动，"随地立名，随时易号"⑥，要确切弄清它的支系、分布，无疑是很困难的。对此，顾颉刚先生曾作详细考订，甚可参考⑦。值得重视的，是范晔把深居秦国以东、同中原华夏族杂居的戎族各支，视为整个戎族的一部分的明确见解⑧。顾栋高把这部分戎族概括为七支⑨，姚彦渠则划分为十一支⑩。我认为姚说比较合理。其中，部分支系的分布情况是：戎（即戎州己氏戎），在山东曹县东南；骊戎，旧说在陕西临潼县东，顾颉刚先生考订在山西南部⑪，今从顾说；杨拒、泉皋、伊雒之戎，在河南卢氏县，一说在洛阳附

---

① 见《尚书·费誓》《诗经·大雅·常武》。
② 见《论语·子罕》《尔雅·释天》《后汉书·东夷传》等。
③ 《春秋大事表·四裔表》。
④ 《尚书·牧誓》。
⑤ 《史记·匈奴列传》。
⑥ 《春秋大事表·四裔表》。
⑦ 《史林杂识（初编）》"秦与西戎"条。
⑧ 《后汉书·西羌传》。
⑨ 《春秋大事表·四裔表》。
⑩ 《春秋会要》卷一。
⑪ 《史林杂识（初编）》"骊戎不在骊山"条。

近；陆浑之戎（亦称阴戎、九州戎），在河南嵩县东北；姜戎，在陆浑戎之北；茅戎，在河南陕县北，一说在山西平陆县；蛮氏戎（戎蛮），在河南许昌县西南；山戎（亦名北戎），在河北卢龙、迁安县境。

北方狄族，有三个主要支系：白狄、赤狄、长狄。白狄先在陕西延安、山西介休境，后徙至河北境内，分为三支：鲜虞，以正定为中心；肥，在藁城县西南；鼓，在晋县以西地。赤狄，主要分布于山西长治县及其以北一带，共六支：潞氏，在山西潞城县东北；东山皋落氏，在山西曲沃东，一说在乐平县①；留吁，在山西长治、屯留附近；铎辰，在山西长治县境内；廧咎如，在山西太原附近，一说初在晋国之西，后徙至河北境内②；甲氏，在山西长治县一带。长狄，活动于山西临汾、长治至山东边境一带。鄋瞒，长狄之一支，在山东济南北。

春秋时期华夏族及夷、蛮、戎、狄等族分布概况大抵如是③。"历史的发展使中国各民族多数是杂居的，互相同化，互相影响"④。春秋时期亦然。是时，以黄河流域为中心，东起山东、江苏、浙江，西至陕西、甘肃，南达湖北、湖南，北抵河北、山西、宁夏、内蒙古，在这广袤的大地上，各族在军事、政治、经济、文化等方面，进行着激烈的斗争、频繁的交往和密切的联系，逐步地走向融合。

二

春秋时期，我国奴隶制日趋衰落、封建制开始产生，各国和各民族地区之间的政治、经济出现了新的不平衡，各种社会矛盾都十分尖锐地迸发出来。历史发展的趋势和剥削阶级的本性，造成了这个时期大国争霸的局面和各族之间的长期纷争。然而，历史的结局终究要突破剥削阶级的意志和利益的范围。各族统治者所造成的种种纷争，最终都直接或间接地促进了各族之间的融合。历史前进了，它毫不留情地把剥削阶级的贪婪、欲念等都抛在自己的后边。

东方夷族与华夏族有着源远流长的历史联系⑤。在东方夷族中，淮夷是较

---

① 见江永《春秋地理考释》。
② 见马长寿《北狄与匈奴》第5页。
③ 为了论述的方便，本文所举并非囊括春秋时期所有民族，即是夷、蛮、戎、狄各族，亦系其中较重要者。
④ 周恩来：《关于我国民族政策的几个问题》，北京：民族出版社1980年1月版，第11页。
⑤ 见《韩非子·难一》《竹书纪年》后芬三年等。

强的一支。西周末年,淮夷不断进扰周室①。春秋中叶,淮夷再度强大起来。周襄王五年(前647),"淮夷病杞故,且谋王室也"②。华夏族各国大为惊慌,于是出现了下面这次大规模会盟:"(鲁僖)公会齐侯、宋公、陈侯、卫侯、郑伯、许男、曹伯于咸"③。此后,华夏族各国基本上制止了淮夷的进扰。至春秋后期,淮夷与华夏族各国的关系便十分密切了,因而经常参与各国的会盟和征伐。例如:周景王七年(前538),淮夷与各国"会于申";同年,又参与各国"伐吴"④。

莱夷也是东方夷族中较强的一支。西周初年,莱夷与齐太公"争营丘"⑤,可知其力量不弱。春秋时期,由于齐、鲁等国强大,莱夷不断遭到削弱。周定王五年(前602),鲁国会同齐国"伐莱"⑥。二年后,齐国出兵"伐莱"⑦。在齐、鲁的连连打击下,莱夷元气大伤。周灵王五年(前567),"齐侯灭莱"⑧。莱夷是东方大族,地域宽广,物产丰富。齐灭莱夷,对其社会经济的发展具有重要意义。

西周末年,周宣王攻打淮夷时,徐夷也受到很大打击⑨。春秋中期,徐夷力量得到恢复,并先后打败舒夷和莒国⑩,经常参加各国会盟,甚为活跃。春秋后期,周敬王八年(前512),徐夷遭到齐国的沉重打击,不得不向齐国"赂以甲父之鼎"⑪。就在这一年,徐夷为吴国所灭。徐夷首领章禹携其夫人及部分近臣逃奔楚国;楚人"遂城夷,使徐子处之"⑫。从此,章禹夫妇等就在楚国居住下来。

至于舒夷,则有舒庸、舒蓼、舒鸠等,故亦称众舒或群舒。春秋中期以

---

① 参见《诗经·大雅·江汉》。
② 《左传》僖公十三年。
③ 《春秋》僖公十三年。
④ 《左传》昭公四年。
⑤ 《史记·齐太公世家》。
⑥ 《左传》宣公七年。
⑦ 《左传》宣公九年。
⑧ 《左传》襄公六年。
⑨ 见《诗经·大雅·常武》。
⑩ 见《春秋》僖公三年、《左传》文公七年。
⑪ 《左传》昭公三十年。
⑫ 《左传》昭公三十年。

前，舒夷已被楚国征服。但在春秋中期以后，约公元前六世纪前期和中期，众舒与楚国又进行了六七十年的斗争。周定王六年（前601），"楚为众舒叛故，伐舒蓼，灭之"①。二十余年后，舒庸利用吴、楚矛盾，于周简王十二年（前574）"道吴人围巢，伐驾，围厘、虺"，由于"恃吴而不设备"，舒庸终为楚师"灭之"②。剩下舒鸠，势孤力弱，于周灵王二十四年（前548）亦为楚所灭③。

由于舒夷和部分淮夷处于楚国与吴、越之间，因而成为楚与吴、越争夺的对象。在这场争夺中，楚国赢得了胜利。周景王八年（前537），"楚以诸侯及东夷伐吴"④，部分东夷之服属于楚是没有疑问的了。以后，夷、楚之间的斗争虽未完全停止，但其规模是愈来愈小了。周敬王四十四年（前476），"楚沈诸梁伐东夷，三夷男女及楚师盟于敖"⑤。从战争到会盟，从历史的"悲剧"到历史的"喜剧"，这是春秋时期夷、夏关系的最后一幕。

西周末年，南方蛮族一度威胁着周室南疆，即所谓"荆蛮来威"⑥。春秋时期，荆蛮与周室的矛盾转变为荆蛮与楚国的战争了。周桓王二十一年（前699），"楚屈瑕伐罗"⑦，罗与卢戎大败楚军，致使其主帅被迫自尽。其后，在近一个世纪中，随着楚国在经济、军事方面的迅速发展，蛮、楚之间的斗争的优势逐渐转移到楚国方面。约鄢陵之战（前575）前，大部分蛮族已被楚国征服，故在鄢陵之战中，蛮军成为楚军的一个组成部分⑧。这表明蛮、楚关系更加密切了。

此外，在"伐罗"之后，楚国于周庄王二年至三年（前695—前694），先后征服了西南方的巴人和南方的濮人⑨。

由于楚国与夷、蛮、戎各族均有较多的联系，它不仅是南方各族交往、融合的中心，而且是沟通南方蛮族和中原华夏族经济文化交流的巨大的桥梁。

---

① 《左传》宣公八年。
② 《左传》成公十七年。
③ 《左传》襄公二十五年。
④ 《左传》昭公五年。
⑤ 《左传》哀公十九年。
⑥ 《诗经·小雅·采芑》。
⑦ 《左传》桓公十三年。
⑧ 《左传》成公十六年。
⑨ 见《左传》桓公十八年、十九年。

西方戎族和华夏族的关系，在春秋时期大体经历了三个历史阶段。

第一阶段，犬戎力量继续发展，仍然威胁着周王室。后者曾派虢公多次与犬戎交战。周惠王十七年（前660），"虢公败犬戎于渭汭"[①]。两年后，"虢公败戎于桑田"[②]。自此，犬戎发生更大分化，其力量亦随之削弱。

第二阶段，杨拒、泉皋、伊雒之戎的崛起代替了犬戎的强盛。周襄王时，倾动王室、震惊诸侯的"王子带之乱"，便是在其配合下搞起来的。这场动乱，从周襄王三年（前649）爆发，"杨拒、泉皋、伊雒之戎同伐京师，入王城，焚东门"[③]，以致秦、晋出兵"伐戎救周"，直到周襄王十七年（前635），"取太叔（王子带）于温，杀之于隰城"[④]，历时十五年，波及周、齐、晋、秦、郑等国。王子带之乱，对于说明如下历史现象具有典型的意义：在阶级社会里，民族之间的矛盾、斗争，往往都是剥削阶级挑起来的。

第三阶段，陆浑戎和蛮氏戎的活跃继而代替了杨拒、泉皋、伊雒之戎的地位。是时，正当晋、楚争霸十分激烈。它们为了争夺陆浑戎和蛮氏戎，进行着尖锐的斗争。周定王元年（前606），"楚子（庄王）伐陆浑之戎，遂至于雒，观兵于周疆"[⑤]，且派人问鼎之轻重，气焰甚高。但是楚国并没有达到征服陆浑戎的目的。周简王元年（前585年），陆浑戎随同晋国"侵宋"[⑥]，"侵宋"就是压楚。在晋、楚争夺下，陆浑戎的处境是很艰难的。周景王二十年（前525），晋国终以陆浑戎"贰于楚"为借口，"遂灭陆浑"；"陆浑子奔楚"[⑦]。继而，晋、楚又对蛮氏戎进行争夺。周景王十九年（前526），楚国"使然丹诱戎蛮子嘉杀之，遂取蛮氏，既而复立其子"[⑧]。其后，蛮氏戎又勉强维持了三十余年。周敬王二十九年（前491），楚"围蛮氏，蛮氏溃。蛮子赤奔晋阴地"[⑨]。时值"晋国未宁"，慑于楚之压力，乃将蛮子赤送交楚国。这已是春秋时期戎、夏关系的尾声了。这里，颇带有一点戏剧性的地方，是"陆浑子奔楚"而"蛮子赤奔晋"的史实：它们生动地反映了楚、晋、戎三者

---

① 《左传》闵公二年。
② 《左传》僖公二年。
③ 《左传》僖公十一年、《国语·周语中》。
④ 《左传》僖公二十五年。参见《史记·周本纪》《史记·秦本纪》。
⑤ 《左传》宣公三年。
⑥ 《左传》成公六年。
⑦ 《左传》昭公十七年。
⑧ 《左传》昭公十六年。
⑨ 《左传》哀公四年。

之间的微妙关系。

应当着重指出，在戎、夏关系中，西戎与秦国的关系尤为密切①。春秋之初，周平王二十一年（前750），"秦文公以兵伐戎，戎败走。于是文公遂收周余民有之，地至岐，岐以东献之周。"于是秦国在西戎的势力大为发展。一个多世纪以后，周襄王二十九年（前623），秦穆公"用由余谋，伐戎王，益国十二，开地千里，遂霸西戎"②。秦国乃成为春秋时期我国西部地区巨大的民族融合的中心。

早在春秋初期，北方狄族便是华夏各国的一支劲旅。时值郑庄公独霸，故春秋时期狄、夏间的矛盾斗争，是以狄族和郑国的冲突为序幕的。例如：周桓王六年（前714），"北戎侵郑……郑人大败戎师"③。周桓王十四年（前706），"北戎侵齐。齐侯使乞师于郑。郑太子忽帅师救齐……大败戎师"④。然而时隔未久，周厘王二年（前680），齐桓公大会诸侯于北杏、称霸中原之后，狄、夏矛盾就以狄族与齐国的斗争为中心了。周惠王三年（前674）、十三年（前663），齐桓公两次发兵救燕，出击山戎，"至于孤竹而还"⑤。然而，北狄力量的发展方兴未艾。在此后的十数年内，狄族先后"灭卫"⑥"灭邢"⑦"灭温"⑧，伐郑、伐晋、伐齐，与邢、齐、卫各国订盟⑨。这些战争和会盟，表明狄族在春秋时期的历史舞台上扮演着重要的角色。此时，华夏族各国以齐桓公为首一面与狄族作战，一面扶危济困，"救邢"⑩"封卫"⑪。狄、夏斗争至此达到高潮。

---

① 蒙文通认为"秦为戎族"，可参考。见《周秦少数民族研究》，龙门联合书局1958年第1版，第22页。
② 以上均见《史记·秦本纪》。
③ 《左传》隐公九年。
④ 《左传》桓公六年。按：北戎（山戎）系戎族一支，但无论从其活动区域来看，还是它与各国关系来看，把它置于北狄一同论述，似更为妥帖。
⑤ 《春秋》庄公二十年、三十年。又见《史记·燕世家》《史记·齐太公世家》《史记·十二诸侯年表》等。
⑥ 《左传》闵公二年。
⑦ 《左传》僖公元年。
⑧ 《左传》僖公十年。
⑨ 见《左传》僖公十八年、二十年、三十二年。
⑩ 《左传》僖公元年。
⑪ 《左传》僖公二年。

狄族在军事上由强盛趋向衰落,于周襄王二十四年(前628)"狄有乱"①开其端倪。翌年,晋国"败狄于箕……获白狄子"②。在这以后,狄族发生了严重分裂:周定王五年(前602),"赤狄侵晋"③;周定王十一年(前596),"赤狄伐晋及清"④。与此相反的是,周定王六年(前601),"白狄及晋平"⑤。赤狄、白狄真正分道扬镳了。这时,晋国统治集团则不失时机地利用了狄族内部的矛盾。周定王九年(前598),"晋……求成于众狄;众狄疾赤狄之役,遂服于晋"⑥。赤狄孤立了。因此,在齐桓公、晋文公、秦穆公迭起称霸的年代中强盛起来的狄族,现在面对晋景公的进攻,反倒无能为力了。周定王十三年(前594),晋国"败赤狄于曲梁……灭潞"⑦。潞氏灭亡,开赤狄灭亡之先声⑧。周定王十六年(前591),"晋士会帅师灭赤狄甲氏、留吁、铎辰"⑨。周定王十九年(前588),"晋郤克、卫孙良父伐廧咎如,讨赤狄之余焉"⑩。至此,晋国全部灭亡了赤狄。

　　长狄(鄋瞒)在晋灭潞氏的同一年(前593),也遭灭亡⑪。

　　晋国对待山戎(北戎)也像对待白狄一样,曾在几十年内采取和好政策。

---

① 《左传》僖公三十二年。
② 《左传》僖公三十三年。按:白狄出现自此始。
③ 《左传》宣公七年。
④ 《左传》宣公十三年。
⑤ 《左传》宣公八年。
⑥ 《左传》宣公十一年。
⑦ 《左传》宣公十五年。《史记·晋世家》《史记·十二诸侯年表》均作晋景公七年,即鲁宣公十六年。
⑧ 顾栋高《春秋大事表·四裔表》:"诸狄之中,赤狄为最;赤狄诸种族,潞氏为最。"潞氏之亡,对赤狄打击至大。
⑨ 《左传》宣公十八年。
⑩ 《左传》成公三年。
⑪ 《左传》文公十一年记:"鄋瞒侵齐,遂伐我(鲁),(鲁文)公卜使叔孙得臣追之……败狄于咸,获长狄侨如。晋之灭潞也,获侨如之弟焚如。齐襄公之二年,鄋瞒伐齐,齐王子成父获其弟荣如,卫人获其季弟简如,鄋瞒由是遂亡。"(《史记·鲁周公世家》略同)按:长狄首领侨如兄弟四人。荣如、简如分别为齐、卫所获,事在周庄王元年(齐襄公二年,前696年)。侨如为鲁所获,事在周顷王三年(鲁文公十一年,前616年)。焚如为晋所获,事在周定王十三年(鲁宣公十五年,前594年)。据此,侨如当在百岁以上;又,晋之灭潞,焚如见获,均系鲁宣公十五年事,何以提前载于鲁文公十一年下?《左传》似有误。

周灵王三年（前569），晋悼公"使魏绛盟诸戎"①。"诸戎"系指山戎。晋的和戎政策维持了数十年之久。周景王四年（前541），"晋申行穆子败无终于太原"②，宣告和戎政策的结束。无终系山戎中最强一支，太原败后，乃东北去，从此一蹶不振。

周景王十五年（前530），即上距败无终于太原十二年，晋国又破坏了它与白狄的结盟，出兵"灭肥，以肥子绵皋归"③。接着，周景王十八年（前527）、二十五年（前520），晋国先后两次出兵灭鼓，"以鼓子鸢鞮归"④。这已经接近于春秋时期狄、夏关系的最后阶段了。

历史的发展，使晋国成为春秋时期北方各族融合的中心。至此，北狄之中，仅存白狄鲜虞一支尚有相当力量。鲜虞在周敬王十三年（前507），曾经"败晋师于平中，获晋观虎"⑤。战国时期，鲜虞建立了经济、文化十分发达的中山国，在狄族历史上写下了光辉的一页。

伴随着大国争霸的历史，各族在军事上的这些斗争，不论在其各自发展的进程中，还是在各族的关系史上，都产生了极为重要的影响和作用。首先，各族间的长期斗争，进一步打破了各族间的地域界限，为相互间的密切联系、逐步融合提供了十分有利的条件⑥。其次，长期的斗争，把各族都卷入春秋时期这个急剧变动的历史漩涡，有力地推动了夷、蛮、戎、狄各族向阶级社会前进的步伐，同时也极大地削弱了华夏族各国奴隶主统治集团的力量，促进了我国历史向封建制的发展。列宁说过："历史上常常有这样的战争，它们虽然像一切战争一样不可避免地带来种种惨祸、暴行、灾难和痛苦，但是它们明明是进步的战争，也就是说，它们有利于人类的发展，有助于破坏特别有害的和反

---

① 《左传》襄公四年。
② 《左传》昭公元年。
③ 《左传》昭公十二年。
④ 《左传》昭公十五年、二十二年。
⑤ 《左传》定公三年。
⑥ 如《新序·杂事》记："孔子北之山戎，有妇人哭于路者甚哀，孔子立舆而问之，对曰：'往年虎食我夫，今虎食我子。'孔子曰：'何为不去？'曰：'其政平，其吏不苛。'孔子曰：'弟子记之，夫政之不平而吏苛乃甚于虎狼。'"这件事不仅说明，春秋末年，华夏与山戎之间，在地域上的隔阂已经被打破，而且还反映出二者在政治制度、心理素质上的一致性。

动的制度。"①春秋时期各族间的战争当属于此类战争，它有助于各族间的联系，有助于破坏已在衰亡着的奴隶制，有助于国家的统一。至于它们带来的一切消极作用，大多将从各种伟大的历史进步中得到应有的补偿。各族从斗争走向融合的客观趋势，就是一个伟大的历史进步。

三

各族间的长期斗争，固然是春秋时期各族关系的一个突出特征。但是，各族间由此而日益加强的政治联系，则在更深刻的意义上反映出它们之间的相互关系。

春秋时期各国之间、各族之间的会盟是当时政治生活中的一件大事②。下面列举的，是华夏族各国与夷、蛮、戎、狄等族之间几次比较重要的会盟：

周平王五十年（前721），鲁隐公"会戎于潜"，"秋，盟于唐，复修旧好也"③。

周桓王十年（前710），鲁桓公"及戎盟于唐，修旧好也"④。

周襄王三年（前649），"齐桓公使管仲平戎于周，使隰朋平戎于晋"⑤。

周襄王二十四年（前628），"卫人及狄盟"⑥。

周襄王三十三年（前619），鲁公子遂"会雒戎，盟于暴"⑦。

周定王六年（前601），"白狄及晋平"⑧。

周定王九年（前598），"晋郤成子求成于众狄……会于攒函"⑨。

周灵王三年（前569），晋悼公"使魏绛盟诸戎"⑩。

---

① 《列宁选集》第2卷，第668页。
② 《礼记·曲礼》："诸侯未及期相见曰'遇'，相见于福地曰'会'，约信曰'誓'，莅牲曰'盟'。"
③ 《左传》隐公二年。
④ 《左传》桓公二年。
⑤ 《史记·周本纪》。又见《左传》僖公十二年。
⑥ 《左传》僖公三十二年。
⑦ 《春秋》文公八年。
⑧ 《左传》宣公八年。
⑨ 《左传》宣公十一年。
⑩ 《左传》襄公四年。又见《史记·晋世家》《史记·十二诸侯年表》。

周景王七年（前538），各国诸侯与淮夷"会于申"①。

周敬王四十四年（前476），楚伐东夷，"三夷男女及楚师盟于敖"②。

如果说，各族间的频繁的战争打破了它们之间的地域界限，为各族的交往、融合提供了可能性的话，那么，各族间的这些会盟则为这种交往、融合创造了现实条件。在各族频繁的会盟活动中，晋国大夫魏绛和戎是极具典型意义的历史事件。透过这一事件，我们或可窥见春秋时期各族会盟的基本轮廓：

周灵王三年（前569），"无终子嘉父使孟乐如晋，因魏庄子纳虎豹之皮，以请和诸戎。"（按：无终系山戎一支，魏庄子即魏绛。）起初，在对待山戎的政策上，魏绛和当时晋国国君悼公是有严重分歧的。在晋悼公看来，"戎狄无亲而贪"，应采取"伐"的政策。魏绛根据对当时晋国内外形势的分析，竭力主张"和"的方针，认为"和戎"会给晋国带来"五利"（"戎狄荐居，贵货易土，土可贾焉，一也；边鄙不耸，民狎其野，穑人成功，二也；戎狄事晋，四邻振动，诸侯威怀，三也；以德绥戎，师徒不勤，甲兵不顿，四也；鉴于后羿，而用德度，远至迩安，五也。"）最后，晋悼公高兴地采纳了魏绛的"和戎"主张，派魏绛"盟诸戎，修民事，田以时"③。其结果，是造就了一个"八年之中，九合诸侯，如乐之和，无所不谐"④的大好局面。"和戎"政策对晋国历史产生的深远影响，已为当时的历史家所揭示："诸戎请来服，（晋悼公）使魏庄子盟之，于是乎始复霸。"⑤这是把"和戎"直接作为晋悼公复兴文公霸业的前提条件来看待的。由于当时的历史家的局限性，他们还不可能充分认识到"和戎"对推动山戎、华夏两族人民相互交往、相互学习的重要意义。

春秋时期各族之间的会盟出现的原因是极为复杂的。它是各族统治者相互之间进行斗争的间隙，是华夏族各大国争霸的产物，也是各少数民族在政治舞台上的作用日益显著的结果。例如，晋国的一些统治人物在回顾春秋前期的政治形势时，便把秦、狄、齐并列，称为"三强"⑥，即是很好的证明。

---

① 《左传》昭公四年。
② 《左传》哀公十九年。
③ 以上均见《左传》襄公四年，并见《国语·晋语七》。
④ 《史记·晋世家》。
⑤ 《国语·晋语七》。
⑥ 《左传》成公十六年。

各族在政治上的交往，还有一种比会盟维系得更为稳固的政治联系。而这种政治联系本身，就可视为民族融合的一个标志。以秦国来看，秦穆公"用由余谋，伐戎王，益国十二，开地千里，遂霸西戎"①。"西戎"实际上已成为秦国政治实体中的一个组成部分。晋国与姜戎的关系也是如此。早在晋惠公时，姜戎与晋国关系就已十分密切。其后，晋文公称霸诸侯，亦颇得力于姜戎。自此，直至晋悼公时，晋国的许多政治活动都有姜戎参加。诚如姜戎首领驹支所说："……自是以来，晋之百役，与我诸戎，相继于时，以从执事，犹殽志也，岂敢离遏？"②这种将近百年的密切联系说明姜戎实际上也成为晋国政治实体中的一个组成部分了。莱夷与齐、百濮与楚等，大致都是属于此类情形。至于像鲁国与淮夷的关系，则带有更加深刻的政治内容："季孙氏甚得其民，淮夷与之。"③季孙氏是新兴地主，他在鲁国笼络民心，夺取政权，是得到了淮夷的支持的。

在各族日益加强的政治联系中，还有一种多少带有点悲剧色彩的情形：各少数族地区，往往成了华夏族国家某些失意贵族的政治避难场所。如：周惠王二十二年（前655），晋公子重耳"出奔狄"④，随同他出奔的还有狐偃、赵衰等多人。周襄王三十一年（前621），晋国"贾季奔狄"⑤。周简王十二年（前574），晋国长鱼矫"出奔狄"⑥。次年，"齐为庆氏之难……王湫奔莱"⑦，等等。这一类"出奔"，以及本文前面提到的徐子章禹奔楚、陆浑子奔楚、戎蛮子奔晋等史实，其本身就是一种政治活动。虽然这些"出奔"者的历史结局有种种差异，影响各不相同，但"出奔"一事反映了各族在政治上的密切联系则是完全一致的。

综上所述，可以得出以下结论：春秋时期各族间的军事活动和政治活动是互相联系着的。军事活动的结果，是各族间不断发生接触和往来；政治活动的结果，则是这种已经开始的接触和往来更广泛、更深入、更持久了，因此而所

---

① 《史记·秦本纪》。
② 《左传》襄公十四年。按：姜戎在秦晋殽之战时，有功于晋，故云"犹殽志也"。
③ 《左传》昭公二十七年。
④ 《左传》僖公五年。
⑤ 《左传》文公六年。
⑥ 《左传》成公十七年。
⑦ 《左传》成公十八年。

造成的各族融合的趋势也更具有深刻的内涵和长远的意义。

四

"唯物史观是以一定历史时期的物质经济生活条件来说明一切历史事变和观念,一切政治、经济、哲学和宗教的"①。春秋时期各族在"物质经济生活"方面的密切交往、互相促进和共同发展,正是这一时期各族走向融合的主要标志。

这个时期,各族社会经济都不同程度地得到了发展。同时,各族间相互关系的空前活跃,势必对各族社会经济发展产生巨大的影响。

先看华夏族对其他各族的影响:(一)开发了一些新的经济区域。晋惠公时,迁姜戎至晋的"南鄙之田"②。齐悼公时,"迁莱于郳"③。这种迁徙的直接后果便是一些新的区域被开发出来。(二)互通有无,共同发展。齐桓公时"通齐国渔盐于莱"④。晋悼公时魏绛"和戎"目的之一是戎狄"贵货易土,土可贾焉"⑤。这种互通有无必然促进了各族经济的发展。(三)促成各族生产者的杂居状况。如:晋景公赏荀林父"狄臣千室",并"献狄俘于周"⑥。楚昭王灭蛮氏戎,"诱其遗民,而尽俘以归"⑦。显然,这些"狄俘""戎俘"中的大部分人,都将被投入生产部门,从而与华夏族人民处于相同的境地和命运。

再看戎、狄、蛮、夷等族对华夏族的影响:(一)对开发齐、晋、秦、楚等国做出了贡献。上述四国,先后称霸,原因之一是它们拥有雄厚的物质基础;而这个物质基础的形成,同各族人民一起辛勤劳动、长期开发是分不开的。请看姜戎首领驹支自述:

"(晋)惠公蠲其大德……赐我南鄙之田,狐狸所居,豺狼所嗥。我诸戎

---

① 恩格斯:《论住宅问题》。《马克思恩格斯选集》第2卷,北京:人民出版社1995年版,第537页。
② 《左传》襄公十四年。
③ 《左传》襄公六年。
④ 《国语·齐语》。
⑤ 《左传》襄公四年。
⑥ 《左传》宣公十五年。
⑦ 《左传》哀公四年。

除翦其荆棘，驱其狐狸豺狼，以为先君不侵不叛之臣，至于今不贰"[1]。

戎族人民披荆斩棘，对晋国"南鄙之田"将近百年的开发，其贡献是不可磨灭的，我们的史册亦应为之大书特书！齐与东夷、秦与西戎、楚与荆蛮，情况皆类此，上文已略有论及。（二）各少数族地区的某些农作物传到中原地区。周惠王十五年（前662），齐败山戎，献"戎菽"[2]于鲁。管仲亦云：齐桓公"北伐山戎，出冬葱与戎菽布之天下"[3]。中原有菽，未必始于此，后人已有异议[4]；但齐桓公北伐山戎后，"戎菽"得以推广，"布之天下"，是没有疑问的。（三）骑射之术也传入中原。旧说中原善骑始于赵武灵王。其实，由于各族间的长期的密切交往，春秋后期骑战已为中原各国所用。《左传》有"左师展将以公乘马而归"[5]的记载，战国初年的著名军事家吴起也说过"千乘万骑，兼之徒步"[6]"若车不得车、骑不得骑、徒不得徒，虽破军，皆无功"[7]的话，可见至迟在春秋晚期，中原国家已是车、骑并用了[8]。骑兵的出现，必然会促进畜牧业与相关的手工业的发展。

上述这种经济上的密切联系、相互影响，对促进当时各族社会经济的发展都产生了巨大的作用，从而不断造成它们之间较近的"物质经济生活条件"。这是春秋时期各族融合的坚实基础。

如果我们把春秋时期各族的融合比做一株生机勃勃的大树，那么，各族在经济上的联系就是它的根基，各族在军事上、政治上的联系乃是它的躯干，各族在文化上的联系则是它的枝叶了。

各族在文化上走向融合的第一个特点是：华夏族的先进文化的灌溉面不断扩大，同时，其他各族的文化又不断丰富了华夏族文化。周灵王十二年（前559），晋国范宣子同姜戎驹支发生争执。驹支在回顾了晋、戎关系史后，心有余怨，乃赋《青蝇》而退[9]。《青蝇》首章二句是"岂弟（恺悌）君子，无

---

[1] 《左传》襄公十四年。
[2] 《穀梁传》庄公三十一年。
[3] 《管子·戒》。
[4] 见顾炎武《日知录》卷四"戎菽"条。
[5] 《左传》昭公二十五年。
[6] 《吴子兵法·应变》。
[7] 《吴子兵法·励士》。
[8] 见顾炎武《日知录》卷二九"骑"条。
[9] 《左传》襄公十四年。

信谗言"①。驹支赋《青蝇》言志，证明他的华夏文化的素养是很惊人的。周景王二十年（前525），鲁昭公设宴招待郯子。有人问郯子："少皞氏鸟名官，何故也？"郯子对答如流，说了许多历史典故。"仲尼闻之，见郯子而学之。既尔告人曰：'吾闻之，天子失官，学在四夷，犹信'"②。郯国非夷，因与夷杂居，孔子乃发此议论。驹支和郯子的故事，反映了华夏族文化的广泛传播。而促成这种文化传播的媒介则是多方面的，例如：晋、楚第二次"弭兵"后，各小国（族）要分别朝见晋君和楚君③，这在客观上有利于各族文化交流。周景王二十三年（前522年），周王子朝等"奉周之典籍以奔楚"④，是周文化南下入楚的重要事例。春秋晚期，吴、越北上争霸，于是华夏文化沿江东下，传播到长江下游地区。

在各族文化融合中，其他各族文化也丰富了华夏族文化。周襄王十四年（前638），周大夫"辛有适伊川，见被发而祭于野者，曰：'不及百年，此其戎乎！'其礼先亡矣"⑤。伊川本周地，可那里的人们已经采用戎族的风俗了。古人称秦为"狄秦"⑥，商鞅认为秦国是"戎狄之教"⑦，证明秦国多戎狄之风。

各族在文化上走向融合的第二个特点是：华夏族与其他各族互通婚姻，促进了各族在血统上的混合。这种在婚姻关系维系下的各族关系，把各族融合推进到更高的阶段。晋国是与其他各族通婚较多的国家，如：晋献公"娶二女于戎：大戎狐姬生重耳，小戎生夷吾"⑧。后晋献公伐骊戎，"骊戎女以骊姬，归，生奚齐，其娣生卓子"⑨。逮至晋公子重耳"奔狄"时，"狄人伐廧咎如，获其二女叔隗、季隗，纳诸公子。公子取季隗，生伯儵、叔刘；以叔隗妻赵衰，生盾"⑩。像晋文公、赵盾这样的风云人物，原来都是各族联姻的

① 《诗经·小雅》。
② 《左传》昭公十七年。
③ 《左传》襄公二十七年。
④ 《左传》昭公二十六年。
⑤ 《左传》僖公二十二年。
⑥ 《穀梁传》僖公三十三年。
⑦ 《史记·商君列传》。
⑧ 《左传》庄公二十八年。
⑨ 《左传》庄公二十八年。
⑩ 《左传》僖公二十三年。

混血儿。同时，晋国也嫁女子到戎狄，如晋景公的姐姐便是"潞子婴儿之妇人"[1]。自献公至景公，已历七十年左右，其间晋与戎、狄联姻，互有嫁娶，相继不绝。除了晋国之外，其他华夏族国家也与各族发生过类似的婚姻关系。鲁僖公夫人风氏是东方夷族的姑娘[2]。周襄王取狄女隗氏为后，弄到几乎把王位都丢掉的地步[3]。这种各族间的血统的混合，是春秋时期各族走向融合过程中的普遍的、自然形成的历史现象。自古以来，各族间的通婚都是沟通各族文化的桥梁。血统的混合和文化的交流是互相联系着的。

春秋时期各族在文化上的融合、发展所达到的令人惊叹的高度成就，已被新近发现的、灿烂的战国中山国文化所证明[4]。中山国为白狄鲜虞人所建。据《史记·赵世家》所载，中山国建于周威烈王十二年（前414），亡于周赧王十九年（前296），凡一百一十八年。如果没有春秋时期各族文化上的互相融合和共同发展，中山国在一百多年中是不可能创造出那么辉煌的古代文化的。应该着重指出：从中山国文化的一般特征和发展水平来看，已与战国时期中原各国文化浑然一体了，但在某些方面仍然保留着北方狄族文化的固有传统[5]。这正是春秋时期各族在文化上走向融合过程中的历史痕迹。

春秋时期各族在文化上的联系和融合，是各族在经济上、政治上联系和融合的反映和升华，它表明这一时期各族融合已经达到相当成熟的程度。

在春秋时期近三百年中，华夏族和夷、蛮、戎、狄等族之间，通过军事的、政治的、经济的和文化的途径，发生了密切的联系和频繁的交往，并在此基础上逐步融合，为我国古代各族关系史揭开了新的一页，意义是非常深远的。

第一，春秋时期各族融合的历史，是在华夏族各国先进的经济、文化基础上发展起来的。因此，这个融合的历史过程不仅加快了华夏族各国由奴隶社会

---

[1] 《左传》宣公十五年。
[2] 《左传》僖公二十一年。
[3] 《左传》僖公二十四年。
[4] 见河北省文物管理处平山发掘组：《战国时期中山国遗物遗迹的重要发现》，载1978年8月6日《光明日报》。
[5] 《战国时期中山国遗物遗迹的重要发现》："从挖掘出的墓葬物，看它的墓葬制度、器物种类、文字，已基本上同中原文化一样了。但是在某些方面还保留了民族文化的特点，其中较为明显的是用山字形铜器作礼器，建筑顶部脊瓦也用山字形的；两座大墓都有随葬帐架及帐内用器，这些用器便于携带，反映了当时仍保留有北方民族游牧生活的风俗。"

向封建社会的转变，同时也推动了其他各族社会经济发展的历史步伐，从而在广阔的范围内促进了我国历史的进程。

第二，春秋时期各族融合的历史，极大地开拓了华夏族文化的灌溉面，并且由于夷、蛮、戎、狄各族对华夏族文化的影响，使它更丰富、更充实。中华民族在人类文明发展史上，曾经做出许多伟大的贡献，这是我国自古以来各族人民共同努力奋斗的结晶。

第三，春秋时期各族融合的历史，使相当一部分夷、蛮、戎、狄等族加入了华夏族队伍，为汉民族的形成迈出了具有决定意义的一步。历史证明："作为中国主体民族的汉族，是经过有关民族的融合而在秦汉时期形成的"①。汉民族的形成，正是统一的秦、汉封建国家得以建立的重要物质基础之一。

第四，春秋时期各族融合的历史，无可辩驳地证明："各个少数民族对中国的历史都作过贡献。汉族人口多，也是长时期内许多民族混血形成的"②。以华夏族为主体的春秋时期各族的融合，已经在几个世纪中贯穿着这种血统的混合。由此可以看出，汉族自其开始孕育、形成之时起，就不是单一血统的民族，而是华夏族和夷、蛮、戎、狄等族混血形成的。这种血统的混合，在汉族形成以后也一直没有停止过。"汉族所以人数这样多，就是因为它吸收了别的民族"③。汉族成为中华民族的主体，对维护国家的统一起了巨大的作用，这不仅是汉族的贡献，其中也包括各个少数民族对祖国历史的贡献。

（原载《学习与探索》1981年第1期，收入国家民委政策研究室编《中国民族关系史》下册，民族出版社1982年出版）

---

① 白寿彝：《中国历史的年代：一百七十万年和三千六百年》，载《北京师范大学学报》（社会科学版）1978年第6期。
② 毛泽东：《毛泽东文集》第7卷，北京：人民出版社1999年版，第33页。
③ 周恩来：《关于我国民族政策的几个问题》，北京：民族出版社1980年版，第10页。

司马迁怎样总结秦汉之际的历史经验

司马迁的《史记》，既是一部通史，也是一部社会史（从汉代社会来看，尤其如此），是一部关于古代社会的经济、政治、思想、文化的百科全书。从现代的学科分类来看，不论是史学、文学、哲学、经济学、政治学、社会学、民俗学、美学，还是天文学、地理学，等等，都可以选择一个角度对《史记》进行研究，而且也都可以总结出司马迁在这些方面的成就，并对我们有所启发。这些研究，无疑都是很有意义的，都具有科学史研究的价值。但是，《史记》毕竟首先是一部史书，是一部通史著作。从史学的本来的意义和主要的目的来看，从《史记》的着力所在和精彩之笔来看，从司马迁所处的时代条件和他本身所意识到的肩负的历史责任来看，我认为《史记》最重要的历史价值在于它详尽地、深刻地而且也是生动地总结了秦汉之际的历史经验，这是司马迁奉献给人们特别是后来的人们的一笔巨大精神财富和丰富的历史智慧。

司马迁对秦汉之际历史经验的总结，从比较开阔的视野来看，上起秦国的兴起，下迄武帝时的强盛，内容极为丰富。概而言之，我以为主要集中在以下四个问题上：

——落后的秦国为什么能够击败东方六国，完成统一大业？它为什么又招致速亡？

——楚汉战争中，为什么力量强大的项羽最终遭到失败，力量弱小的刘邦反而获得成功？

——汉初统治者为巩固统治、发展经济制定了什么样的国策？

——极盛时期的汉武帝统治面临着什么新的问题？

这些问题，是战国中期以来至西汉前期大约二百七八十年间的重大历史问题，也是司马迁所处时代的近现代史上的重大问题，有的则是属于他那个时候的当代问题。司马迁真不愧是一个伟大的历史学家，他非但没有回避这些重大问题，而是以严肃的态度、深邃的思想、卓越的见识和神奇的史笔回答了这些问题。

那么，司马迁是怎样总结秦汉之际的历史经验，又是如何回答这些问题的呢？

一

落后的秦国为什么能够击败东方六国，完成统一大业？它为什么又招致速亡？

关于这个问题，司马迁在《秦本纪》和《秦始皇本纪》中，并没有以自己的口气作许多评论。他只是在《秦始皇本纪》的后论中简略而含蓄地写道："自缪公以来，稍蚕食诸侯，竟成始皇。始皇自以为功过五帝、地广三王，而羞与之侔。"这两句话，既概括地写出了秦国发展、强大的过程，秦始皇完成统一大业后的宏大的超越前人的政治抱负，也隐约地揭露了他蔑视历史、目空一切、专横自恣的政治品质。从根本上说，这两句话也就是对《秦本纪》和《秦始皇本纪》所记的秦国历史的一个总结。接着，司马迁全文引用了汉初贾谊的《过秦论》，并说"善哉乎贾生推言之也"。显然，司马迁是同意贾谊《过秦论》里提出的看法的，他是要借用贾谊的看法来回答上述问题的，这是司马迁历史评论的一种独特的形式。

贾谊的《过秦论》分析秦国自缪公以来不断强大、终于统一全国的原因，主要有三条。一是有利的地理形势，即所谓"被山带河以为固，四塞之国也"。这种地理形势在军事上的优胜之处是：六国攻秦，秦可以逸待劳，"守险塞而军，高垒毋战，闭关据厄，荷戟而守之"；于是六国逐渐疲惫，而秦国则锐气养成，加之政治上的"远交近攻"方略，乃能逐一击败各国，完成统一事业。关中地区在地理上的这种优势，在中国历史上的政治和军事斗争中曾经保持了相当长的时期，历代政治家、思想家、史学家对此都有论述。贾谊是较早总结这一历史经验的思想家，他的这一看法对后人有很大的影响，司马迁就是最先接受这种看法的人之一。二是能用人，"当此之世，贤智并列，良将行其师，贤相通其谋"，同时采取了"安土息民，以待其敝"的政策。秦国国君善于招揽人才，用其所长，这有长久的历史，也是它逐步强大起来的一个重要原因。对此，贾谊之前已有人作过评论，李斯的谏除逐客之令的上书是典型的概括。他指出："昔缪公求士，西取由余于戎，东得百里奚于宛，迎蹇叔于宋，来丕豹、公孙支于晋。此五子者，不产于秦，而缪公用之，并国二十，遂霸西戎。孝公用商鞅之法，移风易俗，民以殷盛，国以富强，百姓乐用，诸侯亲服，获楚、魏之师，举地千里，至今治强。惠王用张仪之计，拔三川之地，西并巴、蜀，北收上郡，南取汉中，包九夷，制鄢、郢，东据成皋之险，割膏腴之壤，遂散六国之从（纵），使之西面事秦，功施到今。昭王得范雎，废穰侯，逐华阳，强公室，杜私门，蚕食诸侯，使秦成帝业。此四君者，皆以客之功。由此观之，客何负于秦哉！向使四君却客而不内，疏士而不用，是使国无富利之实而秦无强大之名也。"（《史记·李斯列传》）这讲的是缪公、孝公、惠王、昭王善于用人的历史，也讲的是秦国由弱变强的历史。司马迁作《李斯列传》，全文收录这篇上书，他是赞同李斯和贾谊的看法的。三是得力于商鞅变法和张仪之谋："内立法度，务耕织，修守战之具，外连衡（横）而斗诸侯"。关于商鞅变法和张仪之谋，李斯已有评论。从秦国的历史来看，商鞅变法是许多重大事变中最重要的一件，所以司马迁说：商鞅之法，"行之十年，秦民大说（悦），道不拾遗，山无盗贼，家给人足，民勇于公战，怯于私斗，乡邑大治"。（《史记·商君列传》把这个评价同上文所引李斯的评价结合起来看，商鞅变法对于秦国后来的富强确是起了关键的作用。以上三条，即地理形势、用人和改革，是秦国强大的主要原因。所以到了秦王嬴政时，"续六世之余烈，振长策而御宇内，吞二周而亡诸侯，履至尊而制六合，执棰拊以鞭笞天下，威振四海"，成就了统一大业。

那么，秦国发展成为秦王朝后，为什么反倒招致速亡呢？贾谊认为，这完全是执行了错误的政策所致。第一，"秦王怀贪鄙之心，行自奋之智，不信功臣，不亲士民，废王道，立私权，禁文书而酷刑法，先诈力而后仁义，以暴虐为天下始"。贾谊认为，"兼并"时期与安定时期应有不同的政策，叫作"取与守不同术也"。可是秦始皇不懂得这个道理，用对付六国诸侯的办法来对待民众，这是极大的错误。第二，"废先王之道，焚百家之言，以愚黔首……秦王之心，自以为关中之固，金城千里，子孙帝王万世之业也。"企图用愚民政策来巩固"万世之业"，却没有制定出如何进一步安定"黔首"的政策，这与秦国历史上曾经实行过的"安土息民"政策相比，与商鞅变法时实行的有关政策相比，自是一个历史的退步。第三，是"多忌讳之禁"，拒绝谏谋。贾谊指出，秦王朝在政策上的错误，当时并不是没有看出来的，即"世非无深虑知化之士也"，但"忠臣不敢谏，智士不敢谋"，这是因为"忠言未卒于口而身为戮没矣"，人们只好"倾耳而听，重足而立，拑口而不言"。这种紧张的政治局面，同战国时期各国国君广揽人才、认真听取各种富国强兵之道的生动活泼的政治气氛实有天壤之别，就是同后来的一些英明的封建君主肯于纳谏的情况也有很大的不同。所以贾谊感叹说：秦末，"天下已乱，奸不上闻，岂不哀哉"！秦二世时，非但不知改弦更张，反而使这些错误的做法有增无减。在这种情况下，陈胜等人"斩木为兵，揭竿为旗，天下云集响应"，最后导致秦王朝的灭亡。

司马迁并没有用太多的话直接评论秦朝在政治上的种种失误，只是据事直书（如他写焚书坑儒事件等）。但他在这里借贾谊的《过秦论》批评秦朝统治者的为政之失，充分表达了自己的看法，这不仅贯穿着一种历史的联系，而且也增强了对于历史判断的说服力。

二

楚汉战争中，为什么力量强大的项羽最终遭到失败，力量弱小的刘邦反而获得成功？

司马迁对于这个问题的回答，在方法上与上面所讲的有所不同，他在《项羽本纪》中是直接而又明确地阐述了自己的看法的。毋庸置疑，司马迁对于项羽这个失败的英雄，是带有几分同情的。依我的浅见，这种同情主要是出于对项羽的英雄气概和直率性格的赞赏，并不含有更多的深意。而这种赞赏，在《项羽本纪》中随处可见。如：

> （汉四年）楚、汉久相持未决，丁壮苦军旅，老弱罢转漕。项王谓汉王曰："天下匈匈数岁者，徒以吾两人耳，愿与汉王挑战（指亲身独战——引者）决雌雄，毋徒苦天下之民父子为也。"汉王笑谢曰："我宁斗智，不能斗力。"

项羽的直率（甚至略带几分天真）跃然纸上，这同刘邦的冷静和老谋深算比起来，相去何止千里！又如：刘邦父母、妻子为项羽所俘，置于军中。后刘邦派人同项羽讲和，"项王乃与汉约，中分天下，割鸿沟以西者为汉，鸿沟而东者为楚。项王许之，即归汉王父母、妻子……项羽已约，乃引兵解而东归"。项羽的诚意亦跃然纸上，但他的这种诚意却使他陷入了困境，因为刘邦已经部署好了对项羽的袭击。

从垓下之战至项羽乌江自刎的一段记述，是司马迁对项羽深寄同情之心最突出的地方，其中有一段文字是：

> （汉五年）项王军壁垓下，兵少食尽，汉军及诸侯兵围之数重。夜闻汉军四面皆楚歌，项王乃大惊，曰："汉军已得楚乎？是何楚人之多也！"项王则夜起，饮帐中。有美人名虞，常幸从；骏马名骓，常骑之。于是项王乃悲歌慷慨，自为诗曰："力拔山兮气盖世，时不利兮骓不逝。骓不逝兮可奈何，虞兮虞兮奈若何！"歌数阕，美人和之。项王泣数行下，左右皆泣，莫能仰视。

今天读来，仍然使人感到，这是一幅多么悲壮的历史画面！后人据此编写出"霸王别姬"的故事并搬上舞台，广为流传，当非偶然。接着，司马迁写了项羽不愿一人渡江（"天之亡我，我何渡为！且籍与江东子弟八千人渡江而西，今无一人还；纵江东父兄怜而王我，我何面目见之？纵彼不言，籍独不愧于心乎？"）、赐马亭长（"吾知公长者。吾骑此马五岁，所当无敌，尝一日行千里，不忍杀之，以赐公"）、自刎于故人吕马童之前（"吾闻汉购我头千金，邑万户，吾为若德"），等等。司马迁的史笔可谓写尽了其人的性格与气质，有很强的感人力量。

但是，司马迁毕竟是一位严肃的史学家，他对项羽又是采取批判态度的：对项羽的刚愎自用、不懂得罗织人才和总结经验教训，以及过分相信自己的武力，等等，都是予以否定的。从中可以看出项羽为什么最终遭到失败的历史教训。如司马迁写其垓下之战失败后，仅存二十八骑，而汉军追者数千人：

> 项王自度不得脱。谓其骑曰："吾起兵至今八岁矣，身七十余战，所当者破，所击者服，未尝败北，遂霸有天下。然今卒困于此，此天之亡我，非战之罪也。"

他甚至要采用"快战"的战术,"必三战之",以"令诸君知天亡我,非战之罪也"。到了此时,他还要用这种匹夫之勇来证明"天亡我,非战之罪也",足见项羽刚愎自用几乎达到了愚蠢的地步!他对乌江亭长说的"天之亡我,我何渡为"表明他始终认为,他的失败,其意在天,自己是毫无责任的。

正因为项羽是这样一个人,所以司马迁在《项羽本纪》后论中,一方面充分肯定他"将五诸侯灭秦,分裂天下,而封王侯,政由羽出,号称霸王,位虽不终,近古以来未尝有也"。另一方面又批评他不懂得谋略,"放逐义帝而自立";迷信武力,"自矜功伐,奋其私智而不师古,谓霸王之业,欲以力征经营天下,五年卒亡其国,身死东城,尚不觉寤而不自责,过矣!乃引'天亡我,非用兵之罪也',岂不谬哉!"从轰轰烈烈走向失败,然不知何以失败,至死不悟,这真是英雄的双重悲剧。而与这个悲剧恰成鲜明对照的则是刘邦的喜剧。

楚汉战争中,刘邦多次失败,以至父母、妻子都成了项羽的俘虏,为什么最后获得成功?司马迁虽然没有如同《项羽本纪》后论那样,集中地、明确地写出自己的看法,但通观《史记》全书,他是回答了这个问题的。如《高祖本纪》后论说:"秦政不改,反酷刑法,岂不缪乎?故汉兴,承敝易变,使人不倦,得天统矣。"这里说的"承敝易变",指的是变秦苛法。关于这一点,《高祖本纪》有具体而生动的记载:

> (汉元年十月,刘邦)还军霸上。召诸县父老豪桀曰:"父老苦秦苛法久矣,诽谤者族,偶语者弃市。吾与诸侯约,先入关者王之,吾当王关中。与父老约,法三章耳:杀人者死,伤人及盗抵罪。余悉除去秦法,诸吏人皆案堵如故。凡吾所以来,为父老除害,非有所侵暴,无恐!……"乃使人与秦吏行县乡邑,告谕之。秦人大喜,争持牛羊酒食献飨军士。

这应当就是司马迁说的"承敝易变"的主要内容。项羽是"欲以力征经营天下",而刘邦懂得人心向背对于政治活动的得失是起着重要作用的,因而是懂得政治大局的。经验与教训,成功与失败,竟是如此泾渭分明。

这样的历史认识,司马迁在《萧相国世家》后论中也有类似的表述。他称赞萧何辅佐刘邦,"谨守管籥,因民之疾秦法,顺流与之更始。"这里,"顺

"流"一词用得很好，既形象，又深刻。这是顺民心之所向，在一定的程度上说，也是顺应历史潮流。

刘邦在楚汉战争中获得成功，原因当然是多方面的，但"承敝易变"，顺应民心，"顺流与之更始"，则是最根本的原因。善于用人，是刘邦成功的很重要的原因。关于这一点，以往的许多论著讲得不少了，这里不再重复。

楚汉战争是秦汉之际的重大事件，其间得失成败当然不只是项羽、刘邦个人的事情，也不只是他们个人的才能、品质、性格的较量。惟其如此，我们从司马迁所总结的这一出历史悲剧的经验教训中，可以得到许多有益的启示。而对于刘邦来说，楚汉战争中的胜利，也只是初步的成功；他的更大的成功，要在完成对于西汉政权的巩固之后才能获得。

三

汉初统治者为巩固统治、发展经济制定了什么样的国策？

这是司马迁在《史记》中写得最丰富、最精彩的部分，也是他对秦汉之际的历史经验总结得最深刻的部分。司马迁在《史记》的本纪、书、列传中，从不同的侧面揭示了汉初统治者总结历史经验及其成效等历史事实。

首先，在《史记·平准书》中，司马迁描述了汉初经济凋敝的景象，他写道：

> 汉兴，接秦之弊，丈夫从军旅，老弱转粮饷，作业剧而财匮，自天子不能具钧驷，而将相或乘牛车，齐民无藏盖。于是为秦钱重难用，更令民铸钱，一黄金一斤，约法省禁。而不轨逐利之民，蓄积余业以稽市物，物踊腾粜，米至石万钱，马一匹则百金。①

这描绘了一幅西汉初年社会贫困的画卷。

其次，司马迁在《史记·郦生陆贾列传》中，写到儒生陆贾向汉高祖刘邦建议采用《诗》《书》所讲的道理制定国策，"逆取而以顺守之"，以改变社会残破、民生凋敝的状况。于是刘邦命陆贾总结秦何以亡、汉何以兴，以及古时一些诸侯国成败的经验教训。陆贾奉命写了十二篇奏章，深得刘邦赞同，名

---

① 司马迁：《史记·平准书》，北京：中华书局1959年版，第1417页。

其书曰《新语》。①《新语》一书，强调建国强威"必得之于民"，针对当时形势，主张"无为"而治。②在这种思想的指导下，汉初实行"与民休息"的国策，数十年不曾改变，使西汉社会逐渐走向繁荣。可以认为，司马迁所记这件史事，对西汉皇朝与西汉社会，都是至关重要的大事，充分证明总结历史经验的重要性。

再次，司马迁在《史记》的几篇本纪中，进一步记述"无为"而治的实际效果，反映出"与民休息"国策的正确性。《史记·高祖本纪》写道："周秦之间，可谓文敝矣。秦政不改，反酷刑法，岂不缪乎？故汉兴，承敝易变，使人不倦，得天统矣。"③这里是从原则上指出了汉初国策的"承弊易变"的合理性。在《史记·吕太后本纪》中，司马迁具体指出汉初国策的实际效果，他这样写道："孝惠皇帝、高后之时，黎民得离战国之苦，君臣俱欲休息乎无为，故惠帝垂拱，高后女主称制，政不出房户，天下晏然。刑罚罕用，罪人是希。民务稼穑，衣食滋殖。"④用这段话所记与上引《平准书》的记述作一比较，可谓天壤之别。值得注意的是，《吕太后本纪》记述了刘氏宗室与吕氏集团的残酷斗争，但司马迁在作评论时，却把着重点放在"与民休息"国策的效果上，是为卓见。至于《史记·孝文本纪》，司马迁更是称赞汉文帝说："专务以德化民，是以海内殷富，兴于礼义。"又说："汉兴，至孝文四十有余载，德至盛也。"⑤"汉兴，孝文施大德，天下怀安。"⑥从"海内殷富""天下怀安"来看，自不免有所夸张，但汉初国策的成功是毋庸置疑的。可见，总结历史经验，对于政治统治是多么重要。

从历史撰述来说，司马迁的高明之处，是把刘邦和陆贾的对话而引发的总结历史经验，直至《新语》的产生及其在国策制定中的作用、影响，等等，分别记载于不同篇章，只有综合起来，才能看得清楚。

我们还应当看到这一国策的延续性在大臣中的反映。史载，曹参代萧何为相，不理事，遭到惠帝斥责，曹参解释说："高帝与萧何定天下，法令既明，

---

① 参见司马迁：《史记·郦生陆贾列传》，北京：中华书局1959年版，第2699页。
② 参见陆贾：《新语》之《至德》《无为》篇，北京：中华书局1985年版，第6、13页。
③ 司马迁：《史记·高祖本纪》后论，北京：中华书局1959年版，第394页。
④ 司马迁：《史记·吕太后本纪》后论，北京：中华书局1959年版，第412页。
⑤ 司马迁：《史记·孝文本纪》后论，北京：中华书局1959年版，第433、437页。
⑥ 司马迁：《史记·孝景本纪》后论，北京：中华书局1959年版，第449页。

今陛下垂拱，参等守职，遵而勿失，不亦可乎！"（《史记·曹相国世家》）惠帝认为曹参说得对。曹参是刘邦旧臣，对刘邦和萧何的政治举措自然了解至深。从刘邦的"承敝易变"、萧何的"顺流与之更始"，到惠帝、吕后的"无为"和曹参的"遵而勿失"，这正是秦汉之际封建王朝政策转换中的两种不同表现形式，是"易变"和稳定的统一。汉初统治者的成功之处，是他们比较恰当地把握住了这一政策转换中的两个不同的环节；而司马迁的高明之处，是他完全洞察了这种"变"与不变的政治举措对当时社会生活的重要性，故而能对它们进行深刻而生动的总结。然而，司马迁的这一总结并不限于此，他还引用当时的民谣来说明上述国策的连续性在民间的反映："萧何为法，覯若画一。曹参代之，守而勿失。载其清净，民以宁一。"又说："曹为汉相国，清静，极言合道。然百姓离秦之酷后，参与休息无为，故天下俱称其美矣。"（《史记·曹相国世家》）这是从历史的高度来看待当时的民谣和评价曹参的思想与做法，是历史经验的形象表示和理论概括的统一。

以上这些，说明司马迁是从秦的酷法役民到汉的"清净""无为""与民休息"这一政策的变化，来总结汉初统治者是如何巩固统治、发展社会经济的。不论是处置封国问题，还是解决民族矛盾问题，汉初统治者都没有改变"与民休息"的基本国策，这就证明汉初统治者真正总结了秦亡的教训。司马迁不愧是伟大的史学家，他非常准确地把握住了这一重大的历史经验，并在《史记》中一再反映出来，其深意所在，可以想见。这就是，他总结历史经验不仅仅是为了说明历史，还以此来观察现实。他对于汉武帝统治时期的政治的认识，正是他上述历史认识的合乎逻辑的产物。

四

极盛时期的汉武帝面临着什么新的问题？

这是司马迁所亲身经历的历史变化。应当说，司马迁所处的时代，正是西汉最富庶、最强大的时期。如他自己所说："汉兴五世，隆在建元。"（《史记·太史公自序》）建元元年是公元前140年，而司马迁就诞生于公元前145年或公元前135年，可谓生当其时。古往今来，有不少政治家、思想家、史学家对汉武帝统治时的盛世讴歌备至。但是他们忽略了一个重要的事实，即身处汉武帝时代的司马迁，却没有陶醉于对盛世的歌颂。他以一个冷静的、负责任的史学家的眼光，看到了这个盛世表象后的社会问题，并在《史记》中有所记载，从而显示出他卓越的史识和实录的精神。

司马迁于盛世之中洞察到事物的变化和存在的问题，当从《史记》的《今上本纪》《封禅书》《平准书》等篇中看得尤其突出。可惜《今上本纪》已佚，今《史记·武帝本纪》为后人以《封禅书》所补，所以我们只能以《封禅书》和《平准书》作为主要根据来考察司马迁的这一思想。司马迁在《封禅书》后论中说："余从巡祭天地诸神名山川而封禅焉，入寿宫侍祠神语，究观方士祠官之意，于是退而论次自古以来用事于鬼神者，具见其表里。后有君子，得以览焉。"十分清楚，他是要以自己的所见所闻来揭露方士祠官的虚妄和笃信鬼神的帝王们的荒诞。《封禅书》除记述了历代的封禅活动外，主要落笔在对汉武帝笃信神仙、受方士愚弄的揭露和讽刺上。篇中说到汉武帝"尤敬鬼神之祀"，先后为方士李少君、少翁、栾大、公孙卿等人一再愚弄却仍执迷不悟，以至于"东至海上，考入海及方士求神者，莫验，然益遣，冀遇之"，达到了欲罢不能的地步。篇末有几句带有结论性的话是："今上封禅，其后十二岁而还，遍于五岳、四渎矣。而方士之候祠神人，入海求蓬莱，终无有验。而公孙卿之候神者，犹以大人之迹为解，无有效。天子益怠厌方士之怪迂语矣，然羁縻不绝，冀遇其真。自此之后，方士言神祠者弥众，然其效可睹矣。"这无异是说，入海求仙，不过是一出出闹剧而已。汉武帝本人虽久求而不可得，未免感到厌恶，但还是抱着希望，希望能够见到神仙。由于皇帝的笃信不改，毒化了社会风气，相信神仙的人愈来愈多，但那结果不是十分清楚吗？

显而易见，司马迁正是通过《封禅书》从一个方面揭示了汉武帝统治时期盛世表面背后的阴暗面，汉武帝的这些愚蠢行径使他看到了"物盛而衰"的历史变化。这种历史变化，已不只是表现为对于神仙的笃信和求访，而是人世间的活生生的反映。司马迁在《平准书》中描绘了汉武帝即位后不久，西汉经过七十余年的发展而达到的繁荣局面，可谓一派盛世景象。但他接着就写道："当此之时，网疏而民富，役财骄溢，或至兼并豪党之徒，以武断于乡曲。宗室有土公卿大夫以下，争于奢侈，室庐舆服僭于上，无限度。物盛而衰，固其变也。"司马迁以朴素的辩证观点来看待和解释这种变化，即他说的"物盛而衰，固其变也"。从今天的观点来看，这种变化正是封建的经济关系和政治统治固有矛盾发展的结果；武帝不同于高祖、文景，因为他处在这个矛盾发展的新的阶段上。从这个意义上说，最高统治者的变化，不应看作是上述变化的原因，而恰恰是这个变化的一部分。但是，最高统治者的变化因其所处地位的特殊性，他的变化必然会在相当程度上影响到社会的变化。司马迁虽然还不能科学地说明这二者之间的关系，但他十分敏感地观察到了这两种变化。他在概括地描绘了社会的变化之后，又从一些具体方面揭示了"物盛而衰"的种种表现，如：由于通西南夷道和筑卫朔方，弄得"府库益虚"；由于对匈奴的连年用兵，"于是大农陈藏钱经耗，赋税既竭，犹不足以奉战士"；由于置赏官武功爵，"军功多用越等，大者封侯卿大夫，小者郎吏。吏道杂而多端，则官职耗废"；由于"张汤用峻文决理为廷尉，于是见知之法生"；由于"有腹诽之法比"，于是"公卿大夫多谄谀取容矣"；以及"富商大贾或蹛财役贫，转毂百数，废居居邑，封君皆低首仰给。冶铸煮盐，财或累万金，而不佐国家之急，黎民重困"；"县官往往即多铜山而铸钱，民亦间盗铸钱，不可胜数。钱益多而轻，物益少而贵"，等等。这些现象是以前所没有的，或者虽然有但却没有显露得如此突出。当然，武帝时代的西汉社会比惠、高、文、景时代的西汉社会是向前发展了，于是新的社会问题也就跟着产生了。司马迁以朴素的辩证思想来说明他看到的这些变化，认为："物盛则衰，时极而转，一质一文，终始之变也。"他当然还不能完全跳出循环论的窠臼，但他毕竟敏感地揭示了社会的变化，于盛世之中看到了新的社会问题。这些变化，这些问题，因不可完全视为盛衰之变，但也确实包含着盛衰之变。惟其如此，司马迁才给后人留下了永远值得思考的历史课题。

司马迁不愧是伟大的史学家，他不仅能够以冷静的态度看待历史，也能够以同样冷静的态度看待现实。他善于以历史的经验来揭示现实的问题，也善于以现实的问题去反衬历史的经验。他的思想无疑还带着历史循环论的印记，但他确实是那个时代的思想巨人，因为他对历史与现实中发生的变化从不感到惊奇和困惑。——他的历史哲学是："物盛而衰，固其变也"；"事势之流，相激使然，曷足怪焉"！

要之，司马迁所总结的秦汉之际的历史经验中包含的历史智慧，是他留给后人的一笔丰厚的精神遗产。

（原载《社会科学辑刊》1989年第2~3辑合刊）

精于学而廉于政

——读《后汉书·儒林传》札记

范晔《后汉书·儒林传》写的是东汉时期经学家们的传记，按《易》《书》《诗》《礼》《春秋》经传分类，以各类依时间为序，一一为传。各类起始均上接《汉书》所载经生，记其源流；结末处则补叙本传以外经学大事，以备互见，以明终始，读来一目了然，可谓一部简明有序的东汉经学史。

在传首，范晔作长篇序论。一是写出了"光武中兴，爱好经术，未及下车，而先访儒雅，采求阙文，补缀漏逸"的文化政策及实际措施；写出了"先是，四方学士多怀协图书，遁逃林薮。自是莫不抱负坟策，云会京师"的盛况。到了汉明帝时，学子众多，"匈奴亦遣子入学"，"济济乎，洋洋乎，盛于永平矣！"二是概述了东汉时期儒者之风的几度盛衰，直至汉灵帝熹平四年（175），还"诏诸儒正定《五经》，刊于石碑……树之学门，使天下咸取则焉"。

于传末，范晔又作后论，指出：

> 自光武中年以后，干戈稍戢，专事经学，自是其风世笃焉……
>
> 自桓、灵之间，君道秕僻，朝纲日陵，国隙屡启，自中智以下，靡不审其崩离；而权强之臣，息其窥盗之谋，豪俊之夫，屈于鄙生之议者，人诵先王言也，下畏逆顺势也。至如张温、皇甫嵩之徒，功定天下之半，声驰四海之表，俯仰顾眄，则天业可移，抚鞠躬昏主之下，狼狈折札之命，散成兵，就绳约，而无悔心。暨乎剥桡自极，人神数尽，然后群英承其运，世德终其祚。迹衰敝之所由致，而能多历年所者，斯岂非学之效乎？

在范晔看来，早在桓帝、灵帝的时候，东汉朝纲已是一片衰败景象，随时都有"崩离"的可能；而"权强之臣""豪俊之夫"终不敢冒天下之大不韪者，正是光武"中年以后""专事经学""其风世笃"所致，这是《后汉书·儒林传》所要阐明的基本思想。从今天的认识来看，范晔的这篇史论，说明了主导的意识形态、良好的社会风气对于维系政治统治的重要性。

通观《后汉书·儒林传》，记述了儒士刘昆、洼丹、任安、杨政、张兴、戴凭、孙期、欧阳歙、牟长、宋登、尹敏、周防、孔僖、杨伦、高诩、包咸、魏应、伏恭、任末、景鸾、薛汉、杜抚、召驯、杨仁、赵晔、卫宏、董钧、丁恭、周泽、钟兴、甄宇、楼望、程曾、张玄、李育、何休、服虔、颍容、谢该、许慎、蔡玄等四十余人（附传不计在内）。其序云："东京学者猥众，难以详载，今但录其能通经名家者，以为《儒林篇》。其自有列传者，则不兼书。"看来，在万千的儒士中，得以入传的，毕竟只能是极少数人。

儒士们的专长、经历，不尽相同，但是，一般说来，他们又多有非常相似之处，即精于学而廉于政。

首先说精于学。如前所述，《后汉书·儒林传》是以精于《易》《书》《诗》《礼》《春秋》经传来分类撰述的，故所入传者均各有所长，自不待言。而精于学的另一个突出表现，是他们广收门徒，传道授业，孜孜不倦，为世所重，如：

——刘昆，"王莽世，教授弟子恒五百余人"。

——洼丹，"王莽时，常避世教授，专志不仕，徒众数百人"。

——任安，"学终，还家教授，诸生自远而至"。

——杨政，"教授数百人"。

——张兴，"既而声称著闻，弟子自远至者，著录且万人"。

——孙期，"家贫，事母至孝，牧豕于大泽中，以奉养焉。远人从其学者，皆执经垄畔以追之，里落化其仁让"。

——欧阳歙，"教授数百人"。

——曹曾，"从歙受《尚书》，门徒三千人"。

——牟长，"诸生讲学者常有千余人，著录前后万人"。

——杨伦，"讲授于大泽中，弟子至千余人"。

——魏应，"经明行修，弟子自远方至，著录数千人"。

——任末，"少习《齐诗》，游京师，教授十余年"。

——薛汉，"教授常数百人"。

——杜抚，"后归乡里教授""弟子千余人"。

——董钧，"常教授门生百余人"。

——丁恭，"学义精明，教授常数百人""诸生自远方至者，著录数千人，当世称为大儒"。

——周泽，"隐居教授，门徒常数百人"。

——甄宇，"教授常数百人"。

——楼望，"卒于官，门生会葬者数千人，儒家以为荣"。

——程曾，"会稽顾奉等数百人常居门下"。

——张玄，"诸儒皆服其多通，著录千余人"。

——李育，"常避地教授，门徒数百"。

——颖容，"初平中，避乱荆州，聚徒千余人"。

——谢该，"为世名儒，门徒数百千人"。

——蔡玄，"学通《五经》，门徒常千人，其著录者万六千人"。

东汉经学之盛，于此可见一斑。范晔十分感慨地写道：

> 其服儒衣，称先王，游庠序，聚横塾者，盖布之于邦域矣。若乃经生所处，不远万里之路，精庐暂建，赢粮动有千百，其耆名高义开门受徒者，编牒不下万人，皆专相传祖，莫或讹杂。

如上文所列，这些"开门受徒者"，或处都会，或居乡野，或居官，或不仕，情况各异，志向不同，但都注重教授门生，不惮其劳。以私人讲学来看，"教授常数百人"者，当是一件很不容易的事。所谓著录达到数千人，甚至上万人，当有夸大之处，但也足以表明当时著录者人数之多。

这些儒士，除少数人因种种不同的具体原因不愿出仕外，大多数在仕途上都以清正廉明而受到世人的推重。如周泽为县令，"奉公克己，矜恤孤羸，吏人归爱之"。他在汉明帝时，"拜太常""果敢直言，数有据争"。北地太守廖信是个贪官，"坐贪秽下狱，没入财产"。汉明帝乃以廖信赃物分赐诸廉吏，其中周泽、光禄勋孙堪、大司农常冲"特蒙赐焉"。此事影响颇大，"是时京师翕然，在位者咸自勉励"。而孙堪为官，"公正廉洁，奉禄不及妻子，皆以供宾客。""所在有迹,为吏人所敬仰。""清廉,果于从政,数有直言,多见纳用。"因周泽字稚都,孙堪字子稚,"堪行类于泽,故京师号曰'二稚'",是为清廉的象征。

刚直不阿,是一些儒士入仕后的另一个特点。汉光武帝时的杨政、戴凭是很突出的。《后汉书·儒林传》记杨政事迹说:

> 为人嗜酒,不拘小节,果敢自矜,然笃于义。时,帝婿梁松,皇后弟阴就,皆慕其声名,而请与交友。政每共言论,常切磋恳至,不为屈挠。尝诣杨虚侯马武,武难见政,称疾不为起。政入户,径升床排武,把臂责之曰:"卿蒙国恩,备位藩辅,不思求贤以报殊宠,而骄天下英俊,此非养身之道也。今日动者刀入胁。"武诸子及左右皆大惊,以为见劫,操兵满侧,政颜色自若。会阴就至,责数武,令为交友。其刚果任情,皆如此也。

杨政的做法,或许不值得人们去仿效,但他的果敢、大义、无畏,的确是令人敬佩的。

戴凭少年得志,十六岁时,"郡举明经,征试博士,拜郎中"。后来他官至侍中。同传记载了这样一件事:

> (光武)帝谓凭曰:"侍中当匡辅国政,勿有隐情。"凭对曰:"陛下严。"帝曰:"朕何用严?"凭曰:"伏见前太尉西曹掾蒋遵,清亮忠孝,学通古今,陛下纳肤受之诉,遂致禁锢,世以是为严。"帝怒曰:"汝南子欲复党乎?"凭出,自系廷尉,有诏敕出。后复引见,凭谢曰:"臣无謇谔之节,而有狂瞽之言,不能以尸伏谏,偷生苟活,诚惭圣朝。"帝即敕尚书解遵禁锢,拜凭虎贲中郎将,以侍中兼领之。

这里,戴凭是直截了当地批评了光武帝,说他只是从表面上去理解蒋遵的话,而不深察其实质,就把他禁锢起来,这不是"严"么?戴凭是汝南人,所以光武帝说"汝南子"想再次结党吗?看来矛盾很尖锐,但终究是缓和下来了,蒋遵也由此被解除了禁锢。戴凭的正直和胆识,于此可见。

许多儒士,征为朝臣,则匡正时政;出为守令,则多有政声。如杨仁,汉明帝时为北宫卫士令，"引见，问当世政迹。仁对以宽和任贤、抑黜骄戚为先。又上便宜十二事，皆当世急务"。宋登，汉顺帝时为侍中，"数上封事，抑退权臣，由是出为颍川太守。市无二价，道不拾遗。病免，卒于家，汝阴人配社祠之"。张驯，汉灵帝时，"擢拜侍中，典领秘书近署，甚见纳异。多因便宜陈政得失，朝廷嘉之。迁丹阳太守，化有惠政"。

从《后汉书·儒林传》来看，它所反映的内容，不止是东汉学术史的一部分，也是东汉政治史的一部分。不论是从学术史来看，还是从政治史来看，有一点是共同的，即东汉儒士们的精神追求都有比较明确的目标，其修身、自律的自觉性都比较高。刘昆的"少习礼容"，杨政的"笃于义"，孙期的"事母至孝"，欧阳歙的"恭谦好礼让"，高诩"以信行情操知名"，伏恭的"性孝，事所继母甚谨"，杜抚的"沈静乐道，举动必以礼"，召驯（字伯春）的"以志义闻，乡里号之曰'德行恂恂召伯春'"，甄宇的"清净少欲"，楼望的"操节清白，有称乡间"，何休的"雅有心思"，服虔的"以清苦建志"，许慎的"性淳笃"，等等，都表现出了做人的规范。这是一种人格的力量，而当这种人格的力量通过讲学、从政广泛地发挥作用时，便会影响到一个时代的社会风气。范晔史识的高明处，是他一方面看到了东汉经学发展中的弊端，一方面又指出了经学发展对于社会的影响。他认为，东汉经学的发达，包含了两个突出的缺陷，一是死守门户之见："分争王庭，树朋私里，繁其条章，穿求崖穴，以合一家之说。"二是陷于迂腐刻板："书理无二，义归有宗，而硕学之徒，莫之或徙，故通人鄙其固焉……且观其成名高第，终能远至者，盖亦寡焉，而迂滞若是矣。"这两个弊端，其实互为因果，其发展到极点，便是东汉经学的末路。对此，历代学人多有批评。尽管如此，范晔还是充分肯定了东汉经学对于时代的积极影响，这就是"然所谈者仁义，所传者圣法也。故人识君臣父子之纲，家知违邪归正之路"。正因为如此，东汉在其末年处于"朝纲日陵，国隙屡启"的形势下，还能"多历年所"。

所谓桓、灵之间直至献帝，东汉皇朝尚能"多历年所"者，似不能简单地归结为"专事经学"的结果；但"专事经学，自是其风世笃"，也的确影响到社会风气，这对于东汉皇朝的政治统治，自然会产生一种维系的作用。这就是范晔所说的"人识君臣父子之纲，家知违邪归正之路"的社会风气，对于政治统治的积极的反作用。这跟魏晋时统治者提倡"以孝治天下"，显然是两种不同的世风。这一点,鲁迅曾经指出过。

范晔的这一认识,深受顾炎武的赞赏。顾炎武在论到两汉风俗时写道:

> 汉自孝武表章六经之后,师儒虽盛,而大义未明。故新莽居摄,颂德献符者遍于天下。光武有鉴于此,故尊崇节义,敦厉名实,所举用者,莫非经明行修之人,而风俗为之一变。至其末造,朝政昏浊,国事日非,而党锢之流、独行之辈,依仁蹈义,舍命不渝,风雨如晦,鸡鸣不已,三代以下风俗之美,无尚于东京者。故范晔之论……可谓知言者矣。(《日知录》卷十三"两汉风俗"条)

顾炎武的论中,除引用《后汉书·儒林传》后论外,还引用了《后汉书》卷六一左雄等传的后论,其文曰:"所以倾而未颓、决而未溃,皆仁人君子心力之为。"这里,不仅可以看出顾炎武读《后汉书》的认真细致,而且看出他从范晔所记人物及其评论中所揭示出来的深刻见解。

《后汉书·儒林传》的内容及其深意,在千余年之后,能够得到善言历代风俗的顾炎武的认同和称赞,当是范晔的幸事。刘知幾有言:"物有恒准,而鉴无定识,欲求铨核得中,其唯千载一遇乎!"(《史通·鉴识》)我们今天重读《后汉书·儒林传》及其序、论,联想到顾炎武的有关评价,对东汉光武帝时期的"中年以后,干戈稍戢,专事经学,自是其风世笃"的决策与历史,似也应有进一步的认识的必要,并从中得到一点有益的启示。

(原载《齐鲁学刊》1997年第2期)

魏收和《魏书》的风波

北魏"三才"之一

魏收,字伯起,小字佛助,巨鹿下曲阳(今河北晋县西)人,以文才和史学知名,是北朝有成就的史学家。

北魏宣武帝正始四年(507),魏收出生在一个世代为官的家庭。据他后来自称,其家本是西汉初年魏无知的后裔。祖父悦,北魏时官至太守。父子建,于北魏孝明帝正光三年(522)出任东益州(治所在今陕西略阳县)刺史。魏收自幼读书,十五岁时学习作文。随父赴边后,恰值四方多事,他转而"好习骑射,欲以武艺自达"[①]。有个叫郑伯的人看他习武没有多大进展,故意问他:"魏郎弄戟多少?"魏收很惭愧,也因此受到启发,就坚定了用功读书的志向。即使在夏日,他"坐板床,随树阴讽诵",苦读不止。年复一年,板床磨损得很厉害,他从不怠惰。经过这一番用功读书,魏收学业大进,他写的文章也渐为世人所重。

魏收二十一岁时,父亲被召回洛阳,他因父功而做了太学博士,讲授儒家经典。不久,因吏部尚书李神俊的推荐而成为司徒杨椿的记室参军。孝庄帝永安三年(530),被授予北主客郎中之职,掌蕃国朝聘之事。次年,节闵帝要选拔近侍,诏试魏收撰《封禅书》。魏收不作草稿,下笔成章,将近千言而所改无几。黄门郎贾思同报告节闵帝说:"即使是三国时的曹植七步成诗之才,也没有魏收才思敏捷呵!"于是,魏收被授予散骑侍郎之职,继而改任典起居注,并修国史,兼中书侍郎。魏收开始跟史学有了联系,这年他二十六岁。

这时,北魏政治上发生了一次重大变动:权臣高欢率兵进入洛阳,废节闵

[①] 以上见《魏书》卷一○四《自序》《北齐书》卷三七《魏收传》,下引二文,不另注。

帝，另立平阳王元脩为帝，是为孝武帝。高欢有个亲信崔㥄，很多人都巴结他。魏收没有主动登门拜访崔㥄，又恃才挑剔崔㥄的文章，因而受到崔㥄的排挤，险遭弹劾，因得辛雄为之周旋，乃免。魏收因撰《南狩赋》，"虽富言淫丽，而终归雅正"，深为孝武帝所褒美。郑伯对魏收说："卿不遇老夫，犹应逐免。"既有崔㥄的排挤，又有孝武帝在授予高欢相国称号上的犹豫使人难测"主相之意"，魏收便辞去了职务。一年后，魏收被起用为孝武帝兄之子广平王元赞的属官，不久又兼任中书舍人。这时，魏收已有很大才名，他同温子昇、邢子才被世人号为"三才"。这时，孝武帝同高欢之间的矛盾日渐加剧，魏收称病辞职。其舅崔孝芬问他为什么辞官，他说："惧有晋阳之甲。"当年有尔朱荣发兵晋阳之举，而今高欢的大丞相府亦建于晋阳，魏收是语出双关。永熙三年（534），高欢果然率兵南下，孝武帝逃往长安，在宇文泰控制下继续维持魏政权，史称西魏；高欢另立元善见为帝，迁都于邺（今属河南安阳辖境），史称东魏。这是魏收经历的又一次政治上的重大变动。

在东魏时期的政治经历

东魏孝静帝兴和元年（539），魏收应召赴邺，以兼通直散骑常侍的身份为使臣王昕之副出使梁朝。王昕"风流文辩"，魏收"辞藻富逸"，为梁武帝君臣所重。在他们之前，李谐、卢元明于天平四年（537）首通使命，二人才器，为梁所重[①]。所以梁武帝称赞说："卢、李命世，王、魏中兴，未知后来复何如耳？"当时南北一度通好，互派使臣；使臣人选，极重才器、文辞，以显本朝人才之盛。魏收在仕途上沉默多年，此次复出，实与南北通好有关。然魏收使梁时，买吴婢入馆。梁朝馆司皆为之获罪，故人称其才而鄙其行。在以后的四五年中，魏收因司马子如的推荐，来到高欢父子控制的晋阳，任中外府主簿。司马子如还曾当面向高欢说，魏收是"一国大才"，望其重用。魏收也因此转为丞相府属官，然终未受到高欢重视。魏收通过崔暹请求修国史。崔暹向高欢长子高澄建议说："国史事重，公家父子霸王功业，皆须具载，非收不可。"高澄果为所动，推荐魏收做了兼散骑常侍，修国史。于是他又回到邺。武定二年（544），他升任散骑常侍，兼中书侍郎，修国史。这是他第二次担任皇家史职，这年他三十三岁。这期间，恰值高欢入朝，魏收奉命替他写了一

[①] 参见《魏书》卷一二《孝静纪》。

篇辞让相国称号的上书。高欢阅后，很满意，指着魏收对高澄说："此人当复为崔光。"崔光是北魏孝文帝、宣武帝、孝明帝时的名臣，官至司徒、侍中、国子祭酒、领著作。孝文帝曾称赞崔光之才"浩浩如黄河东注，固今日之文宗也"①。高欢这样看重魏收，是魏收政治生涯中的一大转折，从此他结束了前半生的坎坷经历。武定四年（546），高欢在西门豹祠宴请众官。席间，高欢对司马子如说："魏收为史官，书吾善恶，闻北伐时，诸贵常饷史官饮食，司马仆射颇曾饷不？"说完，彼此大笑不止。高欢又对魏收说："我后世身名在卿手，勿谓我不知。"武定八年（550），高欢次子高洋以齐代魏，建元天保，这是魏收一生中经历的又一个重大的政治事变。这次事变，他是直接参加者之一，凡"禅代诏册诸文"，都出于魏收之手。事变的当年，他被高洋授予中书令兼著作郎的职务。

在北齐：《魏书》的撰写和改正

北齐天保二年（551），文宣帝高洋诏命魏收撰写魏史，这成了魏收在事业上真正转向史学的一个契机。文宣帝曾命群臣各言己志，魏收说："臣愿得直笔东观，早成《魏书》。"文宣帝果然答应了他的要求。天保四年（553），又诏命魏收专在史阁撰史，不必参与行政事务。高洋还鼓励魏收说："好直笔，我终不作魏太武诛史官。"②当时，负责监修的高隆之，不过挂名而已。参加撰述的还有房延祐、辛元植、刁柔、裴昂之、高孝幹。魏收等人参考了邓渊的《代记》，崔浩的编年体魏史，李彪的纪、表、志、传魏书体例，邢峦、崔鸿、王遵业等陆续撰成的孝文帝至孝明帝的起居注，以及元晖业撰的《辨宗室录》和当时残存的大族谱牒、家传，还有南朝史书③。他们"辨定名称，随条甄举，又搜采亡遗，缀续后事"，于天保五年（554）三月，撰成纪12卷，传92卷，合110卷（含子卷），"表而上闻之"。同年十一月，复奏十志：《天象》4卷，《地形》3卷，《律历》2卷，《礼》《乐》4卷，《食货》1卷，《刑罚》1卷，《灵征》2卷，《官氏》2卷，《释老》1卷，凡

---

① 《魏书》卷六七《崔光传》。
② 魏太武诛史官，即崔浩国史案，事在太平真君十一年（450）。参见《魏书》卷三五《崔浩传》。
③ 参见周一良：《魏晋南北朝史札记》第384页《魏收袭用南朝史书》条，北京：中华书局1985年版。

20卷，续于纪传，合130卷（如不计子卷，合114卷）。据《魏书·自序》说："其史三十五例，二十五序，九十四论，前后二表一启。"

《魏书》撰成后，在北齐统治集团中激起了轩然大波：有人说"遗其家世职位"，有人说"其家不见记载"，还有人指斥《魏书》"妄有非毁"。在"群口沸腾"中，《魏书》被这些人号为"秽史"。文宣帝谓魏收于尚书省"与诸家子孙共加讨论"，据说前后投诉百余人。继而文宣帝又亲自诘责了一些投诉者，太原王松年、范阳卢斐、顿丘李庶等皆获罪，或因以致死。最后文宣帝只好"敕魏史且勿施行，令群官博议。听有家事者入署，不实者陈牒"。而投诉者相次，魏收无以抗之。当时，因左、右仆射杨愔、高德正二人"势倾朝野，与收皆亲""不欲言史不实，抑塞诉辞，终文宣世更不重论"。尚书陆操从整体上看待《魏书》，认为："魏收《魏书》可谓博物宏才，有大功于魏室。"杨愔对魏收说："此谓不刊之书，传之万古。但恨论及诸家枝叶亲姻，过为繁碎，与旧史体例不同耳。"魏收说："往因中原丧乱，人士谱牒，遗逸略尽，是以具书其支流。"他们的谈话，已部分地涉及"众口喧然"的原因。

《魏书》撰成当年，魏收被授予梁州刺史之职。天保八年（557），任太子少傅、监国史，参议律令。这一年，邢子才写了一首诗赠给魏收，题目是《冬夜酬魏少傅直史馆》，说明这期间魏收对于史事方面的工作，一直没有停止。"史馆"之见于历史记载，这是最早的。天保十年（560），除仪同三司。这年，文宣帝死，孝昭帝高演即位，改元皇建，魏收任兼侍中、右光禄大夫，仪同三司、监史如故。文宣帝的谥号、庙号、陵名，都是魏收所议。孝昭帝考虑到魏史尚未正式行世，诏命魏收"更加研审"，魏收也"颇有改正"。旋诏行魏史，一本置秘阁，一本付并省，一本付邺下，"任人写之"。这是《魏书》的第一次修改、行世。

武成帝高湛时，魏收于大宁元年（561）加开府，河清二年（563）兼右仆射，还有诏于玄洲苑阁上为其画像。当时，邢子才被疏出，温子昇已死，魏收大被任用，独步一时。当初"三才"并世，常相訾毁，各有朋党。魏收每每贬损邢文。邢子才说："江南任昉，文体本疏，魏收非直模拟，亦大偷窃。"魏收听到后就说："伊常于《沈约集》中作贼，何意道我偷任昉。"这说明他们之间的不谐，也透露出当时南北文化上的联系。

河清四年（565），武成帝传位后主高纬，他以三十二岁的盛年去当太上皇了。后主天统二年（566），仍有"群臣多言魏史不实"的情况，武成帝"复敕更审"，魏收又做了"回换"，凡所更改，涉及列传中的个别体例、史文四五事，这是《魏书》撰成后12年中的第二次修改。经过这次修改，《魏书》就一直流传下来。

魏收从北魏孝明帝时入仕，经过三个皇朝，历事九个君主，至北齐后主时，掌诏诰，除尚书右仆射，总议监五礼事，位特进，达到了他四十多年宦途的顶峰；这时，他的生命也快走到了尽头。武平三年（572），六十六岁的魏收，在大致了却了《魏书》一案的六年后就死去了。后主追赠他司空、尚书左仆射，谥号文贞。魏收娶其舅之女为妻，无子，有一女。晚年，以子侄辈年少，申以戒厉，著有《枕中篇》，具见《北齐书》本传。他曾就《齐书》起元事，同李德林有过书信往还，事见《隋书·李德林传》。除《魏书》以外，魏收有集七十卷，已佚。

《魏书》的得失

《魏书》的"三十五例"，因例目已佚，无由考察；"二十五序"，俱存，见《皇后传》、诸类传及"十志"之序；"九十四论"，今序九十三论[①]，以卷七四《尔朱荣传》后论篇幅最长，有四百多字；"二表"皆佚，"一启"即《前上十志启》，今存，编于志首。上述例、序、论、表、启，"皆独出于收"[②]。

《魏书》记事起于北魏拓跋珪（太祖道武皇帝）登国元年（386），并以《序纪》的形式追叙拓跋珪先世历史至二十七代；迄于东魏孝静帝武定八年（550）四月"诏归帝位于齐国"。它主要记述了北魏一百四十八年、东魏十六年合计一百六十四年的历史，从一个方面记述了北魏、东魏同东晋后期及宋、齐、梁几朝南北关系的历史。

《魏书》首创《序纪》，叙拓跋氏的由来及北魏统治者历代祖先的历史，虽未可尽为信史看待，但它大致阐述了北魏皇朝的历史渊源，记述魏晋时期拓跋氏与中原地区的联系，它的目的是要从历史上说明北魏皇朝建立的合理性。

[①] 中华书局《魏书》点校本于卷八八、九二、九三、九四之末，均标明"史臣曰"，并注以"阙"字，与今存之数合计，不符。

[②] 《北史》卷五六《魏收传》。

《魏书》的纪称东晋是"僭晋",表明北魏才是正统皇朝;称宋、齐、梁为"岛夷",是把它们视为"自拟王者"的地方势力;以"私署""自称"的口气记张寔、鲜卑乞伏国仁等史事,是表明他们并没有得到北魏的策命和认可。"僭伪""岛夷""自署"等不同的说法,都是从政治上明确表明北魏是正统皇朝的继承者。《魏书》中还处处渗透了一种文化观念,有一种作为先进文化代表的姿态。它评论东晋皇朝说:"所谓夷狄之有君,不若诸夏之亡也。"①它论桓玄、刘裕等人则谓"其夷、楚之常性乎?"②夷夏之辨,由来已久,但这个问题由《魏书》提出来,其含义是不同寻常的。尽管这里有对立、贬损对方的用意,它毕竟反映了以鲜卑族为首的北方少数民族的历史进步。政治上标榜正统,文化上标榜先进,《魏书》作者的这两点撰述思想,是对北魏王朝作为民族迁移及重新组合之重要历史阶段的新认识。

《魏书》的"纪"以《世祖纪》和《高祖纪》篇幅最长。《世祖纪》写出了太武皇帝拓跋焘"廓定四表,混一戎华"的武功;《高祖纪》记载了文明太后、孝文帝拓跋宏的改革、变法的诏书和措施,所谓"帝王制作,朝野轨度,斟酌用舍,焕乎其有文章,海内生民咸受耳目之赐"。这两篇纪,在记武功、文治上,各有特色,反映了北魏历史发展上的两个重要阶段。《魏书》的纪写得零散而没有文采,唯其每于帝纪之后所补叙的史事往往有生动的记载。《高祖纪》后补记孝文帝数事,说他"尚书奏案,多自寻省。百官大小,无不留心,务于周洽。每言:凡为人君,患于不均,不能推诚御物。苟能均诚,胡越之人亦可亲如兄弟。常从容谓史官曰:'直书时事,无讳国恶。人君威福自己,史复不书,将何所惧。'"《孝静纪》后补记孝静帝"禅位"的情景,写道:"帝乃下御座,步就东廊,口咏范蔚宗《后汉书赞》云:'献生不辰,身播国屯。终我四百,永作虞宾。'"又写他至后宫诀别:"乃与夫人、妃嫔已下诀,莫不歔欷掩涕。嫔赵国李氏诵陈思王诗云:'王其爱玉体,俱享黄发期。'皇后已下皆哭……及出云龙门,王公百僚衣冠拜辞,帝曰:'今日不减常道乡公、汉献帝。'众皆悲怆,(尚书右仆射)高隆之泣洒。"这两段补叙,分别写出了开拓之君的心志和亡国之主的悲戚。

《魏书》的传有两个特点,第一个特点是具有突出的家传色彩。上引杨愔

---

① 《魏书》卷九六《僭晋司马睿传》。
② 《魏书》卷九七后论。

的话，说是在《魏书》中"诸家枝叶亲姻，过为繁碎，与旧史体例不同"。如卷二七《穆崇传》列举传主家族66人，卷三六《李顺传》列举59人，卷三九《李宝传》列举50人等。以往的纪传体史书，也有多人合传的情形，但主要是对人物行事有密切关联者合而为传，最多也只限于数人。家传式的合传完全改变了本来意义上的合传的体例和性质，也起不到合传应有的作用，但这样的家传式合传也从一个方面反映了门阀时代的特点。第二个特点是对当时的民族关系和南北关系有广泛的反映。卷九六至卷九九，依次写了刘聪、石勒、刘虎、慕容廆、苻健、姚苌、吕光、司马睿、李雄、桓玄、冯跋、刘裕、萧道成、萧衍、张寔、乞伏国仁、秃发乌孤、李暠、沮渠蒙逊等人，包含了进入中原的匈奴、鲜卑、羯、氐、羌各族建立的政权，东晋、宋、齐、梁四朝，以及没有进入中原的一些少数民族政权。这几篇传，写出了当时十分复杂的民族关系和南北关系。卷一百至卷一〇三，还写到了东北、北方、西北许多民族和外域的情况，反映了北魏、东魏在民族交往、中外关系中所处的重要地位，也反映了《魏书》作者在这方面的历史见识。

《魏书》的志显示出特有的历史价值和文献价值，它首创《官氏志》，先叙官制，后叙族姓，卷末载太和十九年（495）孝文帝关于"制定姓族""决姓族之首末"的诏书，是反映北魏统治走向封建化和门阀化过程中的重要文献。《魏书》还首创《释老志》，这篇长达一万三千字的志文，记述了佛、道二教跟社会的关系，尤其是详载了佛教在中国传播的过程以及它在北魏的兴衰史。所记所论，主要在于阐明佛教和皇权、教化的关系以及佛教对社会各方面的影响。作者最后写道："魏有天下，至于禅让，佛经流通，大集中国，凡有四百一十五部，合一千九百一十九卷。正光已后，天下多虞，王役尤甚，于是所在编民，相与入道，假慕沙门，实避调役，猥滥之极，自中国之有佛法，未之有也。略而计之，僧尼大众二百万矣，其寺三万有余。流弊不归，一至于此，识者所以叹息也。"重姓族，崇佛教，这是南北朝共同的社会风尚和历史特点。魏收在《前上十志启》中强调这两篇志的内容是"魏代之急""当今之重"，可以看出他在这方面的历史认识所达到的高度。《魏书》的《地形志》《刑罚志》《官氏志》，或追叙秦、汉、魏、晋沿革，或以秦、汉、魏、晋制度为依据，以证"魏氏承百王之末"[①]；同时，也承认"及交好南夏，颇有

[①] 《魏书》卷一一一《刑罚志》序。

改创"①的历史事实，这表明了作者对于历史发展中的客观联系的尊重。《魏书》的《食货志》《礼志》中保存有极重要的历史文献。《食货志》记载的孝文帝太和九年（485）均田诏书，是关系到古代土地制度改革的大事。《礼志一》记："魏先之居幽都也，凿石为祖宗之庙于乌洛侯国西北。自后南迁，其地隔远。真君中，乌洛侯国遣使朝献，云石庙如故，民常祈请，有神验焉。其岁，遣中书侍郎李敞诣石室，告祭天地，以皇祖先妣配。祝曰……石室南距代京可四千余里。"《魏书》卷一百《乌洛侯国传》记："世祖真君四年来朝，称其国西北有国家先帝旧墟，石室南北九十步，东西四十步，高七十尺，室有神灵，民多祈请。世祖遣中书侍郎李敞告祭焉，刊祝文于室之壁而还。"又《世祖纪下》记：太平真君四年（443）三月，"壬戌，乌洛侯国遣使朝贡"，关于这件事，纪、传、志都有记载，说明它的重要性非同寻常。三处记载虽详略不同，但都吻合无误，有相互补充的作用。《魏书》所记此事，已在1980年为考古工作者的发现所证实：石室位于今内蒙古自治区呼伦贝尔盟鄂伦春自治旗境内，称嘎仙洞，在大兴安岭北段东麓。石室壁上所刻祝文，跟《礼志一》所记完全吻合，所署"太平真君癸未岁七月廿五日"也符合乌洛国朝贡时间的间隔，可补史书记载之所未详。上引《礼志一》所记及石室祝文的发现，可证《史记·匈奴列传》关于东胡史事的记载，以及《三国志·魏书·乌丸鲜卑东夷传》裴注所引《魏书》关于鲜卑史事的记载，都是有一定的根据的。

《魏书》是中国封建社会历代正史中第一部记载以少数民族上层集团为核心的封建王朝的历史，记述了鲜卑族拓跋部的发展、兴盛，统一北方和走向封建化、门阀化的历史过程，反映了4至6世纪北部中国的历史面貌和社会特点，是一部有很高价值的皇朝史。

《魏书》在历史观上却明显地宣扬天命、星占、灾异与人事相关和佛道的灵验。其《序纪》记拓跋氏先人诘汾与"天女"相媾而得子，是为"神元皇帝"。《序纪》后论还说："帝王之兴也，必有积德累功博利，道协幽显，方契神祇之心。"《太祖纪》载：献明贺皇后"梦日出室内，寐而见光自牖属天，歘然有感"，孕而生太祖道武皇帝，而"明年有榆生于埋胞之坎，后遂成林"。这都是以神话、传说和自然现象来编织"天命"可信的故事。《天象

---

① 《魏书》卷一一三《官氏志》序。

志》序称：天象变化，"或皇灵降临，示谴以戒下，或王化有亏，感达于天路""今以在天诸异咸入《天象》，其应征符合，随而条载"，这是十分明确地宣扬天人感应。它记：太平真君十年（449），"六月庚寅朔，日有食之。占曰'相将诛'。十一年六月己亥，诛司徒崔浩"。和平三年（462），"二月壬子朔，日有食之。占曰'有白衣之会'。六年五月癸卯，高宗崩。"这样的记载，充斥于《天象志》。《灵征志》所记灾祥，也都与人事丝丝相扣，旨在宣扬"化之所感，其征必至，善恶之来，报应如响。斯盖神祇眷顾，告示祸福"①。《释老志》固然是一篇很有价值的历史文献，但它也宣扬了非佛致祸和名道寇谦之预言的灵验。这些，都反映了魏收在历史观点上的唯心主义倾向和特点。

《魏书》在有的史事的处置和评价上有失实之处，这引起后人中有一派的激烈批评，以致把它称为"秽史"。李百药《北齐书·魏收传》提出魏收曾因得阳休之之助而为其父阳固作佳传、于《尔朱荣传》"减其恶而增其善"数事；以《北史》同传较之，李延寿对《尔朱荣传》颇有改正，说明李百药的批评是对的，而《阳固传》则无原则性改动，说明李延寿并不赞成李百药的批评。赵翼《二十二史札记》卷十三有《魏书多曲笔》条，列举数事证明《魏书》对高欢在魏朝时事"必曲为回护"，而《北史》凡此多不载，又说《魏书·孝静纪》末载孝静帝终以遇酖而死，疑系后人以《北史》所补，非《魏书》本文所有等，都证明《魏书》确有曲笔处。但自李百药《北齐书·魏收传》借"诸家子孙"之口把《魏书》号为"秽史"起，刘知幾《史通·古今正史》篇，刘昫、刘恕等人所撰《魏书目录叙》，则把因《魏书》所记"诸家子孙"的先人、家世失实而引起的争论，说成是关于《魏书》"党齐毁魏"的争论，把"诸家子孙"之称《魏书》为"秽史"，说成是"世薄其书""时论以为不平"而"号为'秽史'"，都已离开《魏书》引起争论的真相。后来章学诚《文史通义·史德》和上引赵翼的话，似都没有详察其中原委、变化，沿袭《魏书》是"秽史"之说；至于隋文帝说魏收《魏书》"失实"，那是出于"正统"观念的考虑，他命魏澹等人重撰《魏书》，"以西魏为正，东魏为伪"，就是明证。唐太宗集群臣讨论撰写前朝史，"众议以魏史既有魏收、魏

---

① 《魏书》卷一一二《灵征志》序。

澹二家，已为详备，遂不复修"①，事实上已对二家《魏书》作了肯定。李延寿撰《北史》，对《魏书》中的曲笔多有改正，又在《北史·魏收传》中批评魏收在《魏书》事件中依仗权势打击"谤史"者的行为，但他还是肯定了《魏书》的成就，称其"追踪班、马，婉而有则，繁而不芜，持论序言，钩深致远"。这个评价褒之过高，但可以说明众议"已为详备"的意见的存在。王鸣盛《十七史商榷》卷六五论《魏收魏书》条指出："魏收手笔虽不高，亦未见必出诸史之下，而被谤独甚；乃其后修改者甚多，而总不能废收之书，千载而下，他家尽亡，收书岿然独存，则又不可解。"这实际上是对于《魏书》"被谤"的质疑。清四库馆臣也持近似的看法，指出："魏、齐近世，著名史籍者并有子孙，孰不欲显荣其祖、父？既不能一一如志，遂哗然群起而攻。平心而论，人非南董，岂信其一字无私？但互考诸书，证其所著，亦未甚远于是非。'秽史'之说，无乃已甚之词乎！"②《魏书》竭力反映门阀的家史而又不能尽如人意，这是它在当时招致"群口沸腾"的原因。"秽史"说由"诸家子孙"的"众口喧然"而起，千余年中而改变了原样，是应当重新加以认识的。

《魏书》是一部有价值的王朝史，尽管有一些明显的缺点，但把它完全否定为"秽史"是没有根据的。

（原题为《魏收》，收在白寿彝总主编《中国通史》第5卷，上海人民出版社1995年版）

---

① 《旧唐书》卷七三《令狐德棻传》。
② 《四库全书总目》卷四五《魏书》提要。

力主"匡正时弊"的李谔

结识杨坚:入隋为官

李谔,字士恢,北朝赵郡(治平棘,今赵县,辖境相当于今河北赵县、元氏、高邑、柏乡等县)人,好学而善作文。

李谔入仕之初,是在北齐(550-577)治下,官至中书舍人。北周武帝建德六年(577)灭北齐后,李谔在北周(557-581)治下做官,任天官都上士。西魏末年,改官制,依《周礼》建六官,即天官、地官、春官、夏官、秋官、冬官,这个制度在北周时期延续下来。天官府是管家宰等众职的机构,李谔所任都上士是天官府中的中下级官员。在此期间,李谔结识了杨坚,认为杨坚"有奇表",故"深自结纳"。后来杨坚做了丞相,李谔受到亲近和重视。有两件事情可以说明他们之间的密切关系。一件事情是:杨坚经常向李谔"访以得失",征求李谔关于管理国事的意见。李谔根据当时"兵事屡动,国用虚耗"的实际情况,写了一篇《重谷论》以提醒杨坚注意。杨坚认真地接受了李谔的建议。第二件事情是:杨坚在北周任大司马之职时,很不安心,"每求外职"。李谔"陈十二策,苦劝不许",杨坚于是放弃了求取外职的念头,"决意在内",并最终取代了北周的统治,建立了隋朝。杨坚就是历史上有名的隋文帝。隋文帝对群臣说:"今此事业,谔之力也。"从这两件事中,可以看出李谔是一个很有政治眼光和政治谋略的人,也可以看出他在隋文帝心目中的地位。可惜他的《重谷论》和"十二策"早已失传,后人无法得知他具体的见解。

李谔的官位不高,但却是一个办事认真,敢于直谏的人。入隋以后,李谔在朝中历任比部侍郎、考功侍郎和治书侍御史。比部侍郎,是尚书省都官部比部曹长官,掌管诏书、律令、勾检等事;考功侍郎,尚书省吏部尚书属官,掌管考第等事；治书侍御史，御史台长官御史中丞的属官，掌管举劾中下级官员等事。

匡正"三风"：家风、文风、官风

李谔在隋朝的政绩，主要在于匡正风俗方面。一是正家风，二是正文风，三是正官风。

关于正家风。隋初，"公卿薨亡，其爱妾侍婢子孙辄嫁卖之，遂成风俗"。李谔上书指出："嫁卖取财""实损风化""方便求娉，以得为限"，是"无廉耻之心，弃友朋之义"。不论是嫁卖的一方（公卿子孙），还是聘买的一方（朝廷重臣），都是不能容忍的。李谔进而指出："居家治理，可移于官，既不正私，何能赞务？"这是把治家和政务联系起来。隋文帝采纳了李谔的建议，制止了高级官员中的上述行为。

关于正文风。李谔目睹当时"属文之家，体尚轻薄，递相师效，流宕忘反"，于是上书文帝，揭示南北朝时这方面的历史教训。他指出：在北朝，"魏之三祖，更尚文词，忽君人之大道，好雕虫之小艺。下之从上，有同影响，竞骋文华，遂成风俗"。在南朝，"江左齐、梁，其弊弥甚，贵贱贤愚，唯务吟咏。遂复遗理存异，寻虚逐微，竞一韵之奇，争一字之巧。连篇累牍，不出月露之形，积案盈箱，唯是风云之状"。李谔从北魏、齐、梁的不良文风中，揭示了它直接影响"世俗"、影响朝廷的教训："文笔日繁，其政日乱。"隋朝建立之初，统治者对于这样的历史教训是很重视的，因而采取了果断的措施："屏黜轻浮，遏止华伪。"他们还明确要求"公私文翰，并宜实录"，即不论官府还是私门，都要求"实录"的文风。然而，当时也有个别的官员不买账。就在开皇四年（584）九月，泗州刺史司马幼之写了一道"华艳"的文表，被"付有司治罪"。据《北齐书·司马子如传》所记，司马幼之在北齐时，"清简自立""清贞有素行，少历显位"。他曾以兼散骑常侍（皇帝侍从）的身份，奉命出使过陈朝，也算得上是春风得意了。入隋后，不能适应文风的改革，遭此变化，可谓今非昔比。通观史册，以"文表华艳"而获罪者，确是不多，可见隋初整治不良文风的决心和力度是很大的。

关于正官风。针对"当官者好自矜伐"的自吹自擂现象，李谔上奏指出：为官应当"陈力济时""不得厚自矜伐"；如果"功无足纪，勤不补过"，还要自我吹嘘，那就太荒唐了。他说，历史上出现过这类无廉耻现象，造成了"用人唯信其口，取士不观其行，矜夸自大，便以干济蒙擢，谦恭静退，多以恬默见遗"的严重后果，这个教训是应当记取的。隋朝建立后，这种"自炫自媒"的风气在很大范围内被革除，以至于"耕夫贩妇，无以革心"，但有的大臣却"仍遵敝俗"，不改此种陋习。对此，李谔建议：如有刺史入京述职，仍然"言辞不逊，高自称许"，一律"具状送台，明加罪黜，以惩风轨"。隋文帝支持李谔的见解和建议，"以谔前后所奏颁示天下，四海靡然向风，深革其弊"。如此看来，隋初匡正风俗之举，确实收到了良好的效果，而李谔当居首功。《隋书·李谔传》约一千五百字，而写匡正风俗的篇幅就占了一千一百余字。即使在今天，读其传，亦可深知匡正风俗之重要。

认真负责：敢于犯颜直谏

从李谔的仕途来看，他是一个有政治眼光和政治谋略的人。从他建议整顿隋初显贵的家风、百官的文风和官风来看，他是一个具有严肃的政治作风的人。李谔的政治作风，还表现在他敢于犯颜直谏、敢于负责任这两个方面。开皇二年（582），颜之推向隋文帝建议说："礼崩乐坏，其来自久"，现在是雅乐、胡声并用，似有不妥，可否考虑采用古梁国之乐。隋文帝不同意，说：梁乐是亡国之音，为什么要让我来用它呢！后来，隋文帝采纳了郑译关于修正北周声律的建议，并诏命牛弘、辛彦之、何妥等"议正乐"。可是"沧谬既久，音律多乖，积年议不定"，隋文帝大怒："我受天命七年，乐府犹歌前代功德邪？"于是要将牛弘、辛彦之、何妥等人治罪。这时，李谔出来阻止，奏称："武王克殷，至周公相成王，始制礼乐。斯事体大，不可速成。"李谔举出武王、周公故事，很有说服力，隋文帝听了后，怒气稍解，牛弘等也幸免于罪。

隋初，有的官道两旁开设了不少店舍，熙熙攘攘，十分"污杂"。大臣苏威认为，这都是"求利之徒"所为，"非敦本之义"。他上奏隋文帝，建议把这些开设店舍的人"约遣归农"；愿意继续开设的，一要在州县"录附市籍"，二要撤毁旧店，远离官道。以上两条，限定时间办理。隋文帝同意照办。这时正是隆冬季节，归农、拆迁多有不便，但无人敢出面陈诉。恰值李谔因公务外出，见此情景，甚觉不妥。他认为，"四民有业，各附所安"，即便令其"录附市籍",也未必合理,何况"行旅之所依托,岂容一朝而废,徒为劳扰,于事非宜"。于是李谔"遂专决之,并令依旧",果断地制止了上述做法。公务完毕后,李谔回朝向隋文帝奏明此事。隋文帝称赞他说:"体国之臣,当如此矣。"从这件事可以看出,李谔并没有更多地想到苏威位高权重,触犯了苏威怎么办;也没有更多地想到这是经过皇帝批准而采取的做法,触犯了圣旨怎么办。他只是以国事为重,从而也就更加显示出他在政治上的胆识。

李谔晚年,因病而离开京城,做了通州刺史,同样是"甚有惠政,民夷悦服",可见他又是个始终如一的人。

唐代史家称赞李谔为官"多存大体,不尚严猛""无刚蹇之誉,而潜有匡正多矣";又说他"性公方,明达世务"。通观李谔的宦途和言行,这个评价是中肯的。

(原载《炎黄春秋》1996年第9期)

唐太宗：一代明君的业绩与悲剧

在历史转折的年代

一

隋文帝开皇十八年（598）十二月，李世民出生在李氏家族的京兆武功（今陕西武功西北）的旧宅中。据说，他父亲李渊给他取名"世民"，是取"济世安民"之意。李世民出身于很有名气的陇西士族。曾祖李虎，西魏时官至太尉，北周时为"八柱国"①之一，死后追封为唐国公。祖父李昞，北周时袭封唐国公，任安州总管②，柱国大将军。父亲李渊在北周时以7岁幼龄袭封唐国公，后来在隋朝做官。李世民的家族又是一个带有浓厚的北方少数民族血统的家族，他的祖母独孤氏、生母窦氏（即纥豆陵氏）以及他日后所娶的妻子长孙氏，都出于北方少数民族。李世民排行第二，他的长兄建成、四弟元吉，跟他后来的生活道路都有密切的关系。

少年时代的李世民当然也要读书，但他更喜爱习武。正如他自己后来所说："少尚威武，不精学业。"③

大业十一年（615），隋炀帝巡视北方边塞，被突厥族始毕可汗的骑兵围困于雁门，众寡悬殊，形势危急。隋炀帝在重围之中把诏书系于木板之上，投入南流的汾水，命令各地火速募兵赶援。18岁的李世民应募入伍，迈出了青年时期戎马生涯的第一步。

---

① 柱国：亦称柱国大将军，为西魏武官最高职衔，共设八柱国。
② 总管：地方最高军政长官。
③ 《全唐文》卷九《答魏徵上〈群书理（治）要〉手诏》。

二

李世民的青年时代是在社会的大动乱中度过的。

隋炀帝大业七年（611），王薄自称"知世郎"，在山东长白山（今山东章丘）发动起义，揭开了声势浩大的隋末农民战争的序幕。而后，农民起义在全国各地许多地方不断爆发，规模大的跨州连郡，规模较小的也占据山泽。经过几年的斗争和分合，逐渐形成了三支主要力量，这就是：窦建德率领的河北起义军，翟让、李密领导的瓦岗起义军，杜伏威、辅公祏为首的江淮起义军。这三支力量，威胁着隋王朝的统治。

全国沸腾了，隋王朝的统治动摇了。

青年李世民就是在这样一个社会大动乱的年代走上了历史舞台。

李世民走上历史舞台，跟他父亲李渊当时的社会地位、政治抱负有很大的关系。李渊在大业十一年（615）被任命为山西、河东宣抚大使，大业十三年（617）则出任太原留守。这两三年中，李渊先后镇压了母端儿起义、柴保昌起义和甄翟儿起义，又击退了突厥的进犯。他的政治影响和军事实力由此进一步扩大了。

李渊是个深谋远虑的人。隋末农民起义爆发后，李渊已经预感到隋朝面临着危机。他一方面向炀帝密告杨玄感有"反"的意图，一方面也同个别知己"密论时事"，表露出要取隋而代之的政治意图。他把自己能够到太原来做官，看作是夺取天下的大好时机。同时，李渊把镇压农民起义和对突厥采取"用长策以驭之，和亲而使之"作为实现"经邦济时"的两大重要措施。李渊的所作所为激怒了隋炀帝，隋炀帝下诏把李渊抓起来问罪，虽然炀帝后来撤回了这个诏书，但李渊、李世民父子起兵反隋的步伐却由此而加快了。在他们的一次谈话中，李渊以周文王自况，李世民则提出要学习汉高祖反秦的壮举。

三

在酝酿起兵过程中，李渊一面指示长子李建成在河东"潜结英俊"，一面布置李世民在晋阳"密招豪友"。李建成、李世民根据李渊的指示，都谨慎而积极地聚集人才，组织力量。一直跟在李渊身边的世民，在这方面有不少建树，如刘文静、刘弘基、长孙顺德等人成为李渊集团的重要人物，就跟李世民有很大的关系。

由于李世民交游广泛，又能以礼待人，所以人们对他也都竭诚相见，这对李世民审时度势有很大的帮助，而且也增加了他的言论的分量。他在大业十二年（616）曾向父亲分析了当时的政治形势，说："今主上（指隋炀帝）无道，百姓困穷，晋阳城外皆为战场。大人（指李渊）若守小节，下有寇盗，上有严刑，危亡无日。不若顺民心，兴义兵，转祸为福，此天授之时也。"这些话，对全国的形势，对李渊个人的处境，都分析得很中肯，李渊认为"亦大有理"①，很赞成李世民的看法。

大业十三年（617）二三月间，马邑军人刘武周举兵反隋，杀太守王仁恭，又联络突厥进犯太原。李渊认为起兵的时机到来了。他表面上命令李世民和副留守王威、高君雅率兵讨伐刘武周，在暗中则指示李世民、刘文静、长孙顺德、刘弘基等火速募兵，同时派人去河东召李建成、李元吉来太原会合。

五月甲子这一天，李渊、王威、高君雅照常升堂视事，而李世民则事先已埋伏了军士。这时，有人出来指控王、高二人勾结突厥谋反，李渊勃然大怒，随即命人把王、高二人抓起来杀了。王威和高君雅是太原副留守，实际是隋炀帝派来监视李渊的。除去王、高二人，是李渊起兵的标志。李渊所率诸军称"义兵"，军士称"义士"。接着，李渊命刘文静出使突厥，请始毕可汗出兵相助。六月，建成、元吉自河东赶到太原会合，始毕可汗派人送战马千匹至太原交市。那时，每天参加"义兵"的约2000人，短短20天时间，就组成了几万人的队伍。同月，李渊命建成、世民率军夺取通向关中的第一个屏障——西河。建成、世民治军严明，只带三天军粮，向西河进发，斩郡丞高德儒，遂平定西河，回师太原，往返只用了九天时间。李渊高兴地说："你们如此带兵，可以横行天下了！"

为了给大规模进军关中做好准备，李渊设立大将军府，置三军，以建成领左三军，以世民领右三军，以元吉领中军。七月，誓师于太原，发兵3万，向关中进发。八月，李渊军斩杀宋老生，平霍邑，又连下临汾郡和绛郡，大军到达龙门。九月，军围河东——关中的门户。河东守将屈突通坚守不出，李渊军队一时难以攻克。根据世民迅速夺取关中的建议，李渊命部分兵力继续围困河东，而命世民率刘弘基、长孙顺德等带领主力于九月渡过黄河，平定渭北及三辅地区。十月，军围长安。十一月，攻下长安，李渊立隋朝代王杨侑为天子，改元"义宁"，尊炀帝为"太上皇"。这一年，李世民刚满20岁，然而他却已

---

① 《资治通鉴》卷一八三。

经成为一个很有经验的青年统帅了。

大业十四年（所谓义宁二年，618年）五月，李渊废掉杨侑，即皇帝位于长安，改元武德，国号唐。在巩固李唐王朝的过程中，李世民继续发挥着重要的作用。

四

李渊父子攻入关中、占据长安，固然是重大的胜利，但这还只是他们所面临的漫长的国内战争的序幕。

大业十三年（所谓义宁元年，617年）十二月，金城郡豪富薛举率10万之众进逼渭水，攻打扶风。这实际上是争夺关中的斗争。李渊命世民为元帅，领兵进击薛举军。世民与薛举军战于扶风，斩首万余，乘胜把势力扩大到陇右一带，稳定了关中的局面。次年六月，世民被封为西讨元帅。七月，与薛举战于泾州，遭到失败。八月，薛举死，李渊再次命世民为元帅，讨伐薛举之子薛仁杲。十一月，世民率军大破薛仁杲于浅水原，仁杲率众投降，陇右遂平。

武德二年（619）三月，刘武周在突厥支持下南下以争天下，并州首当其冲。担任并州总管的齐王李元吉抵挡不住，终于放弃太原，奔还长安。接着，浍州与晋州失守，关中震恐。这时，李渊提出放弃河东的主张，但遭到秦王李世民的反对。李世民认为，河东富庶之地，是京城的重要依托，不可轻易放弃。他提出，愿率精兵平定刘武周，收复失地。李渊采纳了这个意见，命世民挂帅出征。十一月，世民率军自龙门渡河，与宋金刚军形成对峙的态势。世民采取避其锋芒、坚壁不战，待敌涣散、乘机出击的作战方针。果如世民所料，到了第二年的二月，宋金刚军因久无进取，军粮不济，只得后撤。四月，世民军于介休城大破宋金刚军，刘武周见大势已去，只得放弃太原，逃奔突厥。至此，关中东北部的局势又平静下来了。

当李唐王朝忙于应付薛举父子和刘武周时，关东形势发生了重要变化。大业十四年（618）五月，炀帝被杀的消息传到东都洛阳，洛阳守将尊越王杨侗称帝，改元皇泰。武德二年（619）四月，王世充夺取杨侗政权，改国号郑，成为李唐皇朝向东发展的一大障碍。武德三年（620）七月，世民奉命率军进击洛阳。王世充频频向河北起义军领袖窦建德求援。窦建德也担心李渊集团占据洛阳后形成对河北起义军的威胁，因而率10万之众南救洛阳。武德四年（621）三月，窦军抵达成皋的东原，来势很是迅猛。这时，秦王李世民果断地采纳了围洛打援的作战计划，以部分兵力继续围困洛阳，而以主力抢占虎牢，阻挡窦军的前进。五月初，唐军渡过汜水，大败窦军，窦建德受伤被俘。至此，轰轰烈烈的河北起义军的主力遭到失败。窦军失败后，王世充成瓮中之鳖，只得向唐军投降。

窦建德失败后，其余部推刘黑闼为首起兵反唐。武德五年（622）正月，刘黑闼自称汉东王，几乎恢复了窦建德所有故地。三月，秦王李世民大败刘黑闼，刘黑闼率残部北走突厥。六月，刘黑闼再次起兵，几个月内，重新恢复故地。十一月，太子李建成率军击溃刘黑闼军。次年正月，刘黑闼被杀害。

在五年的国内战争中，不论是统治阶级之间的争夺，还是地主阶级同农民阶级的较量，李唐王朝的胜利，在客观上成为统一战争的胜利。由隋朝的衰落到唐朝的建立和巩固，这是历史转折的年代。在这个历史转折的年代中，李世民奠定了他未来的政治生活的道路。

贞观前期的业绩

一

在统一战争不断取得胜利、全国趋于平定、李唐王朝的统治日渐巩固的情况下，最高统治集团内部开始出现矛盾。这个矛盾的焦点是太子建成与秦王世民之间争夺皇位继承权的斗争。尽管建成没有参加晋阳起兵，但在晋阳起兵以后至夺取长安这一段时间，他和世民一样，发挥了重要的作用。李渊称帝以后，建成取得了太子——皇位合法继承者的地位，而世民却在东征西讨、南征北战中屡建功勋，并不断扩大自己的实力和影响。于是，嫡长子继承皇位的传统，同秦王拥有最高的功勋、最强的实力这个现实产生了尖锐的矛盾。

建成对世民有猜忌之心，世民对建成亦并非无取代之望。从武德五年（622）起，这种潜在的矛盾终于发展成公开的争夺和激烈的较量。这年的十一月，建成一反常态，主动向李渊提出要率军去镇压刘黑闼第二次起兵。他之所以要这样做，是为了提高自己的声望，增加他同秦王世民较量的砝码。

在太子与秦王的矛盾、斗争中，齐王元吉是站在太子一边的。他曾明确地建议太子除掉秦王，并说他将亲自下手。有一次，世民随李渊至齐王府，元吉就打算派人乘机刺杀世民。可能建成考虑到当着李渊的面不好干这种事，于是制止了元吉。兄弟之争，已到何等地步！

武德七年（624）六月，庆州总管杨文干发动叛乱，事情涉及太子建成。李渊急令世民率兵讨伐，并向世民许诺平叛之后立其为太子。但事后，李渊听了元吉、妃嫔和大臣封德彝的意见，又改变了主意。李渊的这种态度和做法，在客观上只能加剧建成和世民的矛盾、斗争。

武德九年（626），太子和秦王都在加紧策划消灭对方的行动。有一次，"建成夜召世民，饮酒而鸩之，世民暴心痛，吐血数升"①，因淮安王李神通扶送至秦王府而得救。这次谋杀事件，激怒了秦王府属官。长孙无忌、房玄龄、杜如晦等都主张秦王采取措施，除去太子。

建成、元吉鸩杀世民未成，又用计收买和调走秦王府武将，也都没有达到目的，但在李渊的支持下却把房玄龄、杜如晦赶出了秦王府。恰在此时，突厥南侵，建成向李渊提议由元吉代世民出兵北征，得到李渊同意。元吉又提出调秦王府大将尉迟敬德、程知节、段志玄、秦叔宝同行，并调拨秦王所率精兵归其指挥。这里的阴谋是露骨的，但也没有受到李渊的阻拦。太子建成与齐王元吉密议，准备在建成、世民为元吉饯行时，派壮士刺死世民。太子手下有一个名叫王晊的官员向世民报告了建成、元吉的密谋。秦王府上下为之哗然，世民于是决定先发制人。

六月三日，世民向李渊报告了建成、元吉的阴谋，李渊答应次日早朝追查此事。鉴于以往李渊对建成的态度和做法，世民当然不会相信李渊会对建成采取果断措施。因此，六月四日一早，世民率秦王府将领埋伏于玄武门之内，以待建成、元吉入朝。当建成、元吉入玄武门行至临湖殿时，察觉气氛不对，当即掉转马头打算退回东宫，但已经来不及了。这时，世民大呼赶来。元吉张弓射世民，三射而不中，而世民则将建成射死。随后，尉迟敬德率70骑赶到，射杀元吉。建成、元吉手下将领率东宫、齐王府精兵攻玄武门，守门兵已被世民收买，故为之力战，尉迟敬德以建成、元吉头颅出示，东宫、齐王府兵见大势已去，立刻溃散。事态发展到了这一步，李渊也只好接受萧瑀、陈叔达的建议：立世民为太子，委之以国事。

这就是历史上所说的玄武门之变。在这次事变中，建成诸子与元吉诸子都因受到牵连而被杀。李世民靠着秦王府文臣武将的权谋和刀剑给自己开辟了通向皇帝宝座的道路。

---

① 《资治通鉴》卷一九一，武德九年六月。

二

玄武门之变后的第三天,即六月六日,世民被立为太子。八月,李渊传位于太子世民,自己只好去当太上皇。

李世民登上了皇帝的宝座,时年29岁,这就是历史上有名的唐太宗。太宗从正式被立为太子到即帝位这段时间,主要是在致力于建立一个忠实于他的、有政治见解的决策班子。因此,他即位前便通过李渊任命了新的决策班子,从而形成唐太宗统治集团的核心。这个决策班子和统治核心是:秦叔宝为左武卫大将军,程知节为右武卫大将军,尉迟敬德为右武侯大将军,高士廉为侍中,房玄龄为中书令,萧瑀为左仆射,长孙无忌为吏部尚书,杜如晦为兵部尚书,宇文士及为中书令,封德彝为左仆射,杜淹为御史大夫,颜师古、刘林甫为中书侍郎,侯君集为左卫将军,段志玄为骁卫将军,薛万彻为右领军将军,张公瑾为右武侯将军,长孙安业为右监门将军,李客师为领左右军将军①。这些任命都在一个月当中宣布,可见唐太宗对于建立一个新的决策班子和统治核心的重视和迫切。

唐太宗在政治方面实行了许多改革,主要是革新宰相制度、精简机构和裁减冗官、严肃地方吏治等。

唐太宗革新宰相制度,一是在"三省"长官之外,建立以他官代行宰相职权的制度;二是充分发挥宰相班子的作用。"三省"长官是:尚书省的左、右仆射,中书省的中书令,门下省的侍中。三省长官都是宰相,品位都很高。唐太宗为了提拔一些品位不及宰相,但却很有才干和政治远见的官员参与朝廷的最高决策,其名目有"参议朝政""参预朝政""同中书门下三品""同中书门下平章事""同知政事",等等。为了充分发挥宰相班子的作用,唐太宗强调说,中书省制订的诏敕,由门下省进行审议,这本是为了防止过失和错误;应当知道,"难违一官之小情,顿为万人之大弊",这是"亡国之政",尤其要注意防止②。这是要求宰相们既通力合作,又充分发挥各自的作用。

隋朝时,朝廷官员有2500多人。唐高祖李渊时,在机构和官员设置上,"多因隋制,虽小有变革,而大较不异"③。唐太宗即位后,看到这样一支庞

---

① 见《资治通鉴》卷一九一,武德九年七月。
② 参见《贞观政要·政体》。
③ 《通典》卷一九《职官典》一。

大的朝廷官员队伍，办事效能并不高，因而感慨地说：任用官员，主要看他是不是贤才，"若得其善者，虽少亦足矣。其不善者，纵多亦奚（何）为？"①他指示房玄龄等人务必要精简机构，做到"并省官员，使得各当所任"。根据唐太宗的指示，房玄龄等人大刀阔斧地进行机构调整，最后确定朝廷官员编制为640人。这项改革不仅提高了朝廷官员的办事效能，而且也节省了国家用于官员俸禄方面的大量开支。

为了严肃地方吏治，唐太宗还按照地理形势把全国划分成10个"道"：关内、河南、河东、河北、山南、陇右、淮南、江南、剑南、岭南等道。唐太宗从朝廷要员中委任观风俗使，分行四方，"观风俗之得失，察政刑之苛弊"，考察地方官吏的政绩，以决定对他们的赏罚和升降。同时，唐太宗还亲自负责选派各州刺史的工作。所有这些，对革新地方吏治都起了积极的作用。

三

唐朝建立的时候，社会经济十分困难，直到唐太宗即位时，这种困难的局面也没有发生多大的改变。那时，全国许多地方生产力没有得到恢复，有的地方还是"茫茫千里，人烟断绝，鸡犬不闻，道路萧条"②的残破景象。全国人口也大量减少。隋炀帝大业五年（609），全国户数近900万，人口4600余万；可是到了武德年间，全国户数只剩下200余万了③，劳动人口比隋朝大大减少了。

为了改变这种状况，唐太宗要求大臣们在认识上和政策上要执行"安人（民）宁国""不夺农时"的方针。贞观二年（628），他向侍臣们指出："做任何事情都要抓住根本。国家以人民为本，人民以衣食为本，而生产衣食又以不失时为本。"他强调要减少战争和土木营建工程，并表示要从他本人做起。同时，他制定了鼓励增殖人口的政策，并以民间是否"婚姻及时"、户口是否增多，作为考核地方官员政绩的一个标准。另外，他认真地检查均田制（封建国家向农民授田的一种形式）实行的情况，进一步促进了劳动力和土地的结合，同时也鼓励地方官员开办屯田。在赋役政策上，他接受了隋亡的

---

① 《贞观政要·择官》。

② 《贞观政要·纳谏》。

③ 梁方仲：《中国历代户口、田地、田赋统计》，上海：上海人民出版社1993年版，第69页。

教训，提出对农民要"轻徭薄赋"，地方官吏如果超出规定向农民征税，要以"枉法"论处。

这些恢复和发展生产的措施，产生了良好的社会效果。据说，贞观四年（630），一年中全国只有29人被判处死刑，刑罚用得很少；人们居家用不着关闭大门，出远门的人用不着随身带着粮食。这当然有所夸大，但也反映出社会秩序趋于安定。到了贞观十六年（642），在全国不少地区，买一斗谷子只要五个钱，在更富庶的地方，一斗谷子才值三个钱，说明当时全国粮食是比较充足的。唐太宗死后第三年，即唐高宗永徽三年（652），全国户数已上升为380万，比唐太宗刚即位时增加了将近90%。所有这些，当然首先要归功于劳动人民，但同唐太宗发展生产的措施和政策也是分不开的。

四

唐太宗统治时期，不独北方的突厥、薛延陀相继成为唐王朝的威胁，而且西方的吐谷浑、吐蕃等也不时东向炫耀武力。为了巩固唐王朝的统治，保证内地社会生产的恢复和发展，唐太宗不断地对这些地区用兵。贞观三年（629），他派大将李靖、张公瑾出击东突厥。第二年，李靖等大败东突厥于阴山，颉利可汗被俘，基本上解除了东突厥对唐王朝的威胁。贞观八年（634），唐太宗命段志玄、樊兴等率军打败吐谷浑。贞观十二年（638），吐蕃攻唐，唐太宗命大将侯君集率军破吐蕃军于松州城（今四川松潘）。贞观十四年（640），侯君集奉命平定高昌，置安西部护府。次年，唐太宗命张俭、李勣、张士贵等率军大破薛延陀。贞观十八年（644），唐军击破焉耆。贞观二十年（646），唐将李勣再次出击薛延陀，薛延陀败亡。贞观二十二年（648），唐军攻占龟兹。至此，唐王朝的统治才真正得到巩固，社会秩序也出现了空前安定的局面。

唐太宗作为一个英明的封建君主，不仅仅在于他胜利地指挥了对上述地区的用兵，还在于他在用兵之后所采取的措施和政策。第一，他在许多少数民族地区建立了州县制度，同时仍以当地少数民族的首领和上层统治分子为各级官员。第二，他允许少数民族人民迁入内地生活，如突厥族内迁的就有10万口，而在长安定居的竟有万家，可见唐太宗气度之大。第三，唐太宗还任用许多少数民族人士在朝中做官，如长孙无忌、尉迟敬德、房玄龄都出身于少数民族，也都是唐太宗核心集团的成员；颉利可汗被俘后，唐太宗任命他为右卫大将军；而迁居长安的突厥族各级首领多被拜为将军，布列朝廷，其中五品以上的高级官员有100余人，几乎同原来朝廷大臣的人数相等。这种情况，在历代以汉族为主的封建统治集团中是极少见的。第四，唐太宗十分重视同各少数民族上层统治者的和亲，多次以宗室之女嫁给各族首领，以建立一种甥舅的亲戚关系，这对加强各族间的联系、促进各族间的融合起了积极的作用。贞观十五年（641），文成公主进入吐蕃与松赞干布结为夫妇，这是最具有广泛的社会影响和重要的历史意义的事件。

从当时的历史条件来看，唐太宗的民族政策确实收到很好的社会效果。贞观四年（630），西北各族首领请求唐太宗允许他们为他献上"天可汗"的尊号。唐太宗召见他们，高兴地说："我是大唐天子，同时又行使可汗的权力！"群臣和各族首领听了，都兴奋地高呼"万岁"。后来，唐太宗果然以"天可汗"的印玺向西北各族下达诏书。贞观七年（633）十二月，太上皇李渊与唐太宗置酒欢宴群臣。席间，李渊命突厥颉利可汗起舞，又命南方蛮族领袖冯智戴咏诗，气氛十分热烈。看到这种不寻常的场面，李渊兴奋极了，笑着对大家说："胡越一家，自古未有也！"

贞观二十一年（647）五月，一天，唐太宗在翠微殿会见群臣。他向大臣们提出一个问题："自古以来，有不少帝王虽然能平定汉族地区，但都不能制服周边少数民族，我的才能不及古人却做到了他们不曾做到的事情，这是什么原因呢？"臣下的回答多空洞无物，言不及意。最后还是唐太宗自己总结了五条经验，他讲最后一条经验是："以往帝王都只看重汉族而鄙视少数民族，唯独我能够像爱护汉族一样地爱护少数民族，所以各少数民族对待我犹如对待父母。"他的这番话，过分夸大了他在这方面的业绩。然而，他在处理民族关系上的成就，的确是前无古人的。在他统治的时候，中国发展成为一个空前辽阔的多民族国家，其疆域"东西九千五百十里，南北万六千九百十八里"①。

唐太宗统治时期的唐王朝跟几十个国家发生了经济文化联系，在各国中有很高的声望。贞观十六年（642），著名佛学家玄奘在中印度会见羯若鞠阇国戒日王时，戒日王在谈话中郑重地提到，他曾经听说过"秦王天子"所开创的种种光辉事业，又听说那里的人民都爱《秦王破阵乐》乐舞，"闻其雅颂，于

---

① 《通典·州郡典二·序目下》。

兹久矣"①。唐太宗的声望在当时已远播域外。

五

唐太宗善于用人和纳谏，是他在政治上能够取得成功的重要原因。上面讲到他在翠微殿的那次谈话，一共总结了五条经验，其中前面四条都是关于怎样看待人和怎样用人的问题，足见他把善于用人放在政治活动的关键位置上来对待。贞观年间，人才济济，绝非偶然。

尉迟敬德原是刘武周手下一员大将，武德三年（620）他与另一将领寻相率众向秦王李世民投降。不久，寻相叛变。世民手下诸将怀疑敬德也要作乱，便把他囚禁起来，并劝世民立即把他杀掉。世民却说："敬德有心叛变的话，难道还会落在寻相之后吗？"他命人释放了敬德，并安慰敬德说："大丈夫以意气相许，请你不要把这次小小的误会放在心里，我是决不会因为旁人的几句闲话而加害良士的。"敬德对此十分感动，在历次战斗中出生入死，屡建奇功。

魏徵原是太子建成属官，在建成与世民矛盾愈演愈烈的时候，曾劝说建成早下决心除去世民。玄武门事变后，魏徵自然成了阶下囚。世民质问他说："你为什么要挑拨我们兄弟之间的关系？"在场的人都预感到魏徵不会有什么好的结果。然而魏徵却从容自若，他回答世民说："如果太子早听我的话，肯定不会落到今天这样的下场。"世民向来看重魏徵的才干，又十分欣赏他的这种正直品格，立刻改变了态度，以礼相待，并推荐他出任谏议大夫。贞观三年（629），又命魏徵"参预朝政"，贞观七年（633），令其出任侍中，这都是宰相职位。魏徵成为贞观名臣，跟唐太宗的豁达大度、知人善任是分不开的。

房玄龄"善谋"，杜如晦"能断"，唐太宗以他们二人分任左、右仆射。"二人深相得，同心徇国"，辅助唐太宗造就了贞观盛世。后人谈到唐代贤相，无不首推房、杜。

唐太宗的善于用人，跟他善于纳谏相表里。从贞观初年起，他就反复地同大臣们探讨有关进谏和纳谏的问题。他指出，"君臣相遇，有同鱼水，则海内可安"，因而希望大臣们"直言鲠议，致天下太平"②。除了一般的号召以外，唐太宗还在一些具体做法上鼓励大臣进谏。当大臣奏事时，他总是和颜

---

① 玄奘：《大唐西域记》卷五。
② 《贞观政要·求谏》。

悦色地倾听，希望奏事的人大胆提出批评和建议。当他和宰相们商讨国家事务时，允许谏官旁听，充分发挥谏官的作用，而他对谏诤者通常都要给予奖励。

在唐太宗种种"求谏"的言论和行动的鼓励下，贞观一朝君臣确有一种进谏、纳谏的政治家风度。武德九年（626），唐太宗即位不久，命人点兵。按唐代的制度，点兵应在年满21岁的丁壮中进行。可是封德彝竟提出：男子18岁以上、身体高大壮实者，亦在应征之列。唐太宗同意这种做法。但是诏敕下达了三四次，魏徵坚持认为这种做法不妥，不肯签发诏敕。唐太宗盛怒之下召见魏徵，指责他为什么如此固执。魏徵回答说："您常说要以诚信统治天下。可是自您即位以来，短短几个月里，已经几次失信于民了，这难道能说是以诚信统治天下吗？"太宗听了这一席话，很高兴地说："过去我总以为你很固执，不懂得政事。今天听你分析国家大事，都很中肯。如果号令不信，民不知所从，天下何由而治呢！看来是我错了。"于是，点兵仍限制在年满21岁的丁壮，魏徵也因为敢于直谏而得到唐太宗奖赏的金瓮一只。

贞观四年（630），唐太宗下诏征发劳力修复洛阳隋代乾元殿旧址，以备巡幸、享乐之用。大臣张玄素上书反对。他在上书中，从当时的经济、政治状况出发，认为修复乾元殿有"五不可"。最后指出，如果这样做，"恐甚于（隋）炀帝远矣"[①]。唐太宗很不自在，他召见张玄素问道："你认为我这样做还不如隋炀帝，那我比起夏桀、商纣又怎样呢？"张玄素回答："如果您一定要修复乾元殿，那我看就是同归于乱。"唐太宗看到张玄素把这件事看得十分严重，也很动心，因而感慨地说："我没有认真考虑，以至做出这种错误的决定。"于是，他一面指示停止修复乾元殿的工程，一面表扬张玄素的这种直谏精神，他说："众人之唯唯，不如一士之谔谔。"

唐太宗在纳谏方面，确有一种难得的诚恳和开明的精神。据史书记载说，从武德九年至贞观十七年（626—643），仅魏徵一人就进谏200余事，而大部分都被唐太宗接受了。

晚年的骄奢和自省

一

同历史上任何伟大人物一生中都有其最光辉的一段年华一样，唐太宗一生

---
① 《贞观政要·纳谏》。

中也有这样一段光辉的年华,这就是从晋阳起兵到贞观前期的20年时间,即李世民20岁至39岁这段时间。但是,随着客观形势的变化,主要是社会经济的恢复、发展和唐王朝政治统治的日益巩固,唐太宗贞观前期政治生活中的光明面开始收缩,而原来就存在的阴暗面却逐渐扩大,造成了贞观后期和贞观前期在政治风气上的差别以及唐太宗本人晚年生活的骄奢。

这个变化,大致是从贞观十年(636)开始的[①]。而这个变化最明显的标志,就是唐太宗纳谏精神的衰退。贞观十年,魏徵在一次上疏中向唐太宗尖锐地指出太宗在贞观初年是"闻善惊叹";到贞观八九年间,还能"悦以从谏";可是从那以后,就变得"渐恶直言"了,虽然有时也能勉强纳谏,但已不像从前那样豁达、痛快了。这样一来,正直的臣子不能不有所顾忌,而心术不正之徒反倒可以"肆其巧辩",结论是:"妨政损德,其在此乎!"魏徵的眼光是极其敏锐的,他从唐太宗纳谏精神的变化,已看出贞观政治的变化。

唐太宗贞观后期的"骄",还表现在盲目自信的作风有了发展。贞观十八年(644),唐太宗准备对高丽用兵,听说郑元璹曾经跟随隋炀帝征高丽,就召见郑元璹询问有关情况。郑元璹如实地说:"辽东道路遥远,运粮很困难,高丽将士善于守城,不易立即攻下。"这都是实情。但是唐太宗却不以为然地说:"现在已经不是隋朝了,您只管听我的胜利的消息吧。"第二年,唐太宗亲征高丽,虽然取得一点胜利,但付出的代价极大,跟他出兵前的设想已有很大距离。

唐太宗贞观后期的"奢"表现在各个不同的方面。一是"游猎太频"。当大臣们纷纷提出批评时,唐太宗甚至反唇相讥,说:"现在天下无事,武备不可疏忽,我只是常与左右的人猎于后苑,没有一件事烦扰百姓,这有什么关系呢!"其实,唐太宗"游猎"的地方很多,并不只限于"后苑"。更糟糕的是,上行下效,太子承乾就因喜好"游畋"而"废学",唐太宗的另一个儿子吴王恪也在安州"数出畋猎,颇损居人"。二是不惜动用国库。贞观十六年(642)六月,唐太宗竟然下了一道诏书,说自今以后,太子所用库物,有关部门不要加以限制。于是"太子发取无度"。太子属官张玄素上书反对这

---

① 参见汪篯:《汪篯隋唐史论稿》,北京:中国社会科学出版社1981年版,第108页;韩国磐:《隋唐五代史论集》,北京:生活·读书·新知三联书店1979年版,第396页;胡如雷:《李世民传》,北京:中华书局1984年版,第223页。

做法，几乎被太子家奴秘密打死。三是不断营建宫殿。贞观四年（630），唐太宗接受了张玄素的谏诤，停修洛阳宫。但是第二年，他便命修仁寿宫，并改名为九成宫；不久，又修复洛阳宫。贞观八年（634），营造大明宫，原准备为李渊避暑时居住，但李渊没有来得及住上就于第二年死去了。贞观十一年（637），唐太宗又在洛阳兴建飞山宫。贞观二十一年（647），修翠微宫。第二年（648），即唐太宗去世前一年，他还营建了玉华宫，说是"务令俭约"，结果仍然"所费已巨亿计"。这些都是劳民伤财的举动。

　　唐太宗贞观后期的"轻用人力"，还表现在"东征高丽，西讨龟兹"，特别是贞观十九年（645）对高丽的战争，动用大量人力、物力。结果呢，唐太宗"以不能成功，深悔之，叹曰：'魏徵若在，不使我有是行也！'"但事隔不久，贞观二十一年（647）三月，又发兵万余人，乘楼船自莱州出发征高丽。这年秋天，唐太宗下诏，发江南十二州工人造大船数百艘，以备征高丽之用。次年正月，再发兵3万余人及楼船战舰，自莱州泛海以击高丽。同年八月，他下诏敕，要越州都督府及婺、洪等州造海船及双舫1100艘。九月，雅、邛、眉三州少数民族人民不堪造船之苦，起来造反。唐太宗遣军镇压。有的地方，百姓苦于造船之役，只好自己花钱雇别州之人造船，因而弄到"卖田宅、鬻子女不能供"的地步！像这样"轻用人力"，在贞观前期是不曾出现过的。

　　40岁以后的唐太宗，不论在政治作风、思想作风方面，还是在健康状况方面，都走上了衰退的历程。这对于如此杰出的一位封建君主来说，当然也就于英武、豪迈之中染上了几分悲剧的色彩。

二

　　唐太宗在贞观后期的种种变化，虽说是一种发展趋势上的变化，但这种变化并没有使唐太宗成为一个昏君或暴君；社会是复杂的，一个杰出历史人物所处的位置，往往是这种复杂关系的焦点。社会经济的好转，地主阶级的贪婪和享乐的欲望，君临天下、唯我独尊的帝王生活，一部分朝臣的歌功颂德、阿谀逢迎，等等，是唐太宗必然要发生变化的原因。但是，由于他个人的经历、品质和最高统治集团的人员构成，特别是由于隋亡的教训在当时最高统治集团中记忆犹新，这使唐太宗的种种变化不能不受到某种程度的约束。

　　贞观十年（636），唐太宗问群臣："创业困难，还是守成困难？"房玄龄认为创业困难，魏徵回答说守成困难。唐太宗概括得好："创业之难，已经过去了，守成之难，我当想着与诸公一道谨慎地对待它。"贞观十四年（640），唐太宗对侍臣说："我虽然平定天下，但守天下却是一件很难的事情啊！"魏徵听了很高兴，认为这是"宗庙社稷之福"。

贞观后期的唐太宗并没有变成刚愎自用的拒谏者，纳谏精神虽不如贞观前期，但还是在纳谏。贞观十三年（639），唐太宗读了魏徵的《不克终十渐疏》后，表示要"闻过能改"，"克终善事"，并把此疏写在屏风上面，"朝夕瞻仰"，同时抄付史馆，让史官载入史册。贞观十七年（643），唐太宗对于魏徵的去世，十分悲痛，他说："人以铜为镜，可以正衣冠；以古为镜，可以见兴替；以人为镜，可以知得失。魏徵没，朕亡一镜矣！"魏徵是贞观朝敢于直言谏诤的第一人，唐太宗这样深切悼念魏徵，说明他对于谏诤在政治生活中的重要性始终是有明确的认识的。

贞观十八年（644），唐太宗教导太子李治说："舟所以比人君，水所以比黎庶，水能载舟，亦能覆舟。"贞观后期，唐太宗在滥用民力方面确有所发展，但他是以"水"不覆"舟"为前提的。他清楚地认识到，隋炀帝"过役人力"的历史教训是再深刻不过了。

唐太宗晚年也碰到太子废立的问题，但唐太宗终究有其英明之处，他在太子承乾谋反败露后，于魏王泰、晋王治二人的抉择中，最后选了晋王治为太子，并立下一条原则："自今太子失道，藩王窥伺者，皆两弃之，传诸子孙，永为后法。"在他看来，太子失道固不可取，然而诸王中有谋取皇位继承权的做法的，也是不可取的。他的这一决定，避免了最高统治集团可能出现的分裂以至倾轧，反映了他在政治上的谨慎和远虑。

唐太宗的晚年是在许许多多的矛盾中度过的。他对各种事情的处理，有不少失误和错误的地方，但总的来说，仍然保持着一代英主的风度。贞观二十二年（648）正月，唐太宗作《帝范》十二篇（包括《君体》《建亲》《求贤》《审官》《纳谏》《去谗》《戒盈》《崇俭》《赏罚》《务农》《阅武》《崇文》）赐给太子李治。他对李治说："个人修养和治理国家，都写在这本书里了。"不过，他并不认为自己是值得后人效法的帝王。为了真正使他的继承人受到教育，唐太宗揭去了君父的威严的面纱，在儿子面前对自己的一生作了总结和反省，他对李治说："你应当从历史上寻找古代贤哲的帝王作为榜样，像我这样是不足以效法的……我即位以来，做了许多错事：锦绣珠玉不绝于前，宫室台榭屡有兴作，犬马鹰隼无远不致，行游四方，劳民伤财。这都是我的大错，你不要以为这些都是正确的也跟着去做。"唐太宗的这一剖白，其言甚重，其情至深，反映了他晚年能够自省的可贵精神——这种精神，在封建君主中是极少见的。

三

贞观十六年（642），年仅45岁的唐太宗已过早地衰老了，他毫不隐讳地对臣下们说："朕年将五十，已觉衰怠。"①此后，太子谋反，魏王被黜，辅国大臣相继谢世，使唐太宗在精神上受到一次次严重的刺激，这无疑加速了他的"衰怠"。贞观十九年（645），在辽东之役的归途中，他患了痈疮，直到次年二月，"疾未全平，欲专保养"，所以他让太子李治去处理"军国机务"。不幸的是，唐太宗这时开始服食金石之药了。他曾嘲笑秦皇、汉武相信方士的长寿之术，而他自己也终于落入这个窠臼。贞观二十一年（647）三月，他患了"风疾"。这时，他变得烦躁畏热，因而命人在骊山绝顶修建翠微宫。这大概跟他继续服金石之药有关系。唐太宗一病半年多，虽于同年十一月"疾愈"，但体力大减，只能"三日一视朝"。第二年，唐太宗又派人从中天竺访得方士那罗迩娑婆寐，因误食了这个异国骗子的"延年之药"而使病情急剧恶化。

贞观二十三年（649）三月，唐太宗带着沉重的病体，十分勉强地来到显道门，宣布了他的最后一道赦令。五月，大概是丹药毒性大发，唐太宗腹泻不止，名医为之束手。弥留之际，他向太子李治，大臣长孙无忌、褚遂良一一交代了后事。接着，他便永远告别了他统治了23年的唐王朝。

唐太宗去世后百年左右，史学家吴兢写了《贞观政要》一书，他在序中说："太宗时政化，良足可观，振古而来，未之有也。"著名大诗人杜甫在《北征》一诗中吟道："煌煌太宗业，树立甚宏达。"这些，反映了唐人对太宗一生的评价。

（原载肖黎主编《名家评说中国著名皇帝》，河南人民出版社2005年版）

---

① 《贞观政要·太子诸王定分》。

"贞观之治"与《贞观政要》
——说说书与天下的辩证法

有辉煌的天下，乃有反映辉煌的天下的书，这是可以找到不少例证的，"贞观之治"与《贞观政要》便是突出的一例。

公元627年至649年的23年，是中国封建社会史上的一个辉煌的时代，这就是中外历史上都有显赫名声的"贞观之治"时期。

"贞观"，是唐太宗在位时所用的年号。"贞观之治"是史家对唐太宗统治时期在各方面所取得的成就及当时的社会风貌的称誉。

关于"贞观之治"，史家多有评论。就其主要方面来看，宋代史家称赞说："盛哉，太宗之烈也！其除隋之乱，比迹汤、武；致治之美，庶几成、康。自古功德兼隆，由汉以来未之有也。"（《新唐书·太宗纪》后论）五代史家感叹说："贞观之风，至今歌咏！"（《旧唐书·太宗纪》赞语）倘若把"贞观之风"的"风"理解为贞观年间的政治作风和社会风貌的话，那么，人们对这一段历史作深入的和全面的总结与评论，是会比对唐太宗本人作评价更有意义的。今人撰写唐太宗传记者，已有数家，各有其长，而系统地写"贞观之治"的书，似还少见。为史诸公，岂不有意于此乎！

约在"贞观之治"结束后的八九十年，即唐玄宗开元后期，史家吴兢——被时人称为董狐式的史家——写出了《贞观政要》一书。这本部头不大的书，采用了一种特殊的体裁和表述方法，反映了一个辉煌的时代——"贞观之治"。

《贞观政要》是一部按若干专题写成的政治史，全书凡10卷40篇，每篇可视为一个专题。其篇目及编次如下：君道、政体；任贤、求谏、纳谏；君臣鉴戒、择官、封建；太子诸王定分、尊敬师傅、教诫太子诸王、规谏太子；仁义、忠义、孝友、公平、诚信；俭约、谦让、仁恻、慎所好、慎言语、杜谗邪、悔过、奢纵、贪鄙；崇儒学、文史、礼乐；务农、刑法、赦令、贡赋、辩兴亡；征伐、安边；行幸、畋猎、灾祥、慎终。从内容上看，每卷也有一个中心，这就是：为君之道、求贤纳谏、君臣关系、教诫太子、道德规范、正身修德、文化政策、刑法贡赋、征伐安边、善始慎终。用作者的话来说，此书的内容是"人伦之纪备矣，军国之政存焉"。作者认为："太宗时政化，良足可观，振古而来，未之有也。"他写此书的目的，是希望唐玄宗"择善而行，引而伸之，触类而长之""行之而有恒，思之而不倦"，达到"贞观巍巍之化可得而致"的目的。

一部《贞观政要》当然不能详尽地反映"贞观之治"（作者称"贞观巍巍之化"）的面貌，但它确实使得"贞观之治"的历史影响更加深入人心。尤其是作者以"为君之道"开篇，以"慎终"终卷，中间略述各项政策及其实施，贯穿着太宗君臣间的问对、辩论，极富启发性。因此，该书特别受到后世诸多最高统治者的重视。

唐宣宗是晚唐时期一位尚有作为的皇帝，史家对他有较好的评论，说他统治时期，"刑政不滥，贤能效用，百揆四岳，穆若清风，十余年间，颂声载路"。（《旧唐书·宣宗纪》后论）这虽不免有夸大之处，但确也反映出这一时期政治面貌的基本状况。就是这位唐宣宗曾经"书《贞观政要》于屏风，每正色拱手而读之"，他是把《贞观政要》作为日常的最重要的必读书来对待的。这也就是说，《贞观政要》通过唐宣宗而对当时的天下产生了一定的影响。

辽、金、元三朝统治者，也都十分重视《贞观政要》一书，将其译成了本民族文字而认真研究。辽兴宗时，下诏翻译汉文书籍。史家萧韩家奴"欲帝知古今成败"，率先翻译出《贞观政要》和《通历》《五代史》等史书。金世宗大定四年（1164），"诏以女直（真）字译书籍"。次年，徒单子温就翻译出了《贞观政要》等书。史载，金熙宗与大臣韩昉有一段关于《贞观政要》的讨论。熙宗说："朕每阅《贞观政要》，见其君臣议论，大可规法。"韩昉说："其书虽简，足以为法。"接着，他们又讨论了对唐玄宗的评价问题，熙宗问道："太宗固一代贤君，明皇如何？"韩昉说："明皇所谓有始而无终者……苟能慎终如始，则贞观之风不难追矣。"熙宗认为韩昉说得很对。（《金史·熙宗本纪》）他们的讨论，最终还是归结到"贞观之风"上。看来，吴兢把"慎终"作为《贞观政要》的终篇，确是意味深长的。元仁宗时，大臣察罕"尝译《贞观政要》以献。帝大悦，诏缮写遍赐左右"。（《元史》卷一三七《察罕传》）元仁宗不仅自己重视，还要左右群臣都读《贞观政要》，当然这也是向往、追寻"贞观之治"所致。

当然，唐宣宗、辽兴宗、金熙宗、金世宗、元仁宗等，都没有创造出类似唐太宗"贞观之治"的局面，后人也没有理由脱离具体的历史条件要求他们有如此成就，这需要作具体的分析。但是这里有一点是贯穿其间的，即他们都曾经试图以《贞观政要》所反映的"贞观之治"为楷模，以造成一个良好的政治局面和社会风貌；《贞观政要》能在多大程度上给他们以启迪和帮助，他们究竟能在多大程度上实现自己的目标，却是各不相同的。尽管如此，这个事实告诉我们：书之对于天下，确有不同寻常的反作用，尤其是那些具有长久生命力的好书。

书，生之于天下，又反作用于天下。书的价值，不好以金钱计算，在一定意义上说，它与天下同重。

（原载1994年3月5日《深圳特区报》）

"以富国安人之术为己任"
——史学家杜佑二三事

杜佑是我国唐代一位著名的史学家和政治家。"以富国安人之术为己任",是后人对他立身、行事、读书、治史的一个总结。我就从这里讲起。

一

杜佑(735—812)是唐代京兆万年(今陕西西安)人,出生于世代为官的家庭。他父亲杜希望,善于领兵打仗,因军功而在朝廷做了鸿胪卿①。

杜佑二十岁左右开始做官。起初,他在地方上做兵曹参军事。后来又做了剡县(今浙江嵊县)县丞,就是县令的副手。这期间,他曾到丹阳(今江苏镇江)去看望他父亲的一个朋友,润州刺史韦元甫。一天,韦元甫处理公事,碰到一个疑难案件,迟迟不能做出判断。这时,恰巧杜佑在场。韦元甫就用试探的口吻问杜佑:"你看这个案子应该怎么处理?"杜佑随即回答,把案情剖析得很清晰,提出的处理意见也很中肯。这使韦元甫大为惊奇,就向唐肃宗举荐他做司法参军②,留在润州任职。

此后四十多年中,杜佑经历了唐代宗、德宗、顺宗、宪宗四朝,在地方和朝廷担任过许多不同的职务。在地方,他担任过刺史和节度使;在朝廷,他担任过主管国家财政经济的户部侍郎、判度支③等职。从唐德宗末年起,他长时

---

① 鸿胪,即鸿胪寺,是掌管朝廷祭祀礼仪的机构,鸿胪卿是这个机构的主官。
② 司法参军,掌管一州的断案、执法的官。
③ 户部,是朝廷六部之一,掌管全国土地、户籍、赋税、财政收支等事务,主管为户部尚书,户部侍郎是其副手。判度支,即度支使,是户部的度支司长官,掌管国家财政收支的官员。

期地担任宰相职务。在漫长的做官道路上,杜佑不断地显示出他的政治才能和"以富国安人之术为己任"的宏大抱负。

二

唐德宗兴元元年(784),杜佑任广州刺史兼岭南节度使时,为便于交通和商业的发展,他主持修筑通衢大道。杜佑发现在人口较多的城市里,由于房屋建筑密集,常常引起火灾,于是他下令对这些密集的房屋作适当的疏散,从而减少了火灾的发生。

杜佑从唐德宗贞元五年(789)至贞元十九年(803),一直任淮南节度使。他留在地方上的政绩,要数这个时期最突出了。这期间,他主持引雷陂①蓄水,以广灌溉。他又主持开辟海滨荒地为田,扩大耕种面积。这些措施,促进了淮南地区农业生产的发展,使这一地区的粮食储积达到五十万斛之多。他负责统率的淮南地区的军队训练有素,给养充足。因此,四邻地区对杜佑都非常敬佩。后来,杜佑调到朝廷任宰相,新任淮南节度使王锷曾向唐德宗提出建议,要在淮南为杜佑建立"去思碑",以表彰他在淮南节度使任上的政绩。对此,杜佑曾上表推辞。他说:"在管理淮南的十四年中,水旱灾荒都经历过,兵戈战乱也时有发生;尽管如此,百姓们大致上还可以免于流离失所。我做到的就是这些,现在有人要给我立什么"去思碑",我实在惭愧自己并没有值得记载的政绩。"他请求唐德宗取消这个决定。从这里,我们可以看到杜佑的为人。

三

杜佑所处的时代,正是唐代经历了长达八年之久的"安史之乱"大破坏之后,社会生产力遭到严重摧残、国家财政经济十分窘迫的时期。他开始在朝廷管理财政时,又赶上朝廷连年对党项族②用兵,百姓生活非常困难,以致连赋税都缴不出来。面对这种局面,杜佑提出"省用"的主张;而要"省用",就必须从"省官"做起。于是,他写了一篇《上省官议》,呈给唐德宗。他在该篇上书中说,设置官吏的目的是为了管理百姓,所以过去都是根据百姓多少来

---

① 雷陂,疑即雷池,在今安徽宿松至望江县东南。
② 党项族,古代羌族的一支。唐代,党项族分布在今甘肃、宁夏、陕北一带。

设置一定数量的官吏。据他考察，全国编户①在"安史之乱"前是九百万户，现在只剩下三百万户。缴纳赋税的编户已大大减少，而依靠赋税养活的官吏的数量仍然和过去一样多，这怎能不进行改革呢？可惜，唐德宗并没有采纳他的这个建议。

但是，杜佑并不因此而灰心，他在自己的职权范围之内还是认真地进行了一些改革。当时，因为国家财政不足，管理财政收支的户部度支司为控制各部门的费用，大量增设了官吏，结果反倒弄得繁而难理。杜佑看到这个弊病，就毅然合并了度支司所管辖的一些职能部门：把营建、修缮部门合并到将作监②，把染绢部门合并到少府监③，等等。他这样做，受到很多人的称赞。

在对待民族问题上，杜佑也有自己独立的看法。唐宪宗时，党项和吐蕃相约对唐进行骚扰。当时，许多人都主张对党项用兵，杜佑不仅不随声附和，而且力排众议，主张怀柔。他说："党项是个少数民族，与汉族杂处，有时守边将领对他们过于苛刻，不断索取良马和人口，又有很重的徭役加给他们，常常把他们逼上反叛的道路。可见，造成这种情况的主要原因，是没有选择良将守边，没有对党项族诚信相待。"他认为，只要改变这种情况，关系就会好转，又何必兴师动众，干戈相见，消耗人力、财力呢？他的建议，被唐宪宗高兴地采纳了。

杜佑很会处理政事，对下属也很宽厚。他在细小的事情上并不特别计较，只是在大的原则上才非常认真。他多年负责管理国家财政收入，一般都要考虑到老百姓是否负担得起而对赋税有所调整。从这里，我们也可以看到杜佑立身、行事的原则。

四

杜佑立身、行事的原则，还集中地反映在他所写的《通典》一书中。《通典》是一部史学名著，共200卷。"通"，是贯穿古今；"典"，是典章制度④。《通典》是我国史学上第一部专讲典章制度的通史。

---

① 编户，编入国家户籍的普通人家。
② 将作监，掌管官室、宗庙、陵寝和其他一些重要土木工程营建的部门。
③ 少府监，掌管皇室手工业营造的部门。
④ 典章制度，法令制度的总称。

《通典》共分为九门①，即食货、选举、职官、礼、乐、兵、刑、州郡、边防。它的一个鲜明特点，就是把食货放在第一位。"食货"是什么意思呢？"食"，原是指可食之物；"货"，原是指可用之物。在古代，人们就用"食货"来指国家的财政经济。在我国史学上，写历史而又把"食货"放在首位来写的，杜佑是第一个。由此我们可以看到，在杜佑的思想里，他对社会经济问题是非常重视的。

《通典》还有一个特点，就是注重经世致用②。杜佑说，他写《通典》，是选择历史上人们对治理国家有益的言论和有启发的事件而编撰起来的，为的是使它们在现实的政治中提供借鉴。我国史学家向来十分重视以史学为现实服务，但在杜佑以前，大多数史学家主要侧重从政治上总结兴亡盛衰的经验，像《通典》这样注意从各种制度法令上作系统的考察，阐明其中利害得失，还是一次首创。

杜佑在"食货"门里强调谷（粮食）、地（土地）、人（劳动人手）这三项是保证国家财政经济收入的根本。他在"选举"门里提出培养人才和管理人才的办法，主张从"行备"（行为好）"业全"（有系统的专业知识）"事理"（善于办事）"绩茂"（成绩突出）等四个方面考察和选拔人才。他在"职官"门里提出"量事置官，量官置人"（根据事情的需要设置官员，根据对官员的要求安排适当的人），做到"官称其人""人不虚其位"。在"刑（罚）"门里，他主张要执法无私，同时又不滥施刑罚，做到"执法守正"。在"边防"门里，他指出"中华"（汉族）和"夷狄"（少数民族）在历史上本没有什么区别，主张对少数民族应采取谨慎的政策，等等。可见，杜佑的"以富国安人之术为己任"的抱负和经世致用的思想，是渗透在《通典》一书当中的。

五

杜佑能够写出《通典》这样的史学名著，同他多年的政治实践有关，也跟他善于读书分不开。杜佑自少年时代读书，就对历史上一些有关治国安民的言论和事件极感兴趣。他博览群书，搜集资料，用三十多年的工夫写成《通典》

---

① 门，即类。
② 经世致用，治理人世而尽其功用。

一书。由此可以看到，杜佑读书，一向就有很明确的目的。

　　杜佑读书，还有一种惊人的恒心和毅力。他不仅在青少年时代酷爱读书，手不释卷，就是当了宰相以后，也仍然勤学不怠。他通常是天一亮就起身处理政事，然后接待宾客；夜晚，他总是坐在灯下读书，孜孜不倦。由于长期的积累，他获得了渊博的知识。同事们、宾客们和他谈话或是辩论问题，都非常钦佩他的渊博和雄辩。但是杜佑却又是一个十分谦逊的人，在谈话中，如果别人指出他的错误，他也很乐于改正。这种学风，使他在人们当中享有很高的威望。

　　杜佑是地主阶级政治家、史学家，他立身、行事、读书、治史，都带着时代的和阶级的局限性。但他"以富国安人之术为己任"的精神和抱负，还是值得我们借鉴的。

（原载《历史杂谈》，北京出版社1986年版）

文明的颂歌

在中华文明发展的行程上,约经四个世纪的隋唐五代时期,尤其是近300年历史的唐代,是极其辉煌的一段历程。宋代大史学家司马光称颂唐代历史说:"三代以还,中国之盛,未之有也。"(《稽古录》卷一五)这是中国学人对本国历史所作的结论。20世纪上半叶,英国学者赫·乔·韦尔斯在其所著《世界史纲——生物和人类的简明史》一书中,是这样评价唐代文明的:"在唐初诸帝时代,中国的温文有礼、文化腾达和威力远被,同西方世界的腐败、混乱和分裂对照得那样的鲜明,以致在文明史上立刻引起一些最有意义的问题。中国由于迅速恢复了统一和秩序而赢得了这个伟大的领先。"他还指出,中国由此而保持的"领先的地位",大约持续了1000年左右。这反映了西方学人对唐代文明在世界文明史上所处地位的认识。

这是一个使中国人和西方人都为之惊叹的文明时代。

这个时期文明的魅力何在?它对今天的人们还有怎样的启示?这仍然是一个使人感到兴味盎然的课题。

从政治特点上看,重建统一和秩序,无疑是这个时期文明走向更高发展水平的基本条件。隋朝在统一南北之后的二三十年间,出现了"甲兵强盛""风行万里"的局面,充分证明统一对于促进中华文明发展是多么重要。唐太宗以大唐皇帝和"天可汗"的双重身份出现在历史舞台之上,显示了在新的统一的条件下,中华文明发展的多民族性的历史特点。从这个意义上说,"天可汗"不止是一个尊号,同时也是标志中华文明历史进程的一座新的里程碑。这里说的"秩序",是封建制度走向发展、繁荣时期的经济制度、政治制度、法律制度、军事制度、教育制度、伦理制度等。在当时的历史条件下,它们在不同的程度上显示出自己的活力。中国历史上第一部制度史巨著《通典》产生于唐代，正是制度文明发展的结晶。

从经济发展上看，至少有两个方面是具有划时代意义的。第一，江南社会经济的发展呈迅猛的趋势；第二，南北经济联系更加密切。魏晋南北朝时期的人口南迁和生产技术的南迁，到这个时期结出了更加丰硕的果实。如果说文明的发展在前一个阶段中不得不付出一定代价的话，那么它在这一个阶段中便获得了更多的补偿。甚至可以这样认为：没有那样的代价，便不会有这样的补偿。历史向来是"公正"的。这一时期的各经济部门，不论是农业、手工业方面，还是商业方面，在发展水平上都超越了以往的时代。广大的乡村，固非诗人所吟咏的如同田园牧歌那样美好、恬适，但它确是封建制度下自然经济不断发展的广阔天地。而在交通要道、江河沿岸、运河两侧则有相当数量城镇的兴起，为手工业、商业的发展提供了新的舞台。应当强调的是，不仅隋唐都城长安成为当时的国际性城市，扬州、泉州、广州也是当时中外经济文化交流的窗口。

社会经济的发展，首先取决于千百万生产者的生产活动，同时也和科学技术水平的提高及其在生产活动中的应用相关联。这个时期，在农业科学技术、手工业技术和建筑业技艺方面，都有长足的进步；在自然科学各领域和医学方面，发展不尽平衡，但都呈现出不断开拓的广阔前景。这些领域的发展，直接地或间接地推动了生产力的前进，产生了丰富的和精湛的产品，也出现了一大批科学论著，创造了世界技术史上的许多"第一"，对人类文明做出了伟大贡献。其中，作为活字印刷术之先驱的雕版印刷术的发明，预示着人类文明新曙光的到来。

在隋唐五代时期的思想文化领域，文明发展的态势可以概括为：继承、总结、融汇和创新。汉字的规范化进程加快了，韵书趋于定型，一些少数民族结束了没有本民族文字的历史，中华文明在更高的层次上和更广阔的空间里发展着、丰富着。史学在摆脱经学的羁绊后于卓然自立的发展中出现了新的转折，学术思想在多途并进中相互融合，多种宗教竞相传播，中华文明在思想领域方面更加成熟起来。它雍容大度地走向东方各处，走向世界；它也不断吸收外来的精神产品，使自身的内涵变得更加丰富多彩。

这一时期文明的发展，在文学艺术领域可以说是进入了一个辉煌灿烂的时代，唐代的历史孕育了唐代的诗歌，唐代的诗歌又滋润着唐代的历史，不论哪一种流派、哪一种风格的诗歌,都可以看作历史的诗化和诗化的历史。唐诗,直至今日仍然是古代中华文明的伟大标志之一。散文的勃兴、传奇的诞生,对后来文学的发展都有至关重要的影响。音乐、舞蹈,多元纷呈,绚丽夺目。八方乐奏,万般舞姿,渲染着多民族融合和中外文化交流的盛况。美术,不论是绘画、造像、书法、工艺制品,都达到它们发展史上的高峰,令人惊叹不已。

这个时期的时代精神,洋溢着高昂进取之志,博大豪放之情,务实而不乏浪漫,激越而不失冷静。改革,总是伴随着文明行进的脚步。历史也有回潮,但接着还是前进。杰出的政治家、军事家、思想家、史学家、诗人,都把"经邦""致用"作为立身的根本和平生的抱负。他们论政、议军、谈天、说地、撰史、赋诗,都离不开这个主旨。隋的开皇,唐的贞观、开元、元和,出现了几次人才涌现的高峰,时代造就了这些人物,这些人物也在不同程度上顺应了时代的要求。唐代的妇女,在这个时代的舞台上演出了妇女史上的壮剧。这个时代的社会风俗,保持着古老的中原文化传统,也焕发着周边少数民族的风采。牡丹怒放时,长安、洛阳为之沸腾;马球场上,人们驰骋奋进;品茶、弈棋,又使人们变得恬静、高雅……

从古代的意义上来看,这个时期的社会是一个开放的社会。陆地丝绸之路上的驼队,海上"丝绸之路"上的帆船,把中华文明远播域外,同时也载来了异国文明。这个时期的中华文明,既有强烈的辐射力,又有巨大的包容量。《大唐西域记》《大唐西域求法高僧传》《经行记》等书,记载了当时陆路和海上的中外交通情况。现今,人们对于千余年前陆、海丝绸之路的考察的热情,无疑包含着对这一段历史给人类带来高度文明的深沉的眷恋。

要而言之,这个时期的中华文明,是多民族大融合和中原文明逐步南迁的时期,是中华文明与世界文明相互交汇、相互激荡的时期,是在许多领域中产生了总结性和开创性撰述成果的时期。

当你伫立在赵州桥桥头、大雁塔下,当你航行于大运河中,流连于华清池畔,当你从龙门走向敦煌、从法门寺走向崇圣寺或开元寺,当你瞻仰唐蕃会盟碑、注目昭陵六骏,或者吟诵李杜诗歌、韩柳华章时,你是否会意识到,这时期的文明镌刻在我们中华民族伟大历史上的印痕是多么清新、明朗,即使在千余年之后,它依然使人们感觉到那个飞动和创造的时代;你或许还会体会到,这文明的生命力是何等的顽强和诱人,它激励着人们去创造无愧于它的延续、再生而又注入当今时代精神的现代文明。

诚然，这个时期的文明演进绝不是一帆风顺的，其间也伴随着刀光、剑影、暴力、抗争，隋末和唐末两次大规模农民起义，对于破除文明发展的障碍，起了非常伟大的作用。文明之花的盛开，离不开人们智慧之光的照射，千百万劳动人民汗水和血泪的浇灌。

文明并不是纯而又纯的。在文明的肌体上，总是带着那个时代的不文明的斑痕以至野蛮的印记。曾经有过一些清醒的封建统治者，不止一次地提出"居安思危""善始慎终"，可是真正做到这一点的人，又有几个！从隋律到唐律，封建法典趋于完备，但"十恶"和"八议"却又清楚地表明它的局限性，透过富丽的宫殿、豪华的墓葬、庞大的乐舞、不计其数的精湛工艺品，人们可以看到这个时期高度文明的画卷的背面，是社会的阶级对立和巨大财富的消耗。政治思想和学术思想领域里的论争，包含着进取与守旧的分野；而兴佛与灭佛的运动，则折射出宗教对于社会的种种影响。总之，隋唐五代时期文明的发展，历史是付出了巨大的代价的。这是文明发展的辩证法。

（原载1993年4月13日《文汇报》。此文系《中华文明史》第5卷卷首语，河北教育出版社1994年版）

东林书院：学子与社会

东林书院是明代晚期一个蜚声士林的讲学中心，东林党是这个时期地主阶级中的一个影响颇大的政治集团。后者因前者而得名，前者亦因后者而益显，它们在明代后期的文化史和政治史上写下了有声有色的篇章。

一

说起东林书院的历史，首先要提到北宋一位学者杨时。

杨时（1053—1135），字中立，南剑州将乐（今属福建省）人。他在学术思想上以程颐、程颢为师，是二程学说的积极传播者，号称"龟山先生"。南宋初年，他被东南学者推为"程氏正宗"。杨时晚年，优游林泉，以著书讲学为事。因为杨时非常喜爱庐山"东林"景色，所以把他讲学的地方取名为东林书院，这就是东林书院的由来。又因杨时号"龟山"，故时人亦称东林书院为龟山书院。元时，东林书院废为僧舍。

东林书院的复兴，则已是明朝晚年的事情了。明神宗万历二十二年（1594），当时任吏部文选司郎中的无锡人顾宪成，因在"廷推阁臣"的问题上"忤帝意，削籍归"（《明史·顾宪成传》）。里居后的顾宪成，一面著书，一面讲学。但是，他并没有一个满意的讲学场所。他经常不无焦虑地对他的好友无锡人高攀龙说："日月逝矣！百工居肆以成事，吾曹可无讲习之所乎？"（《顾端文公年谱》）可见他不愿虚掷岁月，还希望在讲学方面做一番事业。明万历三十二年（1604）九月，顾宪成怀着崇敬的心情偕伴来到杨时讲学的东林书院旧墟，凭吊四百多年前的宋朝学人，一时心有所感，慨然说道："吾曹讲习之所，其在斯乎！"于是他"商诸同志"，筹划修复东林书院。在常州知府欧阳东凤和无锡知县林宰的支持下，修复工作在第二年夏季开始，入秋即告竣工。

东林书院修复后，顾宪成邀请江浙"同人"，在此聚会"相与讲德论学，雍容一堂""一时相传为吴中自古以来未有之盛"（《年谱》）。在首次东林大会上，顾宪成宣布了他所草拟的《东林会约》，《会约》阐明东林书院讲学的宗旨，如"饬四要""破二惑""崇九益""屏九损"，强调"务在躬修实践"（《顾端文公遗书·东林会约》）。

这是东林书院复兴的序幕。此后，顾宪成和高攀龙、钱一本、薛敷教、史孟麟、于孔兼等人讲学其中，顾被人们称为泾阳先生或东林先生。废弃了四百多年的东林书院，这时又变得生气勃勃、书声琅琅了。于是，东林书院逐渐闻名于当世，而从这里传出的讲学声、读书声，竟在晚明的地主阶级政治生活中掀起了一阵阵轩然大波。

二

风声、雨声、读书声，声声入耳；
家事、国事、天下事，事事关心。

这是顾宪成为东林书院撰写的一副对联，足见他主张把努力读书和关心政治结合起来。他说："当京官不忠心事主，当地方官不注重民生，隐居乡里不关心社会状况，不配称君子。"因此，顾宪成等人在"讲习之余，往往讽议朝政，裁量人物"，要求改革政治，整顿税收，限制大官绅的势力。这些做法和主张，在社会上引起了强烈的反响。"当是时，士大夫抱道忤时者，率退处林野，闻风响附，学舍至不能容"（《明史·顾宪成传》）。

由于东林书院的讲学活动一开始就具有鲜明的政治色彩，因此，它在复兴以后不久，不仅成为一个著名的讲学中心，而且也成为一个很有影响的政治舆论中心，为世人所瞩目。拥护者固然不少，忌恨者为数亦多。于是，那些反对东林书院的讲学活动的当朝权贵们，就把顾宪成等人以及和他们有联系的一些人称作"东林党人"而加以打击。"东林党"之称是那些反对顾宪成等人的权贵们加给他们的（见《明史·孙丕扬传》）。

"东林党"的产生有着深刻的历史根源。从经济上来看，自明初以来，在长江三角洲一带的少数纺织业部门开始出现某些资本主义生产关系萌芽的因素，新兴的手工业者、商民，则是这种生产关系的代表。东林党的一些中坚人物如顾宪成、高攀龙、缪昌期等，都出生于这种新兴的工商业者的家庭。这对他们的思想产生了一定的影响。

从政治上来看，张居正改革（1571—1581），曾经一度使明朝的腐朽统治有所改变。但在万历十年（1582）张居正死后，明神宗恣意玩乐，不理朝政，明朝统治又沿着腐朽的道路滑下去。此时，民族矛盾发展，阶级矛盾激化，致使明代后期出现了千疮百孔的政治局面，也使统治集团进一步分化。这个分化，发端于万历十四年（1586）至万历二十一年（1593）的"国本"之争，激化于万历二十一年（1593）的"京察"纠纷。所谓"国本"之争是：神宗皇后无子，王恭妃生子常洛，是为长子；郑贵妃生子常洵，为第三子。按封建礼法，当立常洛为太子。立太子，当时称作立"国本"。但由于神宗宠爱郑贵妃，欲立常洵为太子，故一再拖延册立"国本"之事。内阁大学士王锡爵、沈一贯、方从哲等依违其间，顾允成（顾宪成弟）、钱一本、顾宪成和其他许多人则根据封建礼法争立"国本"，形成了对立的两派。所谓"京察"纠纷是：根据明朝制度，要定期考核官员。考核京官谓之"京察"，考核地方官员谓之"外计"。主持万历二十一年（1593）"京察"的吏部尚书孙鑨、吏部考功郎中赵南星锐意澄清吏治，秉公沙汰。不久，赵南星被诬为"专权植党"而被削籍为民，孙鑨也被迫辞职。这次"京察"，进一步加深了两派的矛盾。明朝后期的"党争"，就是在这个基础上逐步发展起来的。而东林党作为"党争"的一方，也就应运而生。

从文化上来看，明代在弘治（1488—1505）以前，讲学之风还不大盛行；到了正德（1506—1521）、嘉靖（1522—1566）之际，情况大变，"士大夫率务讲学为名高"。（《明史·儒林传二·钱德洪传》）张居正当国时，曾一度禁止天下讲学，毁坏各地书院。此后，讲学之风又盛行起来。顾宪成等人正是借着这种传统的讲学风气，一面大讲程朱理学，一面抨击当时朝政。讲学，是他们进行文化斗争的一种形式（侯外庐：《中国思想通史》第四卷下册），而这种文化斗争又是和政治斗争结合在一起的。

三

东林党人以东林书院为基地而进行的一系列政治斗争，历史上称作"东林党议"。

所谓"东林党议",从时间来看,大体经历了三个阶段:(一)与宣党、昆党斗争阶段,主要指万历三十二年(1604)至万历四十年(1612)这个时期;(二)与齐、楚、浙三党斗争阶段,主要指万历四十一年(1613)至光宗泰昌元年(1620)这个时期;(三)与魏忠贤阉党斗争阶段,主要指熹宗天启(1621—1627)年间。从内容来看,主要围绕着以下三个问题:

(一)关于"京察""外计"问题

万历三十三年(1605)"京察",由东林党人杨时乔、温纯主持,"力锄政府私人"(《明史·杨时乔传》)。首辅沈一贯大怒,唆使神宗扣压"京察"报告达半年之久。最后,杨时乔受到严旨切责,温纯被迫辞职。

万历三十八年(1610)大计外吏,由东林党人,七十九岁高龄的吏部尚书孙丕扬主持。他"挺劲不挠,百僚无敢以私干者""黜陟咸当",然宣、昆两党"日事攻击,议论纷呶"。次年,他继续主持"京察",将宣、昆两党党魁汤宾尹、顾天竣列入被察之中,"群情翕服",但宣党、昆党更是"攻讦不已"(《明史·孙丕扬传》)。万历四十年(1612),他因推荐大批东林党人而未被采用,兼之"人言纷至",辞职而去。此后,齐、楚、浙三党崛起,控制了吏部。

万历四十五年(1617)的"京察",已是三党专权的时期,结果是"尽斥东林……善类为之一空"(《明通鉴》卷七五),东林党受到沉重打击。不久,三党内讧,势力亦逐渐削弱。

熹宗天启三年(1623),担任左都御史的著名东林党人赵南星协助吏部尚书张世达主持"京察"。他"慨然以整齐天下为己任",毅然将"结党乱政"的三党人物亓诗教等罢黜。后来他做了吏部尚书,"锐意澄清,独行己志",果断地把高攀龙、杨涟、左光斗、王之采等大批东林党人推荐到重要岗位,于是"中外忻忻然望治,而小人侧目"(《明史·赵南星传》)。这是东林党比较得势的时期。

二十年中,东林党和其他各党在"京察""外计"上的斗争,本质上是争夺最高统治权力的斗争。但从东林党人的一些做法来看,确也包含着力图借此澄清吏治的目的。宣、昆、齐、楚、浙各党在此过程中彼此勾结,沆瀣一气,证明他们是真正"专权植党"的腐朽势力。

(二)关于淮抚李三才问题

李三才（？—1623），字道甫，顺天通州（今北京通县）人。他从万历二十七年（1599）起，总督漕运，巡抚凤阳诸府，故称淮抚。他在任十三年，"以折税监得民心"，反映了工商业者的要求。他上疏神宗，要求"罢除天下矿税"，理由是："陛下爱珠玉，民亦慕温饱。陛下爱子孙，民亦恋妻孥。奈何崇聚财贿，而使小民无朝夕之安？"（《东林列传》卷一六）因此，李三才颇得东林党人的好感，甚至打算推荐他入阁为相。这就引起了诸党不满。万历三十七年（1609），他们诬奏李三才"大奸似忠，大诈似直，列具贪、伪、险、横四大罪"（《明史·李三才传》），对李三才进行围攻。他们认为"攻淮（指李三才——引者）则东林必救，可布一网打尽之局"。但是东林党人并没有退缩，他们大胆地为李三才辩护。顾宪成一面分别写信给辅臣叶向高和吏部尚书孙丕扬，为李三才申辩，一面如期召开万历三十八年（1610）八月的东林大会，以蔑视诸党的挑战。

　　万历三十九年（1611），李三才终于被迫辞职；第二年，顾宪成作为东林党的领袖人物，也含恨死去。但是诸党攻击李三才和东林党的活动却并没有因此而有所和缓。

　　（三）关于"梃击""红丸""移宫"三案问题

　　万历四十三年（1615）五月初四，有个名叫张差的人手持木棒，打进太子常洛居住的慈宁宫，旋被执。于是"举朝惊骇"，人多疑为郑贵妃主谋。郑贵妃亲信及浙党方从哲等企图以"疯癫"定案；东林党人、刑部主事王之采亲至狱中调查，访得实情，证明张差确由郑贵妃内侍庞保、刘成指使，并经刑部会审定案。神宗及方从哲俱包庇郑贵妃，不准追究，只将张、庞、刘三人处死，另三名同谋犯流放，是为"梃击"案（见《明史·王之采传》）。泰昌元年（1620），光宗病危，宦官崔文昇进泻药，鸿胪寺丞李可灼又进红丸二粒，光宗服药而死，群臣哗然。事后，方从哲百般包庇李可灼，而光禄少卿高攀龙等先后上疏，质问"国法安在"，并提出方从哲有"十罪""三可杀"。是为"红丸"案。光宗死后，其选侍李氏系郑贵妃心腹，仍居乾清宫，企图左右新帝熹宗。于是给事中杨涟、御史左光斗提出要李选侍移宫，而方从哲则一再拖延。直到熹宗登位前一天，李选侍才移居哕鸾宫。是为"移宫"案。这就是所谓"三大案"。

　　"三案"之争，以东林党和三党的争论开始，而以阉党对东林党的迫害告终。天启初年，宦官魏忠贤勾结熹宗乳母，任司礼秉笔太监兼掌东厂事。天启四年（1624），魏忠贤以亲信顾秉谦为辅臣，控制内阁，形成阉党，毒焰甚炽。东林党人为之扼腕，而三党残余则弹冠相庆，后者纷纷投靠魏忠贤，鼓动魏忠贤策划冤狱，罗织东林人士。是时，著名东林党人，副都御史杨涟挺身而出，上疏弹劾魏忠贤，历数其二十四条罪状，要求将其交刑部严讯，"以正国法"（《明史·杨涟传》）；魏大中等七十余人亦"交章论忠贤不法"。结果是赵南星被逐，杨涟、左光斗被削籍，群小雀跃，皆以排击东林为快事。接着，阉党人物及三党余孽又编造《缙绅便览》《天鉴录》《同志录》《点将录》，把东林党人"目为邪党"，把所有不附于阉党的人也都"号曰'东林党人'"而加以迫害。天启五年（1625）二月，阉党杨维垣"首翻'梃击'之案"，将刑部右侍郎王之采革职。这是开始大规模屠杀东林党人的信号。不久，他们就借熊廷弼事件，把杨涟、左光斗、袁化中、魏大中、周朝瑞、顾大章（时称"六君子"）投入狱中，严刑"追赃"，迫害致死。他们将天下书院"俱行拆毁"。他们"榜东林党人姓名示天下"，必欲斩尽杀绝而后快。最后，他们"辑'梃击''红丸''移宫'三事为《三朝要典》以倾正人"（《明史·方从哲传》），竟然把王之采、孙慎行、杨涟等东林人士定为"三案罪首"，并重修《光宗实录》，"凡事关三案，命即据《要典》改正"（《明通鉴》卷八〇）。一时间，冤狱迭兴，迫害东林党人无虚日。天启六年（1626）二月，阉党又捏造种种罪名，诬劾周起元、高攀龙、周顺昌、缪昌期、李应昇、周宗建、黄尊素等人，并派缇骑（即禁卫吏役）将他们逮捕下狱。高攀龙投水自尽，其他皆惨死狱中，受株连者不可胜数。至此，东林党的中坚人物，屈死殆尽。阉党又立东林党碑，妄图使东林党人永远不得翻身。其用心何其狠毒！

天启七年（1627），熹宗死，毅宗立，阉党势败。次年，《三朝要典》被销毁，东林党人的名誉得到恢复。至此，东林党和诸党围绕"三案"所进行的斗争才基本结束。

崇祯二年（1629），大学士韩爌等定"逆案"，最后解决了阉党问题。东林党人中的一些幸存者再次受到任用。当然，阉党及三党残余还是"日夜图报复"，跟东林党及其后继者"复社"人物作对，但那已是这些斗争的余波了。

四

"东林党议"并不是一次社会改革运动。东林党人虽然也曾经提出了一些改革政治的主张,但都是片断的、局部的,因而也是软弱的。他们从维护封建统治的基本立场出发,笃信程朱理学,恪守纲常伦理,这同他们本能地企图反映新兴工商业者的经济要求,是何等不协调!他们在思想上和行动上,都还保存着传统的封建士大夫的庸俗气味。甚至死到临头,他们还要写下"君恩未报,愿结来生""臣罪应难赦,君恩本自宽"之类的自白。在封建制度还没有失去最后的生命力,在地主阶级顽固派还有力量运用封建专制主义去摧残产生于他们内部的任何反对派的时候,东林党人的政治命运只能是一出历史悲剧。

但是,东林党人的政治斗争却博得了世人的同情和民众的支持:他们把东林著名人物称为"三君"(《明史·赵南星传》)"东林八君子"(《明史·叶茂才传》)等等。当东林人士被难之时,这种支持和同情几乎酿成群众暴动。如杨涟被捕时,"士民数万人拥道攀号";(《明史·杨涟传》)左光斗被捕时,"父老子弟拥马首号哭,声震原野"。(《明史·左光斗传》)

东林党人之所以能得到民众的同情和支持,这是因为:第一,他们面对着万历、天启年间的腐败政治,还敢于大声疾呼,揭露权贵们的贪婪和残暴,这就多少反映了一点人民的要求。第二,他们积极主张整顿税收,取消矿监税使,减轻对工商业者的沉重负担。这不仅深得手工业者和商民的拥护,也为广大市民所支持。第三,东林党人大多为官比较清廉,他们"持名检,励风节,严气正性,侃侃立朝"(《明史》卷二四三赞),和那些既贪且毒的权贵们有所不同。

明末清初大思想家黄宗羲(1610—1695)在评价东林书院和东林党时写道:"一堂师友,冷风热血,洗涤乾坤。"(《明儒学案·东林学案·序》)这几句话,概括了东林党人的思想风貌和历史命运。

(原题为《东林书院和东林党》,载于《文史知识》1984年第11期)

想起了顾炎武

想起了顾炎武严谨治学的精神

最近几年，学风浮躁、学风不正、学术失范的现象比较严重，弄得学术界以至整个社会是是非非，纷纷扰扰。于是，我便想起了顾炎武，想起顾炎武严谨治学的精神，尤其是想起了他撰写《日知录》的艰辛和严谨。

顾炎武的《日知录》在刊刻以前，已在其友人中转抄、流传，为学人所重。其刊刻行于世后，随着岁月的流逝、历史的变迁，《日知录》愈来愈受到后人的重视，遂成传世之名作。《日知录》之所以在学术史上具有崇高地位，主要是因为作者的卓识，而严谨同样是一个重要原因。这可以从《日知录》的卷首语中见其大概。顾炎武写道：

> 愚自少读书，有所得，辄记之。其有不合，时复改定；或古人先我而有者，则遂削之。积三十余年，乃成一编。取子夏之言，名曰《日知录》，以正后之君子。

所谓"取子夏之言"，见于《论语·子张》："子夏曰：'日知其所亡，月无忘其所能；可谓好学也已矣。'"意思是说，每天知道所未知的，每月复习所已经掌握的，就可以说是好学了。《日知录》的名称由来如此，而其书则是"积三十余年"而成。

这里，使我们深受启发的地方在于：

第一，"其有不合，时复改定"。这就是说，《日知录》中所记，有些是经过作者反复修改后才成为我们所见到的这个样子。这是治学上的一种极其可贵的自省精神。我曾在一篇文章中讲到：老一辈马克思主义史学家郭沫若、范文澜、侯外庐等，在学术上都有一种严格的自我批判精神，而且也都把这种自我批判作为治学的一条原则看待。这同顾炎武说的、做的"其有不合，时复改定"，是一脉相承的。

第二，是"或古人先我而有者，则遂削之"。人们对于社会历史的认识，或者对某一事件、某个人物的认识，时有"殊途同归"的现象，这是可以理解的。遇到这种情况，顾炎武则删去自己所撰写的部分，以免引起时人与后人的歧议和误解。这是既尊重了"古人"，也尊重了自己，更重要的是对世人负责。

对照顾炎武的这种治学精神，反观今日之学风，实在令人汗颜。这是因为，今日之学术界，在通常情况下，很少有自我批判的现象。一则是今日之学术界，心理上比较脆弱，自我批判便会被误解成自认为是或他人认为是"没有水平"的表现。二则是今日之媒体，有太强烈的猎奇心态，对炒作自我批判过分感兴趣，以致误导公众对自我批判者的理解。这样一来，即便出现了"其有不合"者，又何必"时复改定"呢。于是，说出来的、写出来的，都成了无可争议的东西，甚至都成了"创新"的东西。显然，这不符合事实，也不利于学术的发展。

第三，对古人或今人的见解，我们也不必都像顾炎武那样做，"先我而有者，则遂削之"。在有的情况下，援引是少不了的，甚至是必要的。这里，可能出现三种做法。第一种做法，是援引之后，详注出处，并说明所引之论点对自己的启发。第二种做法，是注明出处，而不明言其与自己认识上的关系。第三种做法，是"借用"了而并不注明出处，形同己出。显然，这三种做法，从学术规范上看，属于上、中、下三等；从学术道德上看，属于优、中、差三等。毫无疑问，我们要倡导第一种做法，反对第三种做法，改进第二种做法。这对于学风建设、学人自律、学术进步，都是十分必要的。

上面说到，《日知录》之所以成为传世名著，主要在于作者的见识。顾炎武在《与友人书十》中曾比喻说，他著《日知录》，是"采山之铜"为铸，而非以"废铜"充铸（见《日知录》书首）。用今天的话来说，前者是"原创性"，后者是"炒冷饭"。当然，原创性是非常难得的，因而是非常可贵的。我以为，对于原创性，是否也可以看得开阔一些，即可以作不同层次上的理解：其最高层次，是提出了新问题，并作了有根据的论证；其中间层次，是对旧有的问题，提出了新的认识，并作了有根据的论证；其一般层次，是对中间层次的有关见解提出辩难，并作了有根据的论证。对于重复的问题，作重复的

"论证",没有任何新的独立见解和没有任何根据的夸夸其谈,是否可以视为与"原创性"无关?

想起了顾炎武经世致用的学风

时下强调经济建设,强调发展市场经济,强调科学技术尤其是应用性科学技术的重要性,都是十分必要的。但是,社会的发展、进步是多方面的,而且是相互关联、彼此影响的。只有既抓物质文明,又抓精神文明,做到"两手都要硬",我们的社会主义现代化建设才会得到全面的发展。江泽民同志在2001年8月和2002年5月,关于哲学社会科学的两次谈话,深刻地揭示了这个问题的重要性及其本质,给人们以极大的鼓舞。

近若干年来,在现实生活中,在不少部门的议事日程和实际工作中,"重理轻文"的现象比较严重,也比较普遍。尤其是哲学社会科学中的那些基础学科,常常为人们所误解,认为它们在现实生活中没有用处。其中,历史学更是受到严重误解的学科之一;甚至有些史学工作者自己也认为史学同社会现实相去太远,很难说有什么用途。这些偏见和误解涉及历史学的价值及其与社会历史发展的关系等根本问题。笔者有感于此,曾撰写《论史学在社会中的位置》一文(载《史学月刊》2001年第1期),希望它能对社会公众和有的史学工作者有一点启发。

正因为如此,我又时时想起顾炎武。顾炎武是思想家,也是史学家。不论作为思想家,还是作为史学家,顾炎武都提倡经世致用之学,并身体力行。举例来说,作为思想家的顾炎武,他的名言是"文须有益于天下"。他指出:

> 文之不可绝于天地间者,曰明道也,纪政事也,察民隐也,乐道人之善也。若此者,有益于天下,有益于将来,多一篇,多一篇之益矣。若夫怪力乱神之事,无稽之言,剿袭之说,谀佞之文,若此者,有损于己,无益于人,多一篇,多一篇之损矣。(《日知录》卷一九"文须有益于天下"条)

这位思想家在几百年前说的这番话,用以对照今天的现实生活、现实社会,仍然闪耀着理性的光芒和具有深刻的发人深省的力量。作为史学家的顾炎武,他有一部名著,叫作《天下郡国利病书》,这是不少人都知道的。它是一部地理书，论述地理环境对社会经济发展的影响，故谓之"利病"。其内容是纂集前人有关论述，不分卷次，后人略按政区编次，以卷区分。卷首辑前人有关论述，分为地脉、形胜、风土、百川考四个部分，略述全国山脉分布、地形特征、气候土壤、水系源流等。它所记述的社会经济方面的内容很广泛，包括漕渠、仓廒、粮额、马政、草场、盐政、屯田、水利、赋税、徭役、户口、方物等。从中亦可窥见顾炎武的经济思想、政治思想、深刻的历史见解和鲜明的经世致用的纂述目的。今天人们阅读此书，还会感觉到历史的脉搏和纂集者的忧患意识。

在中国封建社会里，高明的政治家、深刻的思想家同优秀的史学家一样，都认识到史学对于治国安邦的重要，所谓"以古为镜，可以知兴替""史之为用，其利甚博，乃人生之急务，为国家之要道""欲知大道，必先为史"等，是关于这种认识的名言。近百余年以来，从"新史学"一派的人物，到马克思主义史家，也都大力倡导史学的社会功用，并为此做出了各自的贡献。在今天，面对经济全球化的新时代，史学的社会功能依然存在，在某些方面表现得更为突出，这是任何一个有识之士都可以看得到的。

我想，重提顾炎武的经世致用的学风，或许可以使我们对史学及其与社会之关系的认识变得更加自觉，更加警醒，更加深刻。

想起了顾炎武重视社会风俗的卓识

大家关心社会的风气、公众的道德，已经有一些年头了。所谓"爬坡论"和"滑坡论"的争论，亦盖有年矣。当然，不论持哪一种"论"的人，都不能否认拜金主义、享乐主义的肆虐及其带来的消极的社会影响。这就促使我再次想起了顾炎武，想起了他重视社会风俗的远见卓识。《日知录》卷十三可以说是一篇"风俗论"的大文章，作者从"周末风俗""两汉风俗""宋世风俗"说起，论到"廉耻""重厚""俭约""除贪""贵廉"，等等。顾炎武在风俗问题上的最基本的认识是：

> 教化者，朝廷之先务；廉耻者，士人之美节；风俗者，天下之大事。朝廷有教化，则士人有廉耻；士人有廉耻，则天下有风俗。
> （《日知录》卷一三"廉耻"条）

这是由朝廷说到士人，由士人说到全社会。顾炎武把"风俗"视为"天下之大事"，是非常深刻的见识。他对两汉风俗作了比较，称赞东汉光武帝"躬行俭约，以化臣下。讲论经义，常至夜分……以故东汉之世，虽人才之倜傥不及西京，而士风家法，似有过于前代"。他又说：光武帝总结西汉和新莽的经验教训，"尊崇节义，敦厉名实，所举用者，莫非经明行修之人，而风俗为之一变。至其末造，朝政昏浊，国事日非，而党锢之流、独行之辈，依仁蹈义，舍命不渝，风雨如晦，鸡鸣不已，三代以下，风俗之美，无尚于东京者"。（《日知录》卷一三"两汉风俗"条）他称赞《后汉书》作者范晔对东汉末年国势衰微和世风之关系的评论："'……所以倾而未颓，决而未溃，皆仁人君子心力之为'，可谓知言者矣。"（同上）这是对朝廷教化、士人廉耻、天下风俗三者关系的一个最恰当的历史注脚。

　　顾炎武说"风俗者，天下之大事"，还在于他认为天下兴亡，匹夫有责。他指出："知保天下，然后知保其国。保其国者，其君其臣，肉食者谋之。保天下者，匹夫之贱，与有责焉耳矣。"（同上书，"正始"条）这里说的"天下"是指社会；所谓"保天下"，是指维护社会的良好风俗。正因为"风俗"与人人有关，故谓之"风俗者，天下之大事"。

　　又因为风俗是天下之大事，所以顾炎武强调：评论一个时代必考其风俗，才能对这个时代有全面的认识（同上书，"周末风俗"条）；凡为大臣者，都应当"以人心风俗为重"（同上书，"宋世风俗"条）。尤其重要的是，顾炎武从两汉之际风俗的变化和五代、北宋之际风俗的变化，提出一个精辟的结论："观哀、平之可以变而为东京，五代之可以变而为宋，则知天下无不可变之风俗也。"（同上）他从历史事实中概括出来的理性认识，启发人们对于风俗的变化有一个平和自信的心态，从而做出相应的、正确的抉择。

（原载《群言》2002年第7期）

顾炎武的社会理想及政治学说
——读《亭林文集》郡县论及相关诸论书后

引言

顾炎武是明清之际著名的思想家、史学家，他的《日知录》《亭林文集》和《天下郡国利病书》以及其他许多著作，对清初以来的学术发展产生了重大影响。近三十多年来，关于顾炎武学术思想及其价值的研究有广泛的开展。

研究中国学术史或学术思想史的学者，重视顾炎武提出的"古之所谓理学，经学也"的论点，认为顾炎武"给理学开辟了新的领域"[1]；指出，晚明以来，阳明心学以至整个宋明理学已日趋衰颓，思想学术界出现了对理学批判的实学高潮，顾炎武顺应这一历史趋势，在对宋明理学的批判中，建立了他的以经学济理学之穷的学术思想。[2]换言之，顾炎武开辟了"'经学即理学'的学术新途径"[3]。研究中国思想文化史的学者，从"明清之际的早期启蒙思潮"视角出发，综合顾炎武、黄宗羲、王夫之三位思想家、史学家的共同特点和各自说法，强调指出，顾炎武区分"国家"和"天下"的两个概念，认为"矫正极端君主专制的有效措施乃是分权"，提出"寓封建于郡县之中"的论

---

[1] 张国刚，乔治忠：《中国学术史》，上海：东方出版中心2002年版，第477页。
[2] 步近智，张安奇：《中国学术思想史稿》，北京：中国社会科学出版社2007年版，第499页。
[3] 步近智，张安奇：《中国学术思想史稿》，北京：中国社会科学出版社2007年版，第499页。

断，以及顾炎武的学术活动"都围绕着经世致用这一宗旨展开"①的时代特点等，凸显出顾炎武思想的历史价值。有的中国史学史研究者在"清初史学的创新"这一史学背景下，深入阐述了"顾炎武与清代历史考据学——崭新治史方法的出现"，并从普遍归纳证据、反复批评证据、精确提出证据、审慎组合证据、重视直接证据等几个方面，论述了顾炎武的考据思想和考据方法②。有的史学史研究在"反对专制主义倾向"这一主题之下，对黄宗羲、王夫之、顾炎武的思想作综合性研究，着重指出"顾炎武认为'国'和'天下'是两个不同的概念"，反映了政治内涵和文化内涵的区别③。还有史学史研究对顾炎武的学术作了较全面的考察，包括对顾炎武"两巨著"即《天下郡国利病书》和《日知录》的分析，对顾炎武的"政治思想和社会经济思想"的分析，以及对顾炎武"治史方法"的分析；其于"政治思想和社会经济思想"领域，则着重剖析顾炎武"倡清议以正风俗""寓封建于郡县""废生员，行选举"等几个方面的意义④。以上这些学术见解，一方面反映了研究者从不同的学术领域对顾炎武研究提出各自的看法；另一方面，也反映了关于顾炎武研究空间的广阔。

近年来，关于顾炎武研究的论文，亦如上述有关专书一样，其着眼点亦不尽相同，各抒己见，都有不同程度、不同研究侧面的参考价值⑤。而关于顾炎武政治思想的研究，受到较多的关注，其中《论顾炎武在"郡县"等七篇政治论文中提出的社会问题》一文，尤具代表性。这篇论文有两个突出的特点：一是把顾炎武、黄宗羲、王夫之这三位思想家和史学家所处的时代背景及历史发

---

① 张岂之主编：《中国思想文化史》，北京：高等教育出版社2013年版，第417—425页。
② 杜维运：《中国史学史（三）》，中国台北：三民书局股份有限公司2004年版，第207—224页。
③ 尹达主编：《中国史学发展史》，郑州：中州古籍出版社1985年版，第430—433页。
④ 陶懋炳：《中国古代史学史略》，长沙：湖南人民出版社1987年版，第430—438页。
⑤ 如李洵：《论顾炎武在"郡县"等七篇政治论文中提出的社会问题》，《史学集刊》1983年第1期。相关论文还有：许苏民：《论顾炎武政治思想的三大理论特色》，见《湖北社会科学》2006年第8期；李少波：《顾炎武政治思想的成就及其内在缺陷》，见《第十一届明史国际学术讨论会论文集》（2005年）；郝润华：《从〈日知录〉一书看顾炎武的政治思想》，见《甘肃理论学刊》1991年第6期等。按：邹贤俊在20世纪60年代初发表长篇论文《顾炎武的史学》，就"顾炎武史论的历史价值""顾炎武在历史编纂学上的贡献""顾炎武的历史考据"等三个问题作了深入论述，是当时顾炎武史学研究的代表性论文（见《北京师范大学学报》1961年第1期）。

展趋势，交待得十分清晰；二是把顾炎武的"郡县"等七篇政治论文的核心思想概括得十分准确，读来颇受启发。作者在此文结束时这样写道："顾炎武在17世纪中叶提出的社会问题，是中国封建社会发生变动和资本主义萌芽有所发展的反映。后来，随着封建制（社会）又趋稳定，这些社会问题也随着变了样，在19世纪以前，很少有人再去注意它、讨论它。"①在这里，作者的历史感慨渗透于字里行间。

当然，我们也可以换一种思维方式，即从鸟瞰历史进程、总结历史经验教训来看待顾炎武的"'郡县'等七篇政治论文中提出的社会问题"，进而揭示这些"政治论文"的历史价值，即"在他的文集中，《钱粮论》《郡县论》《生员论》《军制论》《形势论》《田功论》《钱法论》等七篇，是他总结历史经验，对于政治制度、军事制度、财政和选举的专门论述，表达了他的经世致用的几个方面"。②这样，一方面，我们可以从它们讨论的"去向"上判断它们的成就与局限；另一方面，我们也可以从它们讨论的"来程"上评价它们的进步性与保守性。

本文试图在前贤与当代同行研究的基础上，就顾炎武的社会理想及其政治学说，提出一点粗浅的认识，希望能够起到某种拾遗补阙的作用。

一、"厚民生，强国势"："寓封建之意于郡县之中"的主旨

顾炎武的社会理想，首先是着眼于对历代政治体制运行轨迹的考察，并从理论上加以概括，进而作出明确的判断。

《郡县论一》开宗明义指出："知封建之所以变而为郡县，则知郡县之敝而将复变。然则将复变而为封建乎？曰：不能。有圣人起，寓封建之意于郡县之中，而天下治矣。"③这是顾炎武社会理想的基本出发点，即"天下治矣"。他进一步阐明他的社会理想和政治主张，这就是："然则尊令长之秩，而予之以生财治人之权，罢监司之任，设世官之奖，行辟属之法，所谓寓封建之意于郡县之中，而二千年以来之敝可以复振。后之君苟欲厚民生，强国势，

---

① 李洵：《论顾炎武在"郡县"等七篇政治论文中提出的社会问题》，《史学集刊》1983年第1期，第7页。
② 白寿彝：《中国史学史（一）》，上海：上海人民出版社1986年版，第81—82页。
③ 顾炎武：《顾亭林诗文集》，北京：中华书局1983年版，第12页。

则必用吾言矣。"①

在中国历史上，自秦汉以下以至宋、元、明，"封建制"即分封制与郡县制的争论时起时伏，伴随着历代政治运行体制轨迹，始终未曾消失。三国时期曹冏作《六代论》，总结夏、殷、周、秦、汉的历史经验教训，认为曹魏的政治形势是："子弟王空虚之地，君有不使之民，宗室窜于闾阎，不闻邦国之政；权均匹夫，势齐凡庶，内无深根不拔之固，外无盘石宗盟之助，非所以安社稷，为百代之业也。"②一言以蔽之，即没有实行分封制拱卫朝廷。西晋时陆机撰《五等论》，认为分封制是治世的基础，郡县制是乱世的根源③。可见，在朝代频繁更迭之时，人们认为分封制是"百代之业"的保证。唐朝建立不久，有人向唐太宗提出分封宗室、大臣的建议，遭到许多大臣的反对，如李百药、马周先后上疏，均言分封之制不可恢复④。这表明，魏晋南北朝至唐初，分封制与郡县制孰是孰非的问题，存在两种截然相反的认识。

中唐时期，节度使势力膨胀，出现藩镇割据局面，以致形成尾大不掉之势，再次引发人们对于历史上分封制和郡县制孰优孰劣的思考。在这种历史背景下，思想家、文学家、史论家柳宗元写出了他的名篇《封建论》，反复论证"封建非圣人之意，势也。"同时以具体的历史事实证明：在汉代，"时则有叛国，而无叛郡"；在唐代，"时则有叛将，而无叛州，州县之设，固不可革也。""失在于政，不在于制，秦事然也。"⑤这是把周、秦、汉、唐的历史经验教训都讲到了，具有极大的说服力。宋人苏轼高度赞扬柳宗元的《封建论》，在一则名为《秦废封建》的文中认为："昔之论'封建'者，曹元植（按即曹冏）、陆机、刘颂，及唐太宗时魏徵、李百药、颜师古，其后有刘秩、杜佑、柳宗元。宗元论出，而诸家之论废矣，虽圣人复起，不能易也。"⑥显然，在苏轼之前，还不曾出现综合论述分封制与郡县制之优劣的议论，因为发论之人，大多是从自身所处的历史环境和自身利益来作出判断的。

但是，到了顾炎武所处时代，他从对以往历史的全面考察中，对政治权力

① 顾炎武：《顾亭林诗文集》，北京：中华书局1983年版，第12页。
② 萧统：《文选》，北京：中华书局1977年版，第721—725页。
③ 萧统：《文选》，北京：中华书局1977年版，第742—745页。
④ 吴兢：《贞观政要》，上海：上海人民出版社1978年版，第98—111页。
⑤ 柳宗元：《柳河东集》（上），上海：上海人民出版社1974年版，第46页。
⑥ 苏轼：《东坡志林》，北京：中华书局2002年版。

的分配与使用作了较理性的分析,揭示出分封制与郡县制在一定的历史条件下并非完全对立,二者可以互补,进而形成另一种政治体制,即"寓封建之意于郡县之中"。人们的社会存在决定人们的思想,由于顾炎武处在专制主义中央集权高度发展的时期,对于专制主义中央集权的弊端比前人看得更加清楚,故而他能站在更高的认识层面上判断这两种政治体制在历代政治运行中的弊端,这就是:"封建之失,其专在下;郡县之失,其专在上。"[①]因此,寻求新的政治体制,就必须改变"其专在下"和"其专在上"的现象,使其形成合理的权力分配的政治局面。所谓"寓封建之意于郡县之中",就是在郡县制的框架下,适当限制或削弱朝廷专权,同时赋予地方一定程度的权力,使其根据当地的实际情况有所作为,从而达到"厚民生,强国势"的目的。这样看来,苏轼所说的对于郡县制"虽圣人复起,不能易也"的观点,就不免过于武断了。从学术史和政治思想史来看,顾炎武这位新的"圣人"就改变了并且发展了柳宗元的《封建论》。

顾炎武说的"富民生,强国势",是其"寓封建之意于郡县之中"的主旨,可以看作是他的社会理想。从历史上看,一些有重大影响的史学家都有类似的社会理想。司马迁说:"扶义俶傥,不令己失时,立功名于天下,作七十列传。"[②]这是他心目中的历史人物,他借此表达了自己的社会理想。唐代史学家杜佑,"以富国安人(民)之术为己任"[③],这是他把"富国安民"作为社会理想。宋代史学家司马光主编《资治通鉴》,他在《进书表》中明确指出,此书"专取关国家盛衰、系生民休戚,善可为法、恶可为戒"[④]者入史。顾炎武说的"厚民生,强国势"同这里说的"富国安民","国家盛衰,生民休戚"是一脉相承的,反映了这些优秀史学家的见识和胸怀。

二、关于推行"世官"制度的设想

顾炎武的"寓封建之意于郡县之中"的一个具体设想,即实行地方官制的改革:改知县为县令,如其称职,可为"世官",任职终身,退休后可举子弟

[①] 顾炎武:《顾亭林诗文集》,北京:中华书局1983年版,第12页。
[②] 司马迁:《史记》,北京:中华书局1959年版,第3319页。
[③] 刘昫等:《旧唐书》,北京:中华书局1975年版,第3982页。
[④] 司马光主编:《资治通鉴》,北京:中华书局1956年版,第9607页。

或他人代之。这就是说，在郡县制的体制下，县令之职可袭用分封制下所特有的世袭制并作适当变通。

顾炎武对于这种"世官"制度以及与此相关的措施，提出了一些基本原则和操作程序：

第一，选拔与考核。首先是提高品级："改知县为五品官，正其名曰县令。"其次是选拔那些对一方社会情况熟悉者予以任用："任是职者，必用千里以内习其风土之人"。再次是每三年一考核，如十二年中经过四次不同程度的考核均为"称职"者，"进阶益禄，任之终身"。

第二，继任者，以世袭与荐举相结合。具体做法是："其老疾乞休者，举子若弟代，不举子若弟，举他人者听"；所举之人如在十二年中经过每三年一考核而"称职"者，"如上法"。可见，这是一种世袭与前任荐举相结合的县令"世官"制度。与此直接相关的是，县令的副手丞，由吏部"选授"，丞任职九年以上可以补令。这是县令的又一任职途径，是否也可以看作是朝廷监督地方的一种措施。丞以下的各种名目的属官、小吏，均由县令自择，只需向吏部备案即可。

第三，重赏与重罚相结合。顾炎武主张，对于县令，朝廷实行重赏重罚相结合的管理方法："令有得罪于民者，小则流，大则杀；其称职者，既家于县，则除其本籍。"顾炎武所期待的政治秩序是："夫使天下之为县令者，不得迁又不得归，其身与县终，而子孙世世处焉。不称职者流，贪以败官者杀。夫居则为县宰，去则为流人，赏则为世官，罚则为斩绞，岂有不勉而为良吏者哉！"①

在顾炎武的政治学说中，对这种"世官"的"称职"有很高的期待，他这样写道："何谓称职？曰：土地辟，田野治，树木蕃，沟洫修，城郭固，仓廪实、学校兴、盗贼屏，戎器完，而其大者则人民乐业而已。"②这里说的诸多要求，都是很高的标准，而以"人民乐业"为指归。当然，县令可以责成县丞及县丞以下的属官分头掌管有关事务，但对任何一项事务负责者都是县令本人。换言之，凡上述诸项事务，县令必须亲自过问并作出决定，为的是避免凡事皆"政出多门"，效率低下，无补于事。顾炎武以一比喻而作出这样的结

---

① 顾炎武：《顾亭林诗文集》，北京：中华书局1983年版，第13页。
② 顾炎武：《顾亭林诗文集》，北京：中华书局1983年版，第13页。

论："故马以一圉人而肥，民以一令而乐。"①

顾炎武为了表明此种"世官"身份的县令制度的可行性，还自我设问，对"无监司，令不已重乎"，"子弟代，无乃专乎"，"千里以内之人，不私其亲故乎"等质疑，一一作了辨析②。同时顾炎武还从"公"与"私"的辩证关系，进一步从理论上论证这种"世官"制度的合理性："自令言之，私也；自天子言之，所求乎治天下者，如是焉止矣。"换句话说，"为其私，所以为天子也。故天下之私，天子之公也"。③当然，这里包含着一个前提，即天子是天下之公的代表。

三、精简驿递、驳勘、迎候等冗政，提高行政效率

顾炎武从他所处时代的社会状况出发，强调改革的必要性，在《郡县论六》的开篇，一针见血地指出："今天下之患，莫大乎贫。"④为了说明致贫的原因，顾炎武列举了两件事例以证其说。

其一，"且以马言之：天下驿站往来，以及州县上计京师，白事司府，迎候上官，递送文书，及庶人在官府所用之马，一岁无虑百万匹，其行无虑万万里"。⑤顾炎武认为，如减少六七成"驿递往来"诸事，则西北之马不可胜用。

其二，"以文册言之：一事必报数衙门，往复驳勘必数次，以及迎候、生辰、拜贺之用，其纸料之费率诸民者，岁不下百万"。顾炎武认为，凡此减去七八成，既提高了行政效率，"而东南之竹箭不可胜用矣。他物之称是者，不可悉数。……而田功之获，果蓏之收，六畜之孳（滋），材木之茂，五年之中必当倍益"。⑥顾炎武进而谈到矿业，认为："今有矿焉，天子开之，是发金于五达之衢也；县令开之，是发金于堂室之内也。利尽山泽而不取诸民，故曰此富国之策也。"⑦

---

① 顾炎武：《顾亭林诗文集》，北京：中华书局1983年版，第14页。
② 顾炎武：《顾亭林诗文集》，北京：中华书局1983年版，第14页。
③ 顾炎武：《顾亭林诗文集》，北京：中华书局1983年版，第15页。
④ 顾炎武：《顾亭林诗文集》，北京：中华书局1983年版，第15页。
⑤ 顾炎武：《顾亭林诗文集》，北京：中华书局1983年版，第15页。
⑥ 顾炎武：《顾亭林诗文集》，北京：中华书局1983年版，第15页。
⑦ 顾炎武：《顾亭林诗文集》，北京：中华书局1983年版，第15页。

顾炎武非常自信地写道："用吾之说，则五年而小康，十年而大富。"①显然，这个判断太过于夸大了。应当指出的是，他对于"驿递往来"所办之事，以及"一事必报数衙门，往复驳勘必数次"等烦琐冗事的批评，是十分尖锐的，但他对于"迎候、生辰、拜贺"之风，仅从"纸料之费率诸民者"着眼，而对于这些官场活动中的贪污腐败行为则未曾触及，这就把大事化小了，甚至可以说是避重就轻了。以顾炎武的博学和智慧，他是不会如此简单地来揭示"今天下之患，莫大于贫"的问题的。而他说的富国之策，亦显得过于简单。但可贵的是，他毕竟揭示了朝廷与地方之间，以及上下级官员之间存在的种种弊端。

为了扩大地方的行政、财政权力，顾炎武写道："法之敝也，莫甚乎以东州之饷，而给西边之兵；以南郡之粮，而济北方之驿。"为避免大规模的转运、调配，顾炎武提出了一些设想，其基本做法是："一切归于其县，量其冲僻，衡其繁简，使一县之用，常宽然有余。"一是官禄"亦不使之溢于常数"；二是"则壤定赋"；三是"若尽一县之入用之而犹不足，然后以他县之赋益之，名为协济"；四是"天子之财，不可以为常额"。顾炎武认为："行此十年，必无尽一县之入用之而犹不足者也。"②顾炎武的设想固然很好，但中国地域之广，各地经济发展不平衡，要完全避免东西南北的转运、调配，绝非易事。此其一。其二，县与县之间的"协济"之法，实施起来，必有不少障碍和困难。其三，"天子之财，不可以为常额"，亦非地方官员可以确定。因此，顾炎武所论克服"法之敝也"的种种设想，行之亦难。

顾炎武还论及选拔人才的设想，他在《郡县论九》中明确表明"取士之制"，可略用"古人乡举里选之意"与"唐人身言书判之法"，每县隔年荐举一人参与部试，以成绩高下分别任职。学校师资由县令与该县士人共商聘任，"谓之师不谓之官"。对于如何充分发挥人才的作用，顾炎武的设想是："夫天下之士，有道德而不愿仕者，则为人师；有学术才能而思自见于世者，其县令得而举之，三府得而辟之，其亦可以无失士矣。"这些设想表明：人才的选拔、荐举，学校的兴办，也都是作为"世官"的县令的责任。顾炎武对他设想的这种人才选拔制度作了这样的概括："化天下之士使之不竞于功名，王治之

---

① 顾炎武：《顾亭林诗文集》，北京：中华书局1983年版，第15页。
② 顾炎武：《顾亭林诗文集》，北京：中华书局1983年版，第16页。

大者也。"①

四、改革"病民""病国"的赋税制度

如果说《郡县论》集中反映了顾炎武的政治体制改革思想的话，那么他的《钱粮论》（上下），则集中反映了他关于改革"病民""病国"的赋税制度的见解。

顾炎武研究历史、考察社会，以"厚民生，强国势"为其根本并不是空谈理论，而是结合历史经验和社会现实，或揭示存在之弊端，或提出改革之设想，处处闪烁着经世致用的治学宗旨。他关于"苏松二府田赋之重"的认识，引丘濬《大学衍义补》转述韩愈"赋出天下，而江南居十九"的论点，并以现实材料为之论证发挥，把韩愈、丘濬等人的认识贯穿起来，得出了令人信服的结论②。《钱粮论》所揭示的"病民""病国"的根源，是官府令农民以银缴纳赋税，而农民无银纳赋而造成种种社会悲剧。顾炎武从实地考察中发现：

> 往在山东，见登、莱并海之人多言谷贱，处山僻不得银以输官。今来关中，自鄠以西至于岐下，则岁甚登，谷甚多，而民且相率卖其妻子。至征粮之日，则村民毕出，谓之人市。问其长吏，则曰，一县之鬻于军营而请印者，岁近千人，其逃亡或自尽者，又不知凡几也。何以故？则有谷而无银也。所获非所输也，所求非所出也。③

山东登、莱两地农民无银输官，或许地处偏僻，商贾往来不多所致；那么为什么关中地区在"岁甚丰，谷甚多"的年代，甚至出现"民且相率卖其妻子"以至于"逃亡""自尽"的惨象呢？从历史上看，这是"唐、宋之季所未尝有也"的现象。原因很简单：农民"有谷而无银"，无法向官府缴纳田赋。换言之，即"所获非所输也，所求非所出也"，这就形成了极大的反差和无法解决的社会矛盾。

对于这种反差和矛盾，顾炎武试图从历史上寻求解决问题的答案。他认为：唐代税法实行两税法以前，国家"所取于民者，粟帛而已"；两税法的实

---

① 顾炎武：《顾亭林诗文集》，北京：中华书局1983年版，第17页。
② 顾炎武著，黄汝诚集释：《日知录》，长沙：岳麓书社1994年版，第359—370页。
③ 顾炎武：《顾亭林诗文集》，北京：中华书局1983年版，第17页。

行,"始改而征钱"。宋仁宗时,因地而异,"诸路岁输缗钱,福建、二广以银,江东以帛"。金哀宗时,"民但以银市易而不铸"。"至于今日,上下通行而忘其所自","然则国赋之用银,盖不过二三百年间尔"。这是一个从征粟、帛到征钱,从征钱到征银的国赋征收过程,其中也还有因地而异的灵活处置的做法。顾炎武尤其称赞唐朝的"杨于陵之议",肯定其任户部尚书时,"令两税等钱皆易以布帛丝纩,而民便之"①的做法。

诚然,从劳役地租发展到实物地租,再从实物地租过渡到货币地租,这是地租形态也是国家赋税形态发展的规律,是不以人的意志为转移的。顾炎武所提出的问题的本质在于:在当时条件下,"天地之间,银不益增而赋则加倍,此不供之数也"。在这种情况下,官府以至朝廷令民以银纳赋,实为荒唐无理之举。顾炎武对此作了形象的比喻,说这是"树谷而征银,是畜羊而求马也"。又说,这种"倚银而富国,是恃酒而充饥也;以此自愚,而其敝至于国与民交尽,是其计出唐、宋之季诸臣之下也"②。于是,顾炎武结合历史上某些朝代或某些大臣的灵活做法,感慨地大声疾呼:"以此必不可得者病民,而卒至于病国,则曷若度土地之宜,权岁入之数,酌转般之法,而通融乎其间?"③不难想象,顾炎武写这几句话时,心情是多么沉重。

值得注意的是,顾炎武在这里所表现出的一些认识,同《日知录》中所述是可以互为印证的。在《日知录》中,顾炎武详细考察了中国古代用银的历史过程,进而带有讽刺意味地写道:"今民间输官之物皆用银,而犹谓之钱粮,盖承宋代之名,当时上下皆用钱也。"同时,他也称赞那些能够从实际情况出发,作出某种变通的决策,他举出如下一个实例,写道:

> 正统十一年九月壬午,巡抚直隶工部左侍郎周忱言:"各处被灾,恐预备仓储赈济不敷,请以折银粮税悉征本色,于各仓收贮,俟青黄不接之际,出粜于民,以所得银上纳京库,则官既不损,民亦得济。"从之。此文襄权宜变通之法,所以为一代能臣也。④

---

① 顾炎武:《顾亭林诗文集》,北京:中华书局1983年版,第18页。
② 顾炎武:《顾亭林诗文集》,北京:中华书局1983年版,第19页。
③ 顾炎武:《顾亭林诗文集》,北京:中华书局1983年版,第18页。
④ 顾炎武著,黄汝诚集释:《日知录》,长沙:岳麓书社1994年版,第397页。

在顾炎武看来，"权宜变通之法"确是矫正某些弊政的途径之一，只有"一代能臣"方有些胆略。

官府令民以银为赋，已是弊政，顾炎武对此分析至深至切。然而伴随这一弊政的还有"火耗"之说。顾炎武写道：

> 呜呼！自古以来，有国者之取于民为已悉矣，然不闻有火耗之说。火耗之所由名，其起于征银之代乎？此所谓正赋十而余赋三者与？此所谓国中饱而奸吏富者与？此国家之所峻防，而污官猾胥之所世守，以为子孙之宝者与？此穷民之根，匮财之源，启盗之门，而庸愞在位之人所目睹而不救者与？①

这一段话，把"火耗"的由来、"火耗"的本质、"火耗"的危害，揭示得淋漓尽致。

所谓"火耗"，是指弥补所征赋税银两熔铸所耗的加征。按常规，银两熔铸过程中的损耗在百分之一二，而明代的"火耗"却高达百分之二三十，高出正常损耗一二十倍，这显然是在巧取豪夺基础上的再度巧取豪夺。此外，还有所谓"羡余"和"常例"等杂赋，也已成为常态，"责之以不得不为，护之以不可破，而生民之困，未有甚于此时者矣"。②这种情况不改革，顾炎武所憧憬的"富民生"的社会理想，就成为一句空话了。这或许正是顾炎武要撰写《钱粮论》的原因。

五、多途取士，选拔"实用之人"

顾炎武所设想的实行"世官"制度的政治改革即"寓封建之意于郡县之中"，以及改革国赋以银的赋税制度，在他看来，能够真正有效推行这种改革和制度的人，只有类似杨于陵、周忱这样的"一代能臣"才能做到。而他所见所闻所读到的明朝的生员制度，是造就不出这种人才的。他不无感慨地写道：

> 使枚乘、相如而习今日之经义，则必不能发其文章；使管仲、孙武而读今日之科条，则必不能运其权略。故法令者，败坏人才之具。以防奸宄，而得之者十三；以沮豪杰，而失之者常十七矣。

---

① 顾炎武：《顾亭林诗文集》，北京：中华书局1983年版，第19页。
② 顾炎武：《顾亭林诗文集》，北京：中华书局1983年版，第19页。

他还说:"自万历以上,法令繁而辅之以教化,故其治犹为小康。万历以后,法令存而教化亡,于是机变日增,而材能日减。"①

基于这一认识,顾炎武作《生员论》上、中、下三篇,一方面对当时实行的生员制度作深入的剖析,一方面提出改革这种弊制的途径和方法。《生员论》上篇开宗明义写道:"国家之所以设生员者何哉?盖以收天下之才俊子弟,养之于庠序之中,使之成德达材,明先王之道,通当世之务,出为公卿大夫,与天子分猷共治者也。"但是,现今全国有生员不下五十万人,他们所学习的,都是应付考试的"场屋之文","然求其成文者,数十人不得一;通经知古今,可为天子用者,数千人不得一也"。这是因为,生员之中有十分之七的人不是为了建功立业,而是为"保身家"。所谓"保身家",一是可以"免于编氓之役,不受侵于里胥",二是"齿于衣冠,得于礼见长官,而无笞、捶之辱"。这样享有一个特权的生员群体显然同设科取士的初衷相悖。因此,顾炎武果断地提出:"请一切罢之,而别为其制。"②这是对隋唐以来实行了约千年的科举制度的大胆挑战。

顾炎武改革生员制度的途径和方法是:选择通《五经》之士,并以"二十一史与当世之务"考核合格,"如此而国有实用之人,邑有通经之士,其人材必盛于今日也"。③至于那些一心只为"保身家"之人,则可仿效历史上的"买爵"之法,"入粟拜爵,其名尚公,非若鬻诸生以乱学者之为害也"。顾炎武把上述两种办法概括为:"夫立功名与保身家,二途也;收俊义与恤平人,二术也,并行而不相悖也。"④面对五十万生员的庞大队伍,顾炎武提出的这种做法,虽有对旧习妥协之嫌,但在当时或许就是两全之策了。

顾炎武之所以提出对当时的生员制度进行改革,是因为他对这一制度的危害之深之大,看得再清楚不过了。他认为:"天下之病者有三:曰乡宦,曰生员,曰吏胥。是三者,法皆得以复其户,而无杂泛之差,于是杂泛之差,皆尽归于小民。"⑤他进而指出:"病民之尤者,生员也。"这不仅是因为生员的<u>数量多,</u>且其能量也大,危害极广。顾炎武这样胪列生员的危害:

① 顾炎武著,黄汝诚集释:《日知录》,长沙:岳麓书社1994年版,第313页。
② 顾炎武:《顾亭林诗文集》,北京:中华书局1983年版,第21页。
③ 顾炎武:《顾亭林诗文集》,北京:中华书局1983年版,第22页。
④ 顾炎武:《顾亭林诗文集》,北京:中华书局1983年版,第22页。
⑤ 顾炎武:《顾亭林诗文集》,北京:中华书局1983年版,第22—23页。

> 今天下之出入公门以挠官府之政者，生员也；倚势以武断于乡里者，生员也；与胥吏为缘，甚有身自为胥吏者，生员也；官府一拂其意，则群起而哄者，生员也；把持官府之阴事，而与之为市者，生员也。[1]

生员作为科举取士制度的后备群体，竟然有如此广泛的危害，恐非身处其境者不能有此深刻的认识与剖析。正因为如此，顾炎武敢于断言："废天下之生员而官府之政清，废天下之生员而百姓之困苏，废天下之生员而门户之习除，废天下之生员而用世之材出。"[2]任何合适的与可行的政策、制度，任何得力的措施，都必须由合适的、得力的人去执行，顾炎武所说的"用世之材"实为关键，这也是《生员论》的核心思想。

在人才问题上，顾炎武有多方面的思考与主张，除主张改变旧有生员之格局，将其"分流"为"立功名与保身家""收俊乂与恤平人"二途、二术外，提出可仿效历史上的"辟举之法"，使其与"生儒之制"并存，从而达到"天下之人，无问其生员与否，皆得举而荐之于朝廷，则我之多收者，既已博矣"。[3]他进而具体筹划，认为辟举之人，小郡可十人，大郡不超过四十人；小县可三人，大县不超过二十人，宁阙勿滥。若阙至二三人时，可选拔"通经能文者补之"。顾炎武强调不拘一格选拔人才的理念和做法，认为："夫取士以佑人主理国家，而仅出于一途，未有不弊者也。"从另一方面来看，由于"辟举之法"的施行，"则天下之为生员者少矣。少则人重之，而其人亦知自重"[4]，此亦不失为提高生员自身素质与社会影响的良方。

要之，顾炎武的《生员论》三篇，集中反映了他的人才思想。这一思想，一则源于当时社会的乱象，尤其是这一无作为而有特权的"今日之生员"一群体；二则源于对历史经验即荐举制度的借鉴。

六、"乙酉四论"的理论价值

如果说顾炎武的《郡县论》《钱粮论》《生员论》，是从明朝以前的全部

---

[1] 顾炎武：《顾亭林诗文集》，北京：中华书局1983年版，第22页。
[2] 顾炎武：《顾亭林诗文集》，北京：中华书局1983年版，第22页。
[3] 顾炎武：《顾亭林诗文集》，北京：中华书局1983年版，第24页。
[4] 顾炎武：《顾亭林诗文集》，北京：中华书局1983年版，第24页。

历史进程结合当时的现状来看待明朝的政治统治及其存在的社会问题，并总结历史经验教训以为当世所用的话，那么，他在乙酉之年（1645）所撰写的《军制论》《形势论》《田功论》《钱法论》"四论"，则是从南明的现实出发并凭借其对历史的洞察和时势的判断所提出的几个方面的策略。诚如有的研究者所概括的那样："顾氏的'乙酉四论'，基本上也是从南明偏安一隅为前提而写的偏安策。"①可以认为，顾炎武的《郡县论》《钱粮论》《生员论》承载着历史的积淀而从中泉涌出丰富的历史智慧，他的"乙酉四论"是针对南明政权所面临的形势而"求助"于历史经验。前者和后者，在顾炎武来说，都是他的经世致用的治学宗旨的反映，但它们在理解历史和现实的关系上，仍有其不同之处：前者是从历史进程（即过去的现实）到寻求历史法则，再到当前的现实；后者是从当前现实的需要到寻求历史的参照，再回到当前现实的需要。

这种情况，正是顾炎武所经历的朝代更迭的历史变动所决定的。清代史家章学诚说得好："不知古人之世，不可妄论古人文辞也；知其世矣，不知古人之身处，亦不可以遽论其文也。"②对于顾炎武的"乙酉四论"正应以这一原则看待。一方面，从南明政权面临的状况来看，以顾炎武所处之"世"及其"身处"来看，他的这四篇政治论文确是一份"偏安策"的具体反映。尽管这四论并未完全得以付诸实施，但也不能因此而掩盖顾炎武在当时历史条件下为人的原则和治学的宗旨。

另一方面，从超越南明政权的整个历史进程来看，顾炎武的《军制论》强调兵制的整顿和改革而提高军队的作战能力；他的《形势论》从本质上说，是阐述"战守有余地"的原则；他的《田功论》讲的是垦田、积粟、强兵三者关系的道理；他的《钱法论》似可视为《钱粮论》的姊妹篇，它们虽撰于不同的时间、不同的环境，但都是探讨有关财政问题，尤其是货币问题。这些问题，是南明政权之下人们关注的问题，因而具有一定的实际意义；同时，在一般的历史条件下，这些问题也都是政治家、思想家、史学家所关注的重大问题而具有广泛的意义。可以这样认为，从考察顾炎武的政治学说的视角出发来看待他的"乙酉四论"，其理论价值要胜过其在当时的实际意义。

---

① 李洵：《论顾炎武在"郡县"等七篇政治论文中提出的社会问题》，《史学集刊》，1983年第1期。
② 章学诚：《文史通义》，北京：中华书局1994年版，第278—279页。

概括说来，判断"乙酉四论"的价值和意义，既要看到它们产生于南明政权这一政治环境，同时也要从一般的理论层面作出评价。

结 语

顾炎武的《郡县论》九篇，从朝廷与地方关系的层面反映了他的社会理想及政治学说。其社会理想是"厚民生，强国势"；其政治学说的核心是矫正"封建之失，其专在下；郡县之失，其专在上"的历史积弊。其论述重点，是关于在郡县制的体制下推行县令的"世官"制度，以最终实现他的社会理想。《钱粮论》和《生员论》是从财政、选举这两个方面对《郡县论》的补充与延伸，"乙酉四论"是从一个特定的视角反映了顾炎武的经世致用学术宗旨，与上述三论亦有内在联系。

应当指出，顾炎武的《郡县论》是继柳宗元《封建论》之后的又一篇大文章。如果说，柳宗元的《封建论》说的是郡县制代替封建制的必然性的话；那么，顾炎武的《郡县论》则是论证"寓封建之意于郡县之中"的合理性，亦即在郡县制的政治体制之下实行县令的"世官"制度。从本质上看，这是一种在地方政治机构中有限度地吸收分封制中所特有的世袭制。

柳宗元纵观历史，总结出来一条基本经验，即郡县制之下，"有叛国（按指封国），而无叛郡"；而当节度使演变成藩镇的世袭制之下，则"有叛将，而无叛州"[①]，这是着眼于政治大局。顾炎武经历了明代的高度中央集权，从朝廷到地方及基层，整个社会处于专制主义中央集权的控制之下，因此他作了这样的总结："方今郡县之敝已极，而无圣人出焉，尚一一仍其故事，此民生之所以日贫，中国之所以日弱而益趋于乱也。"[②]显然，他所设想的县令的"世官"制，是着眼于"民生"进而改变国家之"弱"与"乱"的趋势。从具体的历史条件来看，柳、顾所论都有其合理性。他们的主要区别是：柳着重于中央政治，顾着重于地方权限。其中饶有兴味的是，柳宗元著《封建论》，却是说"郡县制"的合理性；顾炎武著《郡县论》，反倒意在申述"封建制"的可借鉴性。

那么，顾炎武所设想的"世官"性质的县令制度，是否可行呢？推行这种

---

① 柳宗元：《柳河东集》（上），上海：上海人民出版社1974年版，第46页。
② 顾炎武：《顾亭林诗文集》，北京：中华书局1983年版，第12页。

制度，是否可以改变民贫、国弱的局面呢？其实，这里也还有不少尚待研究的问题。一是对于"世官"制度的理想化：如县令（首先作为"试官"）的选拔、委派，每三年的考核，"世官"身份的确定等，都不会受到来自任何方面的干扰。二是对于县令道德、能力的理想化：如县令果真能对"私"与"公"合理处置，既能把县令一家之"私"与一县之"公"结合得好，又能把一县之"私"与天下之"公"结合得好。三是县令的传承和荐举，既无县令一家内部的矛盾、纷争，又无举荐中可能出现的种种弊端等。而这些前提，在历史上曾经实行过不同类型的分封制之下，都是难以具备的。县令自身，以及郡守、御史如何杜绝这些现象的出现，这是"世官"制度必然要碰到的最严重的、难以逾越的障碍。

更重要的是，在专制主义中央集权体制下，朝廷的赋税收入是县令听命于朝廷，还是朝廷任凭县令自定额度上缴？这是关乎朝廷与地方关系的实质性问题之一。由此推而言之，顾炎武《郡县论》反映出来的政治学说，主要倾向着眼于改革地方政治，并涉及财政、学校、人才等诸多方面，但对朝廷及府州一级政治机构极少涉及，对县与府、州以及朝廷的关系亦言之不详，在这种情况下，推行"世官"性质的县令制度，也只能是一种理想的政治学说罢了。在这里，既包含着改革与折衷，也反映了进步与保守。但顾炎武毕竟抱着"感四国之多虞，耻经生之寡术"[①]的情怀，站在历史认识的高度，审视社会发展的趋势，从正反两个方面提出"其专在上"与"其专在下"的政治体制中的历史经验教训，希冀有所改变，确具有重要的理论价值和启示意义。

（原载《苏州大学学报》2013年第5期）

---

① 顾炎武：《顾亭林诗文集》，北京：中华书局1983年版，第131页。

阮元和历史文献学

在中国学术文化史上，清代乾嘉学派即所谓汉学派以主要在古籍和史料的整理、考订方面的成就，而具有鲜明的特点。从历史文献学的观点来看，它在这方面的成就，自亦具有不可忽视的价值。主要在嘉、道年间致力于学术文化事业的阮元，正是从历史文献学方面总结了这个学派的成就的最后一个汉学大师。

侯外庐先生指出："阮元是扮演了总结18世纪汉学思潮的角色，……是一个在最后倡导汉学学风的人，……如果说焦循是在学说体系上清算乾嘉汉学的思想，则阮元是在汇刻编纂上结束汉学的成绩。"①我以为这个论断是正确的。而总结阮元在历史文献学方面的成就，不仅对于说明汉学的特点和学风是必要的，而且对于清理和认识中国历史文献学在这一发展阶段的某些具体问题也是必要的。

一

阮元（1764—1849）字伯元，号芸台，江苏仪征人。死后赐谥文达，后人多称他文达先生。阮元从乾隆五十四年（1789）入仕，至道光十八年（1838）致仕，整整五十年仕途，历任编修、詹事、督山东学政及浙江学政、浙江巡抚、河南巡抚、江西巡抚、湖广总督、两广总督、云贵总督、体仁阁大学士等职。他的学术活动，亦大致跟他的宦途生活相始终。

阮元能够在清代学术文化上做出贡献，一是他"少治六经"，出于对经学的爱好和推崇；二是少年得志，借助于他的官僚身份和声望；三是他善于做学术组织工作。没有这三个条件的结合，阮元在清代学术史上的地位将是另外一

---

① 侯外庐主编：《中国思想通史》第5卷，北京：人民出版社1956年版，第577页。

种样子。他的学术组织工作，包括讲学、撰述和刻书三个方面，在乾、嘉、道年间学术文化的发展中成为万流景仰的事业。

在讲学方面。阮元任浙江巡抚时，于嘉庆四年（1799）在杭州西湖孤山之麓创立诂经精舍书院，"选两浙诸生学古者，读书其中"。阮元说："精舍者，汉学生徒所居名；诂经者，不忘旧业且勗新知也。"①这表明，诂经精舍是一个讲习汉学的中心。舍中奉祀许慎、郑玄木主，以示对东汉经师的尊崇。阮元又请王昶、孙星衍为主讲，所讲内容涉及十三经、三史，旁及小学、天部、地理、算法、词章；不重章句而重识见，对诸生"不用扃试糊名之法"，"各听搜讨书传条对，以观其识"，是故时人谓之"国初前辈之风。复见今日"②。此后若干年里，诂经精舍成了讲习汉学的中心和培养古学识拔之士的中心，影响广大而久远。嘉庆二十二年（1817），阮元由湖广总督调任两广总督后，又在广州创立学海堂书院，并于道光四年（1824）在风景秀丽的粤秀山新建了学海堂舍址。阮元说：以"学海堂"为名，其意有二，一是取东汉何休"学无不通，进退忠直，聿有学海之誉"之义，一是"惟此山堂，吞吐潮汐，近取于海"之义。学海堂士子"或习经传，寻疏义于宋齐；或解文字，考故训于仓雅；或析道理，守晦庵之正传；或讨史志，求深宁之家法；或且规矩汉晋，熟精萧选，师法唐宋，各得诗笔"③，研习的内容也是很广泛的。时人称誉学海堂是"儒肆之津梁，学庭之渊薮"④，两粤士人将其看作"以造就我粤人才之地"⑤，说明它在社会心理上的影响还有超出诂经精舍的地方。学海堂培养出一批优秀人才，都是阮元门生门下之士，桃李之盛，为世人所瞩目。

在撰述方面。阮元一生著了很多书，他的《揅经室集》刻画出他的撰述的轨迹。尤为难得的是，他极善于把不同学术水平的人组织到共同的撰述课题中进行有效的工作，极善于把讲学和撰述结合起来，从而活跃了学术，促进了对人才的培养。嘉庆二年（1797），时阮元督学浙江，年三十四岁，他着手主编《经籍籑诂》和《畴人传》二书。为了编撰《经籍籑诂》，阮元"择浙

---

① 阮元：《西湖诂经精舍记》，《揅经室二集》卷七，文选楼刻本。
② 孙星衍：《诂经精舍题名碑记》。许宗彦：《诂经精舍文集序》。以上均见《诂经精舍文集》卷首，扬州阮氏琅嬛仙馆刊本，下同。
③ 以上均见阮元：《学海堂集·序》，道光五年启秀山房藏版，下同。
④ 谭莹：《新建粤秀山学海堂碑》，《学海堂集》初集卷一六。
⑤ 吴均：《新建粤秀山学海堂记》，《学海堂集》初集卷一六。

士之秀者若干人,分门编录"①。初稿撰成后,又从其中选择十人进行汇编、校阅,并以臧镛堂总其事,乃最后成书②。前后参与其事者凡六七十人。至于《畴人传》的编撰,阮元则以其学生李锐、周治平协助校录,同时又"博访通人,就正有道",得到钱大昕、凌廷堪、谈泰、焦循等方家"并为印正,乃得勒为定本"③。阮元本人也为此书撰写了百余首"论曰",提高了这部书的思想价值。阮元一生自撰和主编了百余种著作,这固然跟他治学勤奋有关,也跟他在学术组织工作上的突出才能有极大的关系。阮元撰述活动中很重要的一部分,是跟他重视讲学、创立书院相联系的。由他"手订"的《诂经精舍文集》14卷,其中阮元自撰的文章均注明为"程作",当是他为诂经精舍诸生所撰的示范作品。诸生亦各有所作,阮元暇时则"亲为点定""因其质之所近以裁之",而诸生"亦各能以长自见"④。二年中,便集成这部《诂经精舍文集》。孙星衍兴奋地写道,这种"简其艺之佳者"刊为文集的做法,如若坚持下去,十年中不仅可以培养出一批人才,而且必然会造成"撰述成一家言者,一不可胜数"的局面,"东南人材之胜,莫与之比"!⑤阮元亲自编定的《学海堂集》15卷(集中第十六卷为阮元学生何南钰所编),其情形与《诂经精舍文集》大致相仿。这两部文集,不独反映了诂经精舍和学海堂当时撰述的盛况,而且也给后人留下了一份历史遗产,其中关于经学、史学、地理学的不少论述,至今仍有文献上的参考价值。

在刻书方面。道光十三年(1833),阮元在云贵总督任上度过了他的七十岁生日。这年,他的诗作中有一首《和香山知非篇》,其中几句是这样写的:

> 回思数十载,浙粤到黔滇。
> 筹海及镇夷,万绪如云烟。
> 役志在书史,刻书卷三千。⑥

在阮元看来,宦途的春风得意,种种"政绩",都成了过眼云烟;而他主持刊

---

① 钱大昕:《经籍籑诂·序》。
② 臧镛堂:《经籍籑诂·后序》。
③ 阮元:《畴人传·凡例》,光绪壬午(八年)海盐张氏重校刊本。
④ 许宗彦:《诂经精舍文集序》,见《诂经精舍文集》卷首。
⑤ 孙星衍:《诂经精舍题名碑记》,见《诂经精舍文集》卷首。
⑥ 阮元:《揅经室续集》卷一〇。文选楼刻本,下同。

刻的三千卷书，却历历在目，长存人间，他为此感到欣慰。在"刻书卷三千"句下，原注云："计刻《十三经注疏》《皇清经解》、江浙诗选及师友各书约三千卷。"《十三经注疏》460卷，刻于嘉庆二十一年（1816）江西任上。《皇清经解》1412卷，始刻于两广总督任上，完成于道光九年（1829），时阮元已在云贵总督任上了。浙江诗选指《两浙輶轩录》40卷及《补遗》10卷，系阮元督学浙江时于嘉庆三年（1798）所辑，搜集两浙诗人遗篇达三千余家；阮元任浙江巡抚时于嘉庆六年（1801）刊刻，并在序中提出编辑江苏诗人总集的想法。江苏诗选指《江苏诗征》183卷，系阮元资助王柳邨所辑，录江苏诗人遗诗五千四百三十余家，辑成于嘉庆二十一年（1816）；阮元入粤后，委江藩、许珩、凌曙三人删订，刊刻于道光元年（1821）。二书所录，皆清初以来诗人作品，并附载作家小传。注中所云"师友各书"，多由阮元辑刊在《文选楼丛书》中。如若再把他主持重刻的《太平御览》，重修的《浙江通志》《广东通志》等计算在内，则阮元刻书总数又岂止三千卷！

阮元的学术组织工作取得了很大的成绩，产生了广泛的社会影响，他也因此获得了崇高的学术地位。后人称誉他办学"延揽通儒，造士有家法，人才蔚起"；撰《十三经注疏校勘记》《皇清经解》等书，"专宗汉学，治经者奉为科律"；撰《畴人传》，"以章绝学"，等等。盛赞他"身历乾、嘉文物鼎盛之时，主持风会数十年，海内学者奉为山斗焉"[①]。总的来看，这些评价是不算过分的。

二

从学术专长来看，阮元"是一个史料辨析者"，他采用由训诂字义以明义理的治学方法，"广泛地引申于历史材料的判别"[②]，因而成就了他在历史文献学上的贡献。他在这方面的贡献是非常广泛的，如目录、版本、校勘、辑佚、金石文字，以及在整理、编辑文献的方法和对于有些文献的阐发上，都有所涉足，并取得了那个时代足以引起人们关注的成就。

阮元在校勘学上的成就，使他在当时的学术界享有很高的声望。这突出地反映在他撰写的《十三经注疏校勘记》这一著作上。阮元撰此书，是仿唐人

---

① 《清史稿·阮元传》。
② 侯外庐主编：《中国思想通史》第5卷，北京：人民出版社1956年版，第578、579页。

陆德明撰《经典释文》所要求"凡汉晋以来，各本之异同，师承之源委，莫不兼收并蓄，凡唐以前诸经旧本，赖以不坠"的做法，参考唐石经及宋、元各种版本，详加校勘而成。他在入仕前就着手这件事情，继而奉乾隆敕"分校太学石经"，出任外省后又"属友人、门弟子分编，而自下铅黄，定其异同"，至嘉庆十一年（1806）乃撰成此书，前后经历了三个阶段近二十年时间。阮元认为，此书做到了"异同毕录，得失兼明"，堪称"我大清朝之《经典释文》也"①。他为《校勘记》所撰的十三篇序，对各经注疏源流、得失、版本优劣、真伪，校勘的根据和方法，均有所说明，在历史文献学上的价值尤为突出。

阮元极重视文献的版本，他在这方面的主要成绩是整理和刊刻了宋本《十三经注疏》及《太平御览》这两部大书。嘉庆十年至十一年（1805—1806），阮元守父丧，居雷塘，乃与友人合作，对别人所藏之宋刻残本及依宋镌所抄本，密加雠校，"全依宋本，不改一字"，整理并刊刻了《太平御览》一书。他认为：存《御览》一书，"即存秦汉以来佚书千余种"，实为"宇宙间不可少之古籍"②。嘉庆二十至二十一年（1815—1816），阮元在江西巡抚任上，又主持重刻宋本《十三经注疏》，并将他撰的《十三经注疏校勘记》附于各经之后。阮元详考《十三经注疏》的版本源流，指出"十行本为诸本最古之册"，此后有所谓闽版、监版、毛氏版"辗转翻一刻，讹误百出"，"近人修补，更多讹舛"③。他以家藏"十行本"为主，参照他人善本，在卢宣旬、黄中杰等的协助下，历时十九个月，刻成宋本《十三经注疏》。此事被誉为"江西之盛事"、阮元"嘉惠士林之至意"④。阮元在主持校刻这两部书的过程中，特别强调后人不应"凭臆擅改"⑤古书，"俾后之学者不疑于古籍之不可据"⑥。这足以看出他治学的严谨和对后人负责的精神。

对金石文字的搜集、整理和研究，是阮元在历史文献方面的又一个贡献。

---

① 阮元：《恭进十三经注疏校勘记折子》，《揅经室二集》卷八。张鉴、阮福等：《雷塘庵主弟子记》，扬州阮氏琅嬛仙馆刻本。
② 阮元：《重刻宋本太平御览叙》，《揅经室三集》卷五。
③ 阮元：《江西校刻宋本十三经注疏书后》，《揅经室三集》卷二。
④ 胡稷：《重刻宋本十三经注疏后记》，《十三经注疏》卷首。
⑤ 阮元：《重刻宋本太平御览叙》，《揅经室三集》卷五。
⑥ 阮元：《江西校刻宋本十三经注疏书后》，《揅经室三集》卷二。

他曾自己总结说，他在金石研究方面做了十件事，如编订《山左金石志》《两浙金石志》，撰《积古斋钟鼎款识》等①。他手订的《揅经室三集》卷三所收诸文，均与金石文字有关，亦可见作者的旨趣和成绩。阮元认为，铜器铭文，"其词为古侯王、大夫、贤者所为，其重与《九经》同之""欲观三代以上之道与器，《九经》之外，舍钟鼎之属，曷由观之？"②又说，金石文字，"所可以资经、史、篆、隶证据者甚多"③。可见，阮元是从历史的观点来看待金石文字的。时人龚自珍云："公谓吉金可以证经，乐石可以勋史。"④可谓知言。

阮元在辑佚方面也做了不少事情，上文所举《两浙輏轩录》和《江苏诗征》二书，就是其中较有代表性的辑佚书。跟辑佚相关的，他还极注重搜求古书，并做出了显著的成绩。如他在浙江任职期间，曾广泛购寻《四库全书》未收古书，进呈内府。每进呈一书，皆仿《四库全书总目提要》之式，奏进《提要》一篇。这些《提要》，有的出于阮元手笔，有的则为其属下所撰。十几年中，共进呈古书一百七十余种。其子阮福汇编《四库未收书提要》5卷，编入《揅经室外集》⑤，足资参考。阮元购寻的"四库未收书"，多为唐、宋、元人著作，而以宋人的居多。其中属于史部者，如唐人韦述的《两京新记》、马总的《通纪》、宋人路振的《九国志》、杨仲良的《皇宋通鉴长编纪事本末》、章衡的《编年通载》，等等，都是较重要的撰述。这项工作的成果，至今仍未失去其可供参考的价值。

在汇刻清代学者汉学研究的历史文献方面，阮元有不可磨灭的历史功绩。这里，最重要的是他主持编辑、汇刻的《皇清经解》一书。阮元之所以要编辑、汇刻这部一千四百余卷的巨帙，大致出于以下一些考虑：自《十三经注疏》行世，唐宋解经诸家大义多括于其中；宋元以来经解则有清初康熙朝所刻《通志堂经解》为之汇集；清初学者如顾亭林、阎百诗、毛西河诸家之书多已收入《四库全书》；乾隆以来，惠定宇、戴东原等人的著作久行宇内，唯未能如通志堂汇刻成书，恐有散佚；立学海堂以课士，而士之愿学者苦不能备

① 阮元：《金石十事记》，《揅经室三集》卷三。
② 阮元：《商周铜器说》上，《揅经室三集》卷三。
③ 阮元：《山左金石志·序》，《揅经室三集》卷三。
④ 龚自珍：《〈阮尚书年谱〉第一序》，《定庵续集》。
⑤ 参见《揅经室外集》卷首及卷末严杰附识。

览各书，多有不便。于是，阮元乃"尽出所藏，选其应刻者付之梓人，以惠士林"①。此书所收极为宏富，自顾亭林、毛西河、惠定宇、戴东原直至焦里堂、江子屏，包括阮元本人的许多著作，都囊括入书，因而被称为"言汉学者之总汇"②。可以认为，这是阮元在编纂汇刻上结束乾嘉汉学的主要标志。此外，如刊定《文选楼丛书》，编辑《诂经精舍文集》和《学海堂集》，对于荟萃和保存历史文献，都有积极的作用。值得一提的是，从阮元于道光四年（1824）编订《学海堂集》初集，到他的再传门人于光绪十二年（1886）编订《学海堂集》四集，首尾相去六十余年。作为一个学派，学海堂的学人、学风、撰述，代代相承，绵延这么长的时间，这在19世纪学术文化史上，也是一件值得总结的事情。

阮元也很重视目录之学，并对目录学有实际的运用。任浙江巡抚时，他于嘉庆八年至九年（1803—1804）间曾至宁波范氏天一阁观书，并命范氏后人编订《天一阁书目》10卷，四年后又命人予以校刻，并自撰一篇《宁波范氏天一阁书目序》，阐扬天一阁的历史和范氏家风③。嘉庆十四年（1809），在友人的建议下，阮元于杭州灵隐寺设立书藏，并亲定九条"条例"，对藏书、阅书、编目、管理等均有明确规定。嘉庆十八年（1813），他又设立焦山书藏，其"条例"则模仿灵隐寺书藏，而分号、编目亦大同小异④。阮元自己编次的诗文集《揅经室集》，略按经、史、子、集四部分类，这一则可见他在历史文献学上的兴趣至为广泛，二则可见他对目录学的应用是很重视、很仔细的。

阮元在历史文献学上的成就多而且广，是一个需要继续深入研究的课题。这里只是初步地提出一些问题，希望将来能够见到学术界有关这方面的翔实的论著问世。

三

最后，本文试图进一步探索有关阮元在历史文献学上的学术渊源、成功奥秘及历史影响等几个问题。这些问题，不论作为对于过去的认识，还是作为对

---

① 夏修恕：《皇清经解》序，光绪庚寅（十六年）刻本，船山书局藏版。
② 徐世昌：《清儒学案·仪征学案》上。
③ 见《揅经室二集》卷七。
④ 阮元：《杭州灵隐书藏记》《焦山书藏记》，《揅经室二集》卷二。

于今天的借鉴，都是有意义的。

考察阮元在历史文献学上的学术渊源，不能不涉及所谓汉学和宋学的关系。白寿彝先生在讲到与此有关的问题时，提出这样的看法："向来有一种说法，认为学问有汉学和宋学之分，认为宋学是讲义理的，不讲究史料的考订、文献的研究，而认为清人的考据是汉学。这种看法不一定对。清人所谓汉学，实际是从宋人的历史文献学发展而来的。宋人固然是以义理出名，但是他们在历史学上是有成就的，在历史文献学上也是有成就的。清人的汉学，在一些领域里都是宋人所创始的。"①我很赞成这个看法，因为它更符合清代学人的实际情况。从阮元的学术生涯和治学旨趣来看，一方面他是中国古代最后一个汉学大师，另一方面他的学术成就又不只限于人们通常所说的清代汉学。从历史文献学的发展来看，可以认为，阮元是总结了古代所谓汉学和宋学的人。道光三年（1823），阮元六十岁时，龚自珍在评价了他在训诂之学、校勘之学、目录之学、典章制度之学、史学、金石之学、九数之学、文章之学、性道之学、掌故之学等方面的成就后，指出："凡若此者，固已汇汉、宋之全，拓天人之韬，泯华实之辨，总才学之归。"②这里说的"汇汉、宋之全"，表明当时的人也不把阮元仅仅看作是汉学家。同样，阮元之子阮福也认为父亲是一位"持汉学、宋学之平"③的学者。以阮元本人来说，他一方面推崇许慎、郑玄，一方面又说学海堂士子"或析道理，守晦庵之正传"，没有把汉学、宋学完全对立起来。阮元不仅十分推重宋版古书，甚至认为他在某些方面是继承和发扬了宋人的事业。举例来说，他对宋代金石学家吕大防、王俅、薛尚功、赵明诚、王顺伯等很推崇，说自己的《积古斋钟鼎彝器款识》一书是"续薛尚功之后"④。嘉庆七年（1802），阮元在吴中得到《王复斋钟鼎款识》一书，兴奋之余，撰了一篇跋文，把王复斋（顺伯）的"行谊学术"着实赞扬了一番⑤。再说，阮元治学并非不重大义，论者评他"论学宗旨在实事求是，自经史、小学、历算、舆地、金石、辞章，巨细无所不包，尤以发明大义为主"⑥。可见

---

① 白寿彝：《历史教育和史学遗产》，开封：河南人民出版社1983年版，第101页。
② 龚自珍：《阮元书年谱第一序》，《定庵续集》。
③ 阮福：《拟国史儒林传序》跋语，《揅经室一集》卷二。
④ 阮元：《积古斋钟鼎彝器款识序》，《揅经室三集》卷三。
⑤ 阮元：《王复斋钟鼎款识跋》，《揅经室三集》卷三。
⑥ 徐世昌、吴廷燮等：《清儒学案·仪征学案》上。

阮元并不是一个囿于小学和考据的人。大致说来，他在经学上比较明显地继承了汉学的传统，而在历史文献学上则更多地继承了宋人的事业。

阮元在历史文献学上成功的奥秘，本文第一部分已有所涉及。这里要特别指出的，是他在发凡起例方面的创见。发凡起例，这不只是整理历史文献的方法，因为大凡凡例的制订，总要受到一定的思想和学识的支配。阮元极重凡例，他主持编撰的著作，凡例多很详明。如《畴人传》部帙并不大，但其内容所涉及的问题很多，故阮元制订凡例十八则，对天文、历算的源流和地位，本书的缘起、所据史料、记述体例，对重大问题的看法和编撰过程，都一一说明。读了《凡例》，本书主旨、特点，粲然可见。阮元所订《经籍籑诂·凡例》的周密、严谨、实用，是世所公认的。钱大昕和王引之都指出，由于凡例的出色而使此书具有很高的价值①。凡例条目的多寡是根据实际需要斟酌制订的，对《皇清经解》这部卷帙浩繁的书，阮元仅以五则凡例统率、编次而成。他在凡例第一则中，就把本书的文献、编次和结构都交代得清清楚楚，而全书十六部之一的《群经各种》的设立及其二十二项分门，尤其显示了编纂者的苦心孤诣。要之，阮元手订诸书之凡例的作用和意义是：

（一）反映了阮元严谨的学术风格和创造精神；（二）对有关著作的编纂有指导和规范的作用；（三）便于读者阅读和使用其所编著的书；（四）合理地甚至是艺术地把各种人才组织起来，以完成非一人或少数人所能完成的撰述工作，或使多种课题可以同时进行。以上这些，在今天的学术活动中都还具有参考的价值。

阮元在历史文献学上的成就之历史影响，从《经籍籑诂》《十三经注疏校勘记》直到今天仍为治古籍、治文史者不可或缺的书来看，就可以得到足够的评价。但是，其历史影响当不止于此。上文讲到《学海堂集》从初集至四集，经历了六十余年，这也是一种历史影响。从《畴人传》的编撰和续作，可以更明显地看出这种历史影响的社会意义。阮元于嘉庆四年（1799）撰成《畴人传》46卷，这是现今我们所见到的我国第一部科学家列传和科学史著作，包括中国科学家243人，西洋科学家37人。阮元撰《畴人传》，是慨叹于当时"九九之术，俗儒鄙不之讲"的偏见；而在他看来，"数术穷天地，制作侔造

---

① 参见钱大昕：《经籍籑诂序》，王引之：《经籍籑诂序》。

化，儒者之学，斯为大矣"①。这些看法，在当时来说是很难得的。然而《畴人传》的历史价值，与其说在于它本身，毋宁说更在于它所产生的社会影响：道光二十年（1840），数学家罗士琳撰《续畴人传》6卷，77岁的阮元高兴地为此书写了序。光绪十二年（1886），精于算学的浙江钱塘人诸可宝复撰《畴人传三编》7卷。光绪二十四年（1898），沣州人黄钟骏再撰《畴人传四编》卷、附卷1卷。《畴人传》问世后的百年中，续撰者迭起，这是时代使然，非阮元始料所及。光绪年间的徐用仪说："自泰西诸国通市以来，风气日开，留心时务者，以算学有裨实用，莫不潜心参究焉。"②这跟阮元撰《畴人传》时的情况已有所不同，从一个方面反映了鸦片战争前后一个世纪中中国历史条件的变化。梁启超在讲到这几部《畴人传》时感慨地说："中国人对于科学之嗜好性及理解能力，亦何遽出欧人下耶！"③这也是历史著作的一种启示作用吧。所以直到现在，当人们论及《畴人传》时，还说："中国之有科学史，此其嚆矢也。"④从这一点来看，阮元是不自觉地扮演了中国科学史研究的先驱的角色。

阮元一生在政治上的功过得失，本文原不打算涉及。阮元在历史文献学上固然成就卓著，但也有一些问题需深入辨析，因为篇幅所限，只好留待来日。

（原载白寿彝主编《清史国际学术研讨会论文集》，辽宁人民出版社1990年版）

---

① 阮元：《畴人传·序》。
② 徐用仪：《重刻畴人传正续序》，光绪壬年（八年）海盐张氏重校刊本。
③ 梁启超：《中国近三百年学术史》，北京：中国书店，据中华书局1936年版影印，1985年版，第349页。
④ 陆宝千：《清代思想史》，中国台湾：广文书局1978年版，第312页。

深沉的民族觉醒意识

——19世纪四五十年代的边疆史地研究

清代前期的史家,在历史地理之学的撰述方面有很大的成就,《天下郡国利病书》《肇域志》《读史方舆纪要》等是最有代表性的几部书,它们反映了当时史学之经世致用的学风。鸦片战争前后史学的经世致用之风再次炽热起来,而且带有民族危机的时代紧迫感。清代后期的边疆史地研究的兴起,是一个突出的反映。早在鸦片战争爆发之前,龚自珍已着手于对西北史地的研究,并把这种研究同时务密切联系起来。他以两年的时间,撰成《西域置行省议》一文,率先提出在新疆设置行省的必要性,筹划、建议极为详尽具体。他最后写道:他的各项建议,"现在所费极厚,所建极繁,所更张极大,所收之效在二十年以后,利且万倍。夫二十年,非朝廷必不肯待之事,又非四海臣民望治者不及待之事,然则一损一益之道,一出一入之政,国运盛益盛,国基固益固,民生风俗厚亦厚,官事办益办,必由是也,无其次也"。这些话反映了他对于边疆事务的重视和远见。鸦片战争以后,研究边疆史地者多了起来,其中以张穆、何秋涛、姚莹最为知名。他们的研究和撰述,从一个方面反映出了近代意义上的中华民族之深沉的民族觉醒意识。

辨方纪事,考古镜今:张穆和《蒙古游牧记》

张穆(1805—1849),初名瀛暹,字诵风,一字石州、硕州,晚号靖阳亭长,山西平定人。道光十九年(1839),他应顺天乡试时,因冒犯监考被斥,从此遂绝举业,潜心著述,度过了短暂的一生。他的文稿,后人编为《㐆斋文集》。

《蒙古游牧记》是张穆的代表性著作。他撰写此书的动因,是考虑到清朝建立以来,"内地各行省府厅州县皆有志乘,所以辨方纪事,考古镜今",而蒙古地区则无志乘专书；官修《大清一统志》《清会典》虽有所涉及，"而卷帙重大，流传匪易，学古之士尚多懵其方隅，疲于考索。此穆《蒙古游牧记》所为作也"①。为了"辨方纪事，考古镜今"，他决意填补这一清代志乘撰述上的空白。张穆撰《蒙古游牧记》还有一个直接的原因，即他应祁寯藻的邀请，校核其父祁韵士遗著《藩部要略》一书。《藩部要略》是记载蒙古王公贵族世系、事迹的编年体史书。张穆认为："其书详于事实，而略于方域。"②他曾对祁寯藻明确表示："会《要略》编年书也，穆请为地志以错综而发明之。"张穆的撰述计划，得到了祁寯藻的支持，卒能"俾就其事"③。张穆的初衷，是使这两部书"相辅而行"，但他的成就却超出了他的预想。

张穆从道光十七年（1837）前后开始撰写此书，至道光二十六年（1846），"致力十年，稿草屡易"，写出《蒙古游牧记》16卷。其中前12卷已经定稿，"末四卷尚未排比"，而他在3年后不幸病逝。后经何秋涛以10年之功，补辑了后4卷，校阅了全书，于咸丰九年（1859）由祁寯藻资助刊刻行世。

《蒙古游牧记》以方域为骨骼，以史事为血肉，记述了内外蒙古自古代迄于清代道光年间的地理沿革和重大史事。作者自序其主要内容和编次说："今之所述，因其部落而分纪之。首叙封爵、功勋、尊宠命也；继陈山川、城堡、志形胜也；终言会盟、贡道，贵朝宗也。详于四至、八到以及前代建置"，说明了对各部方域地理沿革的考察是本书的重要内容。"稽史籍，明边防，成一家之言"，反映了作者的撰述要求和经世目的。

《蒙古游牧记》以清朝时期蒙古各部及其所属之盟、旗为基础，写出了蒙古从古代至当世的历史演变、地域沿革，写出了它与历代统一王朝的密切关系，而尤详于它与清王朝的密切关系；它在表述方法上是由今溯古、由地理而兼及相关史事，反映出作者在撰述思想上具有时代感和历史感相结合的特点。作者撰写此书，意在填补清朝统一国家的地方史乘；由于蒙古分布地域的辽阔和它与清王朝的兴起、发展有特别重要的历史联系，故在史乘中具有特殊的位置。这在书中都有强烈的反映。如卷一首叙科尔沁部，科尔沁部又先叙右旗中

---

① 《〈蒙古游牧记〉自序》，见《月斋文集》卷三。
② 《〈蒙古游牧记〉自序》，见《月斋文集》卷三。
③ 祁寯藻：《〈蒙古游牧记〉序》。

旗，这就突出了科尔沁部在清朝初年历史上非同寻常的作用。同时说明了元太祖弟哈布图哈萨尔十四世孙奎蒙克塔斯哈喇在清廷入关前后同科尔沁部的特殊关系，其中包括互通婚姻的关系。张穆于注文中屡引康熙、乾隆的诗作及御赐墓志、碑文等，以证这种历史的联系。如引乾隆入科尔沁境诗，前两句便是："塞牧虽称远，姻盟向最亲。"又引乾隆赐科尔沁左翼中旗达尔汉亲王后人色布腾班珠尔诗，也有"世笃姻盟拟晋秦""此日真堪呼半子"等句。由此也可以看出作者撰述的深意。又如卷十四，详载土尔扈特部之一部分因准噶尔部"恃其强，侮诸卫拉特"的缘故，在和鄂尔勒克带领下"走俄罗斯，屯牧鄂济勒河""厥后稍就弱，俄罗斯因称为己属"，但因"土尔扈特习蒙古俗，务畜牧，逐水草徙，与俄罗斯城郭处异；衣冠用缯罽，复与诸卫拉特绝异"，于顺治十二年至十四年（1655—1657），和鄂尔勒克后人"相继遣使奉表贡""康熙中，表贡不绝"；至乾隆三十六年（1771）在渥巴锡时，终于"挈全部三万余户内附"。于是作者写道："自国初绥服蒙古以来，至是乃尽族而臣之。"作者在注文中征引了乾隆御制《土尔扈特全部归顺记》，以丰其记。其中有几句话是："始逆命而终徕服，谓之归降；弗加征而自臣属，谓之归顺。若今之土尔扈特携全部，舍异域，投诚向化，跋涉万里而来，是归顺，非归降也。"作者详记此事，自然是对土尔扈特部的爱国之举的肯定，同时也反映出作者本人的爱国情怀。但是，百余年中，土尔扈特部走而复归，这件事却具有更深远的历史意义。此书在鸦片战争之后的咸丰九年（1859）刊行，对时人有重要的启示。祁寯藻在此书序中论蒙古所处地理位置的重要性和本书的价值时写道："如科尔沁、土默特之拱卫边门；翁牛特、乌珠穆沁之密迩禁地；四子部落，环绕云中；鄂尔多斯，奄有河套。至于喀尔喀、杜尔伯特、土尔扈特诸部，或跨大漠、杭海诸山，或据金山南北，或外接俄罗斯、哈萨克诸国，所居皆天下精兵处，与我西北科布多塔尔、巴哈台诸镇重兵相为首尾，是当讲经制者所当尽心也。承学之士得此书而研究之，其于中枢典属之政务思过半矣。"《蒙古游牧记》所叙"方域"，包括现今中国境内的内蒙古、新疆、宁夏等少数民族自治区和青海、东北三省蒙古族活动区域，以及今蒙古共和国。从历史的观点来看，祁寯藻的这些话，写在咸丰九年（1859），尤能反映出此书的时代意义和历史价值。

《蒙古游牧记》吸取了《清会典》和《大清一统志》中关于蒙古的资料，

而其征引则上自历代正史中关于北方和东北少数民族的史传、地记，下至道光年间的诏敕、文书，搜罗广博，而尤注意吸收前人和时贤在蒙古史、元史撰述上的成果。祁寯藻称赞此书说："海内博学异才之士尝不乏矣，然其著述卓然不朽者厥有二端：陈古义之书，则贵乎实事求是；论今事之书，则贵乎经世致用。二者不可得兼，而张子石州《蒙古游牧记》独能兼之。"又说："又是之成，读史者得实事之资；临政者收经世致用之益，岂非不朽之盛业哉！"①这里，除"二者不可得兼"的说法未必妥帖外，而对《蒙古游牧记》的评论应当说是中肯的。

揽地利戎机之要：何秋涛和《朔方备乘》

何秋涛（1824—1862），字愿船，福建光泽人。道光二十四年（1844）进士，授刑部主事。他和张穆在学术上的旨趣和民族危机感的共识极为相近。何秋涛除补辑、校订《蒙古游牧记》外，也写出了自己的边疆史地巨著《朔方备乘》。张、何齐名，确有许多共同之处。

何秋涛的边疆史地研究，着眼于中俄边界问题。他在咸丰初年，"益究经世之务，尝谓俄罗斯地居北徼，与我朝边卡相近，而诸家论述，未有专书，乃采官私载籍，为《北徼汇编》六卷"②。这种"经世之务"的责任，确是当时民族危机的时代感的反映。何秋涛以"北徼"为研究的对象，显示出这位青年学子的远见卓识。咸丰八年（1858），他在《北徼汇编》的基础上，扩大撰述范围，增益为80卷，并奉旨"缮写清本，再行进呈"。次年，诏命何秋涛"校对完竣后即全书赍送军机处，由军机大臣代为呈递"。咸丰十年（1860），咸丰上谕称："刑部主事何秋涛呈进所纂书籍八十卷，着赐名《朔方备乘》。"呈进后，旋即散亡。吏部侍郎黄宗汉"取副本拟更缮进，复毁于火"。后何秋涛之子芳徕以残稿呈李鸿章，经黄彭年等人"补缀排类"，复其原貌。它同《蒙古游牧记》一样，也经历了艰难的历程。

《朔方备乘》是一部采用多种体裁纂辑而成的综合体史地著作，包括卷首12卷，正文68卷，另凡例、目录①卷。其《凡例》指出本书之取材与性质说："是书取材之处有四：一曰本钦定之书，以正传讹；二曰据历代正史以证古迹；三

---

① 祁寯藻：《〈蒙古游牧记〉序》。
② 黄彭年：《刑部员外郎何君墓表》，见《续碑传集》卷二〇。

曰汇中外舆图，以订山川；四曰蒐稗官外纪，以资考核。"又说：是书"旁搜博采，务求详备，兼方志外纪之体，揽地利戎机之要，庶言北徼掌故者有所征信云"。对于几类材料的来源及其取资的目的，对于本书体裁上的特点，这里都作了明确的说明。至于"揽地利戎机之要"，谈到了本书的要旨。

《朔方备乘》的《凡例》30则，实采《史记·太史公自序》后半部分的体例，具有序的作用。它对作者的撰述宗旨、重点所在、各部分的要点及相互配合的关系，以及本书在"经世之务"上的具体要求，都提纲挈领、条分缕析地作了说明，有全书论纲的作用。本书主旨是考察清朝东北、北方、西北疆界的历史和现状。因此，不论是《凡例》中的说明，还是全书正文中的论述与考察，这一部分内容均占有突出的位置。作者认为："是书备用之处有八：一曰宣圣德以服远人，二曰述武功以著韬略，三曰明曲直以示威信，四曰志险要以昭边禁，五曰列中国镇戍以固封圉，六曰详遐荒地理以备出奇，七曰征前事以具法戒，八曰集夷务以烛情伪。"①这八条"备用之处"，有政治和军事的考虑，有关于历史记载之是非的考察和关于现实应变之抉择的判断，反映了作者的思想和时代脉搏的一致。

《朔方备乘》的重要价值，是它着重考虑了东北、北方、西北的边疆沿革、攻守形势和中俄关系的历史。作者在"圣武述略"各卷，阐述了东海诸部、索伦诸部、喀尔喀、准噶尔、乌梁海、哈萨克"内属"的历史。在此基础上，作者撰述了《北徼界碑考》《北徼条例考》《北徼喀伦考》《尼布楚城考》《库页附近诸岛考》《北徼山脉考》《艮维诸水考》《乌孙部落考》等篇，以丰富的史实，详明的考据，阐述了中俄边界关系的历史和现状。作者对于自己的这些撰述，有一个明确的认识，就是："边防之事，有备无患"；"哈萨克之外，惟俄罗斯为强国。然则边防所重，盖为以知矣夫"；"西北塞防，乃国家根本。"②统观各篇，字里行间都郁结着作者的忧虑、爱国之情。例如作者在《北徼喀伦考》中引《盛京通志》载：黑龙江另设之十五喀伦（卡伦），所以防御俄罗斯来路，盖已增于十二喀伦之数。认为"其他添置之处，皆关系北徼防维，不可或略"；喀伦之设，"加派侍卫，分驻巡查，所以固封圉而昭慎重也。"作者撰《雅克萨城考》是为了"裒辑北徼事迹，详加研究，

---

① 《朔方备乘·凡例》第2条。
② 《朔方备乘·北徼形势考》。

爰知雅克萨城一区,中国隶籍在前,罗刹兵事在后,所宜详征博考,订前人之讹误,以示传信。"①另外,此书还对历代用兵之得失,尤其是清朝的"尚武"有较多的论述,目的在于为现实的北徼边防提供历史经验。这部书不论在写作手法上,还是在论述内容上,在当时都产生了一定的影响。李鸿章叙《朔方备乘》说:"《大学》之言治平,知己之学也;《周官》之言周知,知己而兼知彼之学也。自来谈域者,外国之书务为夸诞,傅会实多;游历所记,半属传闻,淆讹叠出;又或展转口译,名称互歧,竞尚琐闻,无关体要,以云征信,盖亦难之。""窃见故员外郎衔刑部主事何秋涛究心时务,博极群书,以为俄罗斯东环中土、西楼秦西诸邦,自我圣祖仁皇帝整旅北徼,奢威定界,著录之家,虽事纂辑,未有专书。秋涛始为汇编,继加详定""是书所记,虽止北徼一隅,然学者由是而推之"②,则具有广泛的价值。

于外国之事,不敢惮烦:姚莹和《康輶纪行》

姚莹(1775—1852),字石甫,一字明叔,号展如,安徽桐城人。嘉庆进士,曾两度奉调至台湾任职,先署海防、噶玛兰同知,后为台湾兵备道。鸦片战争爆发后,英军侵犯鸡笼海口、大安港,姚莹与总兵达洪阿率兵屡败英军。道光二十四年(1844),以同知直隶州知州发往四川效用,旋又两度奉使入藏"抚谕",先后到达乍雅(乍丫)、察木多(今昌都)。《康輶纪行》一书,即其于道光二十四年至二十六年入川、入藏其间所作札记汇编而成。作者在自叙中解释此书书名说:"乾隆中考定,察木多又名喀木,其地曰康,非《新唐书》南依葱岭,九姓分王之康国也。使车止此,故名吾书,纪其实焉。"

《康輶纪行》16卷,作者在本书自叙中说到它的内容与编次是:"大约所纪六端:一、乍雅使事始末;二、剌麻及诸异教源流;三、外夷山川形势风土;四、入藏诸路道里远近;五、泛论古今学术、事实;六、沿途感触杂撰诗文。或得之佛寺雕楼,或得之雪桥冰岭。晚岁健忘,不能无纪也。然皆逐日杂记,本非著书,故卷帙粗分,更不区其门类;既以日久,所积逐多,有一事前后互见者,有一类前后纪载不同者,殊不便检寻,乃列其条目于卷首,复于本条各注其目,俾易考焉。"

---

① 《朔方备乘·雅克萨城考》。
② 《朔方备乘》书首。

本书对西藏的历史、地理、宗教、政治、戍守多有记载，如卷三《西藏疆理》，卷五《西藏大蕃僧》《西藏僧俗官名》《西藏戍兵》等条，以及卷七、卷八所记，都比较集中地记述了西藏各方面的情况，这样的记载，散见于全书各卷。这是它跟《蒙古游牧记》《朔方备乘》在研究边疆史地上侧重点的不同之处。同时，由于姚莹曾经亲自率军抗击英军的入侵，对边疆事务的重要性有深切的感受，故《康輶纪行》一书，对外国侵略者觊觎中国领土，尤其是对英国侵略者对中国西藏地区的窥视，有极大的敏感和深切的忧虑。故其对外国的史地、政治亦多有研究，如"俄罗斯方域""英吉利""佛兰西""英吉利幅员不过中国一省"诸条，都反映出作者的这种意识。作者在"外夷留心中国文字"条中，强调了了解外国、认识世界的极端重要性。他列举英、法、普、俄以至日本、安南、缅甸、暹罗等国，无不关注外国"情事"；他批评许多士大夫"骄傲自足，轻慢各种蛮夷，不加考究""坐井观天，视四裔如魑魅，暗昧无知，怀柔乏术，坐致其侵陵""拘迁之见，误天下国家""勤于小而忘其大，不亦舛哉！"他清醒地认识到"是彼外夷者方孜孜勤求世务，而中华反茫昧自安，无怪为彼所讪笑轻玩，致启戎心也！"他钦佩林则徐重视对于外国情事的研究："惟林总督行事全与相反，署中尝有善译之人"，又能妥善地从洋商、通事、引水等人那里了解外国情况，购置有关外文书籍，称赞林则徐"知会英吉利国王第二封信"，显示出对世界事务的了解。姚莹在这篇札记的末了表示："余于外夷之事，不敢惮烦。今老矣，愿有志君子为中国一雪此言也！"在道光二十四年（1844）前后，他的这番话，反映了时代的要求。

姚莹还指出，中国人了解世界，要兼顾到研究中国历史文献和"外夷"之书。他在"华人著外夷地理书"条中说："自来言地理者，皆详中国而略外夷。《史记》、前后《汉书》凡诸正史外夷列传，多置不观，况外夷书乎？"他胪列自法显《佛国记》以下至魏源《海国图志》等书数十种，都是不可不读的。他进而指出，了解、研究外域，"非如文人词客徒资博雅、助新奇也。故留心世务者，皆于此矻矻焉。"本书卷一六载图说13种，如《中外四海地图说》《新疆南北两路图说》《新疆西边外各国图说》《西藏外各国图说》《西人海外诸新图》等，显示了边疆史地研究者在学风上的特点。

（原载《山西师大学报》1994年第1期）

史学家的河山之恋

史念海先生（1911—2001）作为新中国的著名历史地理学家，蜚声中外，其业绩已载入史册。他虽然离开了我们，但他的业绩却永远不会被人们忘记。

史先生一生勤奋治学，著作等身。他丰硕的著作，对于专业以外的人来说，难以尽读；就是专业的学者，尽读其书，亦属不易。史先生重视书斋研究与实地考察的结合，年愈迈而志愈坚，这也是一般学者难以做到的。

我对于历史地理之学是个外行，但作为一个普通读者，我很关注这方面的研究。因为白寿彝先生的关系，我从20世纪80年初便有幸认识了史先生。此后，近20年中，我们见过几次面，还有一些书信往还和学术上的交往，史先生又每每以其新著相赠，这都使我受到很多教益。从一定的意义上说，史先生与我，也算是忘年之交了。

史先生的去世，我感到十分悲恸！其音容笑貌，难以忘怀。尤其是我们之间有过一些关于学术问题的交谈，我仍记忆犹新。还有白先生同史先生之间的深厚的学术友情，也时时激起我的钦敬之感。因此，我写这篇短文，是把它视为学术生命中的一种责任来看待的。

《河山集》命名的由来

史先生的著作，大部分以《河山集》命名。首集是三联书店1963年出版的（1978年第2次印刷）。我手边还有二、三、五、六集，其中"六集"是山西人民出版社1997年出版的。据有关同志告诉我，"七集""八集"也已编成，只是我还没有见到，不知是否已经出版。史先生在初集《后记》中提到这样一件事："这本集子的编成，承白寿彝教授的鼓励和代为命名。"[①]此后，史先生的论集，多以此名书，可见他对这个命名的珍惜。

---

① 史念海：《河山集》，北京：生活·读书·新知三联书店1963年版，第302页。

初集出版时，我还在北京师范大学历史系本科读四年级，没有接触过此书。"文革"后，我到北京师范大学史学研究所工作，接触到这本书，才得知这个"掌故"。我认为这个命名非常好，既符合研究内容，更寓有深意。有一次，我同白先生交谈，就请教白先生，问他为什么要作这个命名。白先生说，中国历史地理，以研究中国的河山疆土以及它们的变化对社会历史发展的影响为对象，最后又落实到祖国的河山疆土和社会发展。我听了很是感动。史学家研究祖国的历史，包括祖国的历史地理，不仅仅是一门学问、一门科学，同时也是史学家对祖国的一种天职、一种挚爱。我至今都还时时在想："河山"二字，有多重分量？这是无法比拟、无法估量的。一个史学家把"河山"及其变迁作为研究对象，当有很深的功底和很大的气魄。一个史学家能自觉地意识到其中的分量和价值，并鲜明地把它概括出来，可以说是理性的升华与情感的升华交织到一起，成为优秀史学家所特有的一种精神境界。白、史二位先生，真可谓人生中的挚友，学术上的知己。

　　这里，我以为有必要进一步说明，白先生把史先生的论集命名为《河山集》，是有深刻的学术思想渊源和爱国主义精神基础的。1937年，28岁的白寿彝先生著成《中国交通史》一书，认为在"国难严重到了极点"的年代，凡影响到中国交通发展的"这种关系国家兴亡的大事是最需要政府和人民拼命去作的"[1]。我们知道，论中国交通，是离不开中国河山疆土的。1951年，白先生撰《论历史上的祖国国土问题的处理》一文，从根本上阐明了中国史研究的范围问题[2]。这也关系到中国的河山疆土。1980年，白先生主编的《中国通史纲要》出版，他在《叙论》中，以"九百六十万平方公里"开篇，是直接从中国的河山疆土讲起[3]。1989年，白先生主编的《中国通史》第一卷（即导论卷）出版，这书的第二章，详细地论述"中国地理条件的特点及其与中国历史发展的关系"[4]，这是从较深刻的意义上讨论了中国的河山疆土和社会历史发展问题。可见，白先生对祖国河山的挚爱之情是始终不渝的，这在他的学术生涯中有突出的反映。他把史先生的论集命名为《河山集》，而且成为一个系列的传

---

[1]　白寿彝：《中国交通史》，郑州：河南人民出版社1987年版，第211页。
[2]　白寿彝：《学步集》，北京：生活・读书・新知三联书店1962年版，第1—4页。
[3]　白寿彝主编：《中国通史纲要》，上海：上海人民出版社1980年版，第1—6页。
[4]　白寿彝主编：《中国通史》第1卷，上海：上海人民出版社1989年版，第99—154页。

世之作的名称，在中国现代学术史上确是一件极有意义的事情。

史念海和白寿彝的学术友谊

20世纪80年代，白寿彝先生主编多卷本《中国通史》。他请史先生主持隋唐史卷的编撰工作，史先生欣然同意。尽管史先生的科研任务很多、很重，如承担着全国农业地理、陕西通史、西安历史地图集等课题。但他总是对我说：白先生的事情，我都是放在第一位的。可见他对此事的重视，也表明他对白先生的友情和敬重。

白先生和史先生是互相敬重的挚友。为了同史先生共商多卷本《中国通史》编撰大计，并讨论组织隋唐史卷的编撰工作，白先生在1983年4月到陕西师范大学拜访史先生。两位挚友的这次会晤，奠定了《中国通史》隋唐史卷的基础。其后，又得到了辽宁大学陈光崇教授的大力支持。白先生的此次西安之行，还应邀在陕西师范大学作了一次重要的演讲。他演讲的题目是《关于建设有中国民族特点的马克思主义史学的几个问题》。在这个题目之下，白先生讲了六个问题：关于历史资料的重新估价，史学遗产的重要性，对外国史学的借鉴，历史教育的重大意义，历史理论和历史现实，史学队伍的智力结构问题[①]。在改革开放之初，在学术界、理论界拨乱反正的时候，白先生的这些问题的提出和深入的分析，充分地反映出他在中国史学发展问题上的卓识。这篇演讲距今将近20年了，今天读来，仍有新鲜的活力和具体的指导意义。多卷本《中国通史》隋唐史卷的编撰，是史先生对白先生所主持的这一浩大工程的有力支持。当我阅读多卷本《中国通史》隋唐史卷的时候，想起这些往事，心情是十分激动的。

同样，白先生也十分关注史先生的研究领域和发展前景。1988年12月，念海先生以修订本《中国的运河》赠我。我曾写信给他，表示致谢和认真研读。同年12月21日，念海先生复信给我。这封简短的信，在我看来涉及比较重要的学术信息，兹照录如下：

　　林东同志史席：
　　十二月七日惠书敬悉。

[①] 白寿彝：《白寿彝史学论集》上册，北京：北京师范大学出版社1994年版，第307—321页。

拙著多承奖掖，汗颜奚似！此后仍当努力，以期不负厚望。

寿彝先生八旬华诞在即，撰文祝寿，不敢延缓。寿彝先生多年来期望海（按：此为念海先生谦称——引者）能于历史地理学史方面从事写作，一再因循，迄今未能应命。今试撰一篇以《唐代的地理学和历史地理学》为题的文章，虽去历史地理学史尚远，亦聊以塞责。谨随函奉上，祝寿彝先生大寿。

此，顺颂

著安

念海拜上。十二月二十一日

这封信透露出两个重要学术信息，其一，史先生的大文《唐代的地理学和历史地理学》，是为白先生祝寿而作。此文刊于《史学史研究》1989年第2期"祝贺白寿彝先生八十华诞专栏"。其二，是"寿彝先生多年来期望海能于历史地理学史方面从事写作"这句话，表明白、史二先生在学术研讨上的彼此关心和互相激励的至深至爱之情。史先生非常谦虚，也非常珍惜友人的建议，说他"一再因循，迄今未能应命"。其实，他在撰写《唐代的地理学和历史地理学》这篇长文之前，已于1986年以前撰成了一篇总论性质的鸿文《中国历史地理学的渊源和发展》，刊登于《史学史研究》1986年第1期。此后便有一发而不可收之势。史先生曾说："说起这篇论文的撰写，这是由于白寿彝同志的倡议和催促才完成的。""是应寿彝同志之命而作的。正是由于同志们的嘱托和督促，才使我在这方面稍稍尽些微力。"[①]从史先生的这些话中，我们自然会产生这样的认识：一个学科的创建，是何等的艰难，它需要许多学者的历史积累，需要创建者本人的多年深思熟虑；同时，也需要学术知己之间的激励和推动。这里，我不禁想起白寿彝先生在他所著《中国史学史》第一册的《叙篇》里写到的有关的人和事，他称之为"师友之益"。他提到早年的家庭教师吕先生和凌素莹先生，提到就读燕京大学国学研究所时期的陈垣先生、张星先生、郭绍虞先生、冯友兰先生、许地山先生、顾颉刚先生、容庚先生、黄子通先生等，又特别提到楚图南先生和侯外庐先生。这些先生，在他的不同发展阶段上，都给予他种种教益和帮助。正因为如此，白先生十分感慨地写道：治学，

---

① 史念海：《河山集》六集《自序》，太原：山西人民出版社1997年版，第4—5页。

除了"主观努力外,师友的帮助和教导有很重要的作用"。对此,他作了这样的总结:

> 古语云:"独学而无友,则孤陋而寡闻";"与君一席话,胜读十年书"。我回忆多年以来师友之益,深感这两句话的深刻。如果我在学术上能提出一点新的东西,这同师友的帮助和教益是分不开的①。

今读史先生《河山集》六集《自序》,其意亦如此。老一辈学人的这种虚怀若谷、把师友之益与学术上的创见看得如此重要的学风和境界,在今天显得多么珍贵,多么发人深省!

彰往察来:历史和现实

历史学的目的,不仅在于探究历史真相,还在于以这种探究的结果寄寓对现实的关注。换言之,史学家研究过往的历史运动,是为了参与和促进当前的历史运动。史先生治中国历史地理之学,其研究对象、研究旨趣、研究方法,都鲜明地显示出历史学的这一崇高的宗旨和他本人的治学风格。

白寿彝先生在1980年为《河山集·二集》作序时指出,"马克思重视自然条件在社会生产中的作用",并对此作了简明扼要的分析。他写道:

> 念海同志治历史地理之学,快有半个世纪了,早已成绩硕实,卓然名家……对于作为一门科学的历史地理,我是一个外行。但我阅读了这书排印小样的自序,就一下子把我吸引住了。这本书实际上是按照上述马克思的论点进行工作的,它为历史研究工作和历史地理学踩出了一条路子,这是应当特别重视的②。

这些评论,从普遍的意义上肯定了史先生研究历史地理之学的合乎逻辑的理性精神,同时也评价了史先生研究历史地理之学的独特风格与社会意义。毫无疑问,这些话完全可以用来概括《河山集》各集的共同特点。

---

① 白寿彝:《中国史学史》第1册,上海:上海人民出版社1986年版,第187、188、192页。
② 史念海:《河山集·二集》白寿彝序,北京:生活·读书·新知三联书店1981年版,第4—5页。

这里，我想提到史先生的另外两本著作，即《黄土高原森林与草原的变迁》（1985）和《中国的运河》（1988）。前者是史念海先生和他的助手撰写的一本科学性和通俗性相结合的著作。作者根据历史事实并有针对性地论述了以下一些问题：黄土高原的自然地理特征，早期的农林牧交织地区，农牧地区界限的推移，黄土高原森林地区的缩小和破坏，生态平衡的变化及其影响，种草种树与黄土高原的改造等。作者指出本书的主旨是"将黄土高原的森林和草原地区的变化，以及农林牧业的分布历史，缕列论述，以期有助于当前种草种树、改造黄土高原的伟大创举"[①]。尤其难能可贵的是，早在十七八年前，本书作者已经明确地提出在黄土高原"必须退农还林，退农还牧"的建议[②]，足见作者的卓识和强烈的社会责任感。

现在，我们再来看后一本书《中国的运河》。此书原本是20世纪30年代史先生青年时代的著作，80年代经作者重新修订，于1988年面世。全书面貌已大为改观，形同新著。在本书的序言中，史先生对历史地理学的对象和性质作了这样的概括：

> 地理现象是经常在变迁着，这样的变迁对于人的从事生产及其他活动必然会发生相应的影响。人是能够利用自然和改造自然的。这样的利用和改造又会反过来影响自然，促成地理现象的新的变迁。这样互为影响，永无休止，其间具有各种相应的规律。历史地理学正是要探求这样的变迁、影响及其有关的规律，使人能够更多更好地利用自然和改造自然[③]。

作者的这一认识，闪耀着马克思主义辩证唯物主义和历史唯物主义的光芒。正如作者自己所回顾、反思的那样，在新中国成立前，人们还没有达到这样的认识水平，这是在新中国成立后，才有可能达到的学术思想境界。当然，这除了研究水平的提高外，学习马克思主义理论并以其指导研究工作，是一个重要的原因。从作者学术思想发展的历程来看，可以得到这样的启示：唯物

---

① 史念海等：《黄土高原森林与草原的变迁·前言》，西安：陕西人民出版社1985年版，第5页。
② 史念海等：《黄土高原森林与草原的变迁·前言》，西安：陕西人民出版社1985年版，第3—4页。
③ 史念海：《中国的运河·序》，西安：陕西人民出版社1988年版，第2页。

史观在帮助人们科学地认识社会和自然及其相互关系方面，确有不可替代的作用。

因为有了上述这样的认识，作者符合逻辑地进一步指出：

> 我逐渐体会到像历史地理学这样一门学科不仅应该为世所用，而且还应该争取能够应用到更多的方面。一门学科如果不能为世所用，那它是否能够长期存在下去，就成了问题了。历史上曾经有过若干绝学，最后终于泯灭无闻。沦为绝学自各有其因素，不能为世所用可能是其中一个重要原因[①]。

这几句话，平实易懂，但却字字千钧，反映了作者治历史地理学的根本旨趣，以及他对于这门学科的社会历史使命的追求。

《中国的运河》共八章：远古时期自然水道的利用，先秦时期运河的开凿及其影响，秦汉时期对于漕运网的整理，东汉以后漕运的破坏与补缀，隋代运河的开凿及其影响，政治中心地的东移及运河的阻塞，大运河的开凿及其废弛，大运河的残破及恢复。1989年，我拜读了《中国的运河》，深深地为作者渊博的学识、高远的旨趣、丰富的感情所吸引，所震撼。因此，我为《中国的运河》写了一篇文字较长的评论，题为《运河：历史的价值和现实的意义——评史念海教授著〈中国的运河〉》[②]，就我的学习、研读所得，提出几点认识。我认为，此书的一个显著特点是，它详细地考察了历史上运河的变迁，同时也广泛地考察了运河沿岸的历史变迁，我把这概括为"历史上的运河和运河史上的历史"。此书的另一个显著特点是，阐明了运河在历史上的价值，也说明了它在现今的存在意义，我把这些论述概括为"历史的品格和现实的品格"。换言之，作者写运河，不仅写出了它的古今变迁，而且也写出了与其相关的经济社会的历史面貌，读来令人兴味盎然，浮想联翩。作者对历史的理解，对文献的利用，对实地考察的重视，以及三者的有机结合，在书中反映得十分突出。

在这里，我还要顺便提起一件小事。那是20世纪90年代初，我去拜访史先生。在交谈之中，我冒昧地向史先生提出建议：希望他在《文史知识》上开辟

---

① 史念海：《中国的运河·序》，西安：陕西人民出版社1988年版，第3页。
② 见《人文杂志》1989年第5期。

专栏，撰写通俗性的历史地理方面的连载文章。我向史先生诚恳地说明了当时的想法：第一，我们国家的各级领导干部，为政一方，要把事情办好，应当有一点历史地理的常识；同时，这也是历史地理之学走向广泛的经世致用之途的一个重要方面。第二，我是《文史知识》的编委，也希望有史先生这样的大手笔来写"小文章"，以增强《文史知识》的社会影响。史先生十分重视我的建议。我清楚地记得，他拿出一个笔记本，同我讨论一些细节问题，包括撰写一些什么内容、需要多大的篇幅、将来如何结集出版、如何向社会宣传历史地理知识的重要性等，谈得十分融洽，使我受到很大的鼓舞。后来终因史先生学术任务繁重，这一计划未能实现，但由此仍可见这位学者对普及工作的重视，对现实的关注。

《黄河颂》："黄河论"的诗化

1989年5月，史先生为山西平陆县举办黄河书画展，撰写了一篇历史散文，题为《黄河颂》。其时《河殇》流传，媒体渲染，纷纷扰扰。这一年的夏秋之交，我到陕西师范大学开会，听说史先生撰有《黄河颂》一文，很是兴奋，颇想一睹为快。乃托人转告史先生，可否使我如愿。回京后不久，11月30日，即得史先生来书，并附《黄河颂》一文。史先生待晚辈亦如待友人，他在信中写道：

> 别来又复匝月，为念。前尊驾莅陕时，上官偶然谈到拙作《黄河颂》，多承眷念索阅，为感。日昨检整箧中，得获旧籍，因命人抄录一份，随函奉上，以博一粲。

这使我非常感动：史先生真是一位虚心、谦和、真诚的长者，是一位难得的良师益友。

《黄河颂》气势宏伟，底蕴深沉，文如行云流水，意寓赤子之心。我捧读再三，不忍释手。于是，我想起了史先生曾同我侃侃而谈，说他如何沿着黄河东下，进行实地考察，其最终目的地是黄河入海口。后因适逢连日大雨，道路泥泞，不能继续前行，距黄河入海口仅200公里而返，深以为憾。其时，史先生已是耄耋之年了，这种精神实在令人钦佩。我又想起了史先生在《河山集》二集、三集中那些论述黄河和黄河流域之变迁的鸿篇巨制。作者从远古时代论到历史时期,从黄河上游论到黄河中游,从黄河变迁论到经验教训,从生态破坏论到治理方略,等等,都是严谨、务实之言,忧患、划策之论。史先生的《黄河颂》不愧是当代黄河之论的大手笔。他的这些宏论,是一部真正的当代《黄河论》巨著。他的《黄河颂》,恰是他的宏论的诗化,是史家之理性与情感的升华和凝聚。

这里,我引用《黄河颂》的首尾两段,读者可见史家思想的深邃和内心世界的博大。其文曰:

> 浩瀚壮阔的黄河,奔腾澎湃,流经黄土高原。黄河流域是黄种人滋生繁衍的地区,也是轩辕黄帝居处营卫的所在。黄河哺育着中华民族。中华民族得到这份自然的恩赐,瓜瓞绵延,永无止境,与山川相辉映,与日月共久长。

> 近世以来,黄河屡经泛滥,造成了若干破坏。这是人为作用的恶果,是不肖的炎黄子孙的造作,植被的破坏,水土的流失,愈至晚近而愈形严重,黄河怎能不频繁泛滥?如果除旧布新,有所改革,黄河必能充分恢复它原来的哺育力量,中华民族也必能因之早日得到振兴,益臻于繁荣富强!

当时,我曾想请一家报刊予以发表,以飨读者,以正有关黄河之视听。这一想法,也得到了史先生的同意。然而,却未能实现,至今引为憾事。现在,我在本文中引用《黄河颂》的两段文字,多少可以了却十多年来的一桩心愿,也使更多的人能够窥见这位著名历史地理学家的思想、胸襟和对祖国河山的眷恋之情。

(原载2002年5月22日《中华读书报》)

运河：历史的价值和现实的意义

——评史念海教授著《中国的运河》

最近，我读了史念海教授的《中国的运河》一书（陕西人民出版社1988年4月出版），深为他的论述所折服、吸引。史先生的著作在探索历史面貌的过程中，总是蕴含着一种强烈的时代感和社会责任感。其新著《中国的运河》也有着鲜明的特点，表现了作者独特的治学风格。

一、历史上的运河和运河史上的历史

《中国的运河》不是一般地讲运河历史的书，它是把运河的发展、变迁跟当时的社会结合起来，因此，我以为它是一部阐述历史上的运河和运河史上的历史的著作。这是本书的一个鲜明的特点。

本书对于历史上的运河的阐述，除第一章是讲远古时期中国先民对于自然水道的利用外，第二至第八章，依次讲了先秦时期运河的开凿及其影响，秦汉时期对于漕运网的整理，东汉以后漕运网的破坏与补缀，隋代运河的开凿及其影响，宋代对运河的整理，元明清时代对大运河的开凿及其废弛，以及民国以来迄于近年大运河的残破及恢复。从作者饶有兴趣的叙述中，可以清晰地看到中国运河的发展史。其间，自然充满着兴废与成败，繁荣与萧条，理想与挫折。事实的确是这样：对于中国运河的历史，人们愈是深入地认识了它，愈是真切地感受到它是一部交织着无数赞歌与悲歌的历史。作者从"运河的萌芽"一直写到"大运河的恢复"，中间贯穿着一个基本思想：人们究竟应当怎样认识运河和利用运河？在这方面有作为者，战国以下，代有其人，本书多有论

列。作者意在阐明：一部中国运河史，是从一个方面反映了人与自然之关系的历史。

然而，这还不是作者在本书中所要阐述的全部内容。作者在本书中还包含着更深一层的涵义，即考察中国运河发展史上的种种社会状况，质而言之，即上文所说运河史上的历史。只有经过这种考察才能说明：一方面，运河的发展是由于社会的（包括经济的、政治的、军事的）需要，因而对社会的发展产生了重要的作用；另一方面，社会历史的变动也极大地影响着运河的兴废。这一思想贯穿于全书之中，而所列举的史实在书中俯拾皆是。如作者在论隋代运河的开凿及其影响时写道："炀帝在位的六七年之中，把国内的水道交通网整个地建立起来。这原是一宗至好的事情，不过他操之太急了，逼得民不聊生，倒反成了一宗苛政，结果身死国亡，落了一个悲剧的下场。隋亡以后，运河的利益才大为显著起来。唐初的国强民富，论其原因自然很多，但运河的功效未始不是其中的一端。直到玄宗天宝末年，安禄山反叛，运河的交通才受到影响……后来东南运输中断，唐代也就亡了。"（第175—176页）这里，中心还是在讲运河，但却从一个方面讲出了隋之所以亡、唐之所以兴的原因。从贞观之治到开元盛世，唐代从开国到安史之乱的百余年中一直处于不断发展的阶段，并两度出现历史上有名的治世，向来为史家所重视。但是，把隋代开凿运河这个终于导致它灭亡的重要原因，同时又看作唐初国强民富的重要原因，却历来不被史家所重视，所强调。又如作者在讲到元代对运河的开凿时写道："元代所开凿的运河固然还利用……旧日残余的遗迹，但它所表现的意义却已经不同了。""元代运河所以和昔日有差异，主要是因为国都已经变迁。以前各朝，只要不是在分裂或偏安的时期，对于国都选择总是离不开长安、洛阳和开封，而当时的经济中心和富庶区域则是在东部或东南部，所以当时的运河是呈东西方向的。这东西方向的运河形成了国内主要的交通干线……到了元代，国都……移到大都（今北京市），这在中国历史上是一个最大的变局。国都移了地方，所以运河也就跟着转了方向……开凿的运河自然采取南北方向，而不是采取东西方向了……这个角度的变化，说明了过去关中和中原的繁荣已经由北部取而代之了。"（第267—268页）这就是说，都城的变迁，引起了运河方向的变化；运河方向的变化，又说明了中国繁荣地区的转移。运河之于社会历史，关系竟是如此密切。这样的情况，从明初定都于江宁，而后又迁都于北京及其

影响到运河系统局面的改变,也看得十分清楚。(参见该书第305—309页)

从更具体的方面来看,作者在本书中对于运河史上的历史面貌的揭示,还有两点是十分值得注意的。一是自秦汉特别是唐宋以下,运河在漕运方面所发挥的巨大作用,一是运河的兴废对于运河沿岸经济都会的荣枯所产生的重大影响。在这两个方面,作者都向我们提供了许多具体的数据和详尽的考察结果,如同在展示一幅幅跟运河盛衰息息相关的社会面貌的历史画卷。

总之,读了《中国的运河》,不只是了解了中国运河的发展史,而且对中国历史的发展也有了一种新的认识。诚然,中国的运河并不是影响中国历史发展面貌的唯一因素,但是,它确在很大程度上影响到历史上的中国的面貌。本书所提供的这一研究成果对我国通史研究和断代史研究中怎样看待运河——这一人力与自然力结合的产物——的作用及其对历史面貌的影响,进而怎样评价有关的历史问题和历史人物,有不少宝贵的启示。

二、历史的品格和现实的品格

一部讲历史的书,或是讲某种专史的书,如能具有历史品格,即通过对真实历史事实的叙述而赋予读者以历史知识和历史智慧,那么这无疑是一部有价值的著作。如果这样的书同时又具有现实的品格,即它可以帮助读者以历史知识和历史智慧而反求诸现实——不是对历史和现实的生拉硬扯,而是从历史的考察中推进和深化对现实的思考——从而获得有益的启示,那么这当然就是一部更有价值的著作了。《中国的运河》正是一部兼有历史的品格和现实的品格的著作,这是它的又一个非常鲜明的特点。

《中国的运河》之历史的品格,从前文所说历史上的运河和运河史上的历史可略见其大概。这里还要补充一点的是,作者为了求得更实际的准确结论而所做的一些考证与纠谬的工作,乃是一部历史著作真正具有历史的品格的前提之一。作者在这方面的功力和见解,毋庸置疑地进一步提高了本书的学术价值。如作者指出:"最初开凿运河的是楚国,而不是吴国。"(第12页)而关于鸿沟开凿的时期则矫正诸多旧说,"拟定为梁惠王十年至十八年之间"。(第49—52页)东晋谢玄所修的青州沟"只能说是整理河道""是不能称之为运河的"。(第143页)关于隋之通济渠在唐宋两代称为汴渠或汴河,"其实和东汉以后的汴渠完全不同"的考证,更是旁征博引,极尽考据之妙趣,令人赞叹、折服，以及辨析原渠之流向及其与成国渠的关系，（第189—191页）等等，读来都使人兴致盎然。近年来，我国学术界似有一种鄙夷考证方法的风气，而《中国的运河》恰恰从一个方面证明了这种方法对于历史研究的重要性。这是因为，在史实上经不起推敲的著作，也就谈不上具有历史的品格了。

然而，《中国的运河》给予读者的启发，并不限于它的历史的品格，还在于它具有突出的现实的品格。这主要表现在两个方面：

第一，《中国的运河》对于古今关系有一种通达而自然的见解，故极易激起读者产生察今而知古、以古而观今的思考，从中得到有益的启示。如作者由古代的南北水道的重要地位联想到今日的京广铁路，又由京广铁路想到南北水道的开凿、疏通、补缀的艰难，指出："当前我国最长的南北交通干线，自然是京广铁路，可是远在杜预开凿扬口之时，我国古代的南北水道交通干线，就已建设成功。现在由北而南细数这一条南北水道交通干线的来龙去脉，倒也是十分有趣的事（下略）。这一串串的小道名称，听起来固然觉得麻烦，但在铁路没有发明以前，古代人能曲曲折折开出了这一条南北水道交通的干线，的确不是一件容易的事。只要看一看这条南北水道交通干线最初开凿的时候是远在春秋之世，而告厥成功，却一直到西晋初年，这样悠长的岁月中才断断续续得以联络起来，就可知道是如何的艰难了。"（第120—121页）诚然，假如今日中国的交通离开了京广铁路，的确是不可想象的；而古代中国的交通如果离开了南北贯通的运河，同样是不可想象的。从运河工程在历史上所发挥的巨大作用，我们更可以认识到建设和发展现代交通事业是多么的重要。又如作者在讲到隋唐时期最重要的经济都会扬州时，这样打了一个比喻："若是拿战国秦汉时期来比较，扬州的位置正和陶一样。不过陶仅是国内的经济中心，而扬州除过为国内最繁荣的都会外，还是对外贸易的口岸。若和现在的情形来比较，那时的扬州就和上海一样。"（第183页）这个比喻说明，作者不仅从经济史上考察了中心都会的古今变迁而且对现实社会的经济生活也十分关注。像这些地方，作者着墨并不算多，但却起到了把读者从现实引向历史的思考和从历史引向现实的思考的作用。

第二，《中国的运河》之最终的落脚点是在于为现实提供方略。作为一部学术著作，如前所说，《中国的运河》考察了历史上的运河和运河史上的历史，甚至对许多有争议的和有讹误的问题作了详细的考证，提出了新的、独到的看法。用作者自己的话来说，这一方面说明了运河的变迁，一方面又解释了和运河有关的若干历史事实（参见本书序，第2页）。但作者显然不满足于此，进一步提出了"为世所用"的问题。作者明确地认为："像历史地理学这样一门学科不仅应该为世所用，而且还应该争取能够应用到更多的方面。一门学科如果不能为世所用，那它是否能够长期存在下去，就成了问题了。历史上曾经有过若干绝学，最后终于泯灭无闻。沦为绝学自各有其因素，不能为世所用可能是其中一个重要原因。"（本书序，第3页）从这里，我们不难看出作者致力于历史地理学的出发点及其归宿就是"为世所用"。作者在考察了民国以前中国运河的全部历史后，提出建议："不宜使运河长期残破下去，亟应早日图谋恢复。不仅恢复到明清时期的旧规，而且应超过明清时期，达到当前世界各国的水平。"为了证明这个建议的合理性，作者指出：现在虽有海道运输和平行铁路的存在，但仍不能"抵补运河的作用"，因为海运的便利只限于有数的几个海口，而这些海口大多距离运河沿岸较远，平行铁路比运河运输迅速，但运费却超过运河运输，何况平行铁路已难以满足日益增长的运输要求；再者，运河沿岸的物产，亦须直接通过运河南北交流。此外，作者还注意到世界发达国家的经验，认为："西欧各国铁路的交通不能不说是极端发达，但是各国在铁路以外，还积极地注意运河，不仅对旧有的培护改良，新开凿的更是时有所闻，其中不乏和铁路平行的，可知运河和铁路的关系是如何的密切。"（第359—361页）在这个问题上，作者视野所及，一览古今中外，可见他的上述建议是经过缜密的思考才提出来的，自应受到社会的重视。因此，作者满怀信心地写道："大运河若能早日整理通航，贯通我国东部的水上交通干线得告成功，这是一个重大的建树，对四化建设必然会起到显著的助力。"（第370页）

为了使大运河重新畅通，甚至超过明清的旧规，那就连带着必须解决另一个重大问题，即设法恢复黄河中上游流域的植被覆盖。只有这样，才能逐步减少黄河下游的泥沙淤积，才能保证大运河的畅通无阻。作者指出：自东汉魏晋以来，黄河中上游草原地区显然有所扩大，而曾经遭受破坏的森林又得以逐渐恢复。这当然会降低侵蚀，使土壤得以保存。"自东汉初年起，黄河能够安澜八百年，这不是偶然形成的，在这样的基础上开凿的汴河就能够较为长期畅通；后来黄河中下游植被情形改变了，汴河的问题就纷至沓来，不易维持下去。"（第373页）历史证明，南北大运河的命运跟黄河的命运是紧紧相连的。史先生在本书中提出了恢复和发展大运河的方略，而在《黄土高原森林与草原的变迁》一书中提出了恢复黄土高原植被以改变黄土高原的方略。这两个方略是密切联系的，只有在各有关方面都认识到它们的科学价值时，才有可能逐步实现。

三、历史·文献·实地考察

最后，我想讲讲作者在本书中所反映出来的治学风格。这对于进一步说明本书的学术价值固然是必要的，但我之所以要格外强调这一点，还在于我认为作者的这种治学风格是值得向读者介绍的，是值得许多史学工作者学习的。

作者在《中国的运河》及其他论著中所反映出来的治学风格，是极善于把对社会历史面貌的把握、文献的梳理和实地考察所得结合起来，从而不断提出一些独到的见解和创造性的结论。这从作者已经出版的三本《河山集》中可以举出很多。《中国的运河》一书在这方面也是很突出的。对于社会历史面貌的把握，作者于经济、政治、军事、文化、民族关系都十分重视，对于文献的梳理，除大量的地理书外，作者于正史、笔记、文集、方志等无不利用；而于实地考察，作者更是不遗余力，格外看重，这是他治学风格中尤具特色的一个方面。作者在本书序文中有一段话，叙述了他近几十年来考察运河的足迹所至及种种收获（见本书第4页）。作者在作这些考察时备尝艰辛，惟其如此，本书才具有鲜明的特色。一方面是作者在指陈运河遗迹、历数其兴废得失时，侃侃而谈，了若指掌，给读者增添了许多实感。另一方面是作者通过实地考察，加深了对历史的认识，故其文虽约，而其意则远，其旨甚宏。还有一个方面是作者以实地考察所得，纠正了前人或今人的一些不正确的看法，其中很有意义的一件事是对唐宋汴河遗迹的考察，以证其非东汉至六朝之汴渠或汴水。

研究历史，固然要掌握丰富的文献，但重要的还在于对历史应有一个全局的器识，同时辅之以有计划的、科学的实地考察，使三者结合，融会贯通，且具有"为世所用"的自觉意识，不断提出创造性的见解。我想，这或许就是本书作者治学的风格和旨趣之所在。

时下，文化学研究颇为学术界所青睐，然而这种研究流于空泛者居多，也有不少是从文化说到文化的。读罢《中国的运河》，咀嚼余味，倒是觉得它很像一本阐述中国运河文化的著作。而本书提出的一些史实和论点，也是可以进一步撰成鸿篇巨制的，如书中指出，明清时期"大运河侧畔于全国重要的经济都会竟占有三分之一"（第347页），这一历史现象是否也可以从文化学的角度作深入的研究呢？以往人们讲春秋战国时期各族的融合，包括文化上的相互沟通，于运河的开凿、畅通所发挥的作用很少论及，本书在这方面则提出了有启发性的见解（参见第61—63页）。作者进而认为："黄河下游南北广大平原，自来是兴修运河最多的地区……这个地区在远古时期是我国文化的摇篮，也是我国先民的发祥地。当时文化能够有显著的发达，原因自非一端，河流众多也应是其中的一点。如果在这里恢复以往的运河，不仅能够促进这个地区的四化，也将使这个地区的文化更加发达起来。"（第37页）像这些问题，都是极富现实意义的，相信《中国的运河》的修订出版，定会推进这方面的研究，促成更多的论著问世。

（原载《人文杂志》1989年第5期）

关于评价历史人物的是是非非

近半个世纪以来，有关评价历史人物问题的讨论，不曾中断过。随着讨论的深入，人们提高了水平，增加了共识，而歧异总还是会有的。讨论的深入，要求人们从历史、史学、理论、方法等方面作全面的思考。在这个问题上，不仅唯物史观给我们以正确的指导，而且丰富的史学遗产也给我们以深刻的启示。这里，我结合中国古代史学上所提出的有关问题，谈几点认识。

一个古老而常新的话题

评价历史人物，是史学上的一个古老的话题。讲历史，离不开人；讲人，离不开功过善恶。价值评判，古往今来的历史学，莫不如此。

其中，是是非非，层出不穷，往往"盖棺"亦难"论定"，使这个古老的话题永不衰竭，常说常新。这种情况，在中国史学上多得很。比如，孔子称董狐是"古之良史"，至今都有不同看法。司马迁称赞"商鞅变法"，后人多有议之，而王安石作诗云："今人未可非商鞅，商鞅能令政必行。"（《王文公文集》卷七三）《史记》中写了《项羽本纪》《陈涉世家》，刘知幾着力抨击，而洪迈则撰文说"陈涉不可轻"（《容斋续笔》卷一四）；至于《游侠列传》《货殖列传》，班固则讥为"退处士而进奸雄""崇势利而羞贱贫"。（《汉书·司马迁传》后论）古代史家对商纣王、曹操、武则天有这样那样的微词，现代史家则为他们"翻案"……对于两宋以下、近代以来的历史人物，人们在评价上的歧异就更多了，于是翻案文章也多了起来。可以说，这种现象，古已有之，于今为烈。

为什么"物有恒准,而鉴无定识"

为什么对同一个人物,总会有种种不同的评价?这个问题,古代史家早就提出来了,唐人刘知幾认为:"物有恒准,而鉴无定识,欲求铨核得中,其唯千载一遇乎。况史传为文,渊浩广博,学者苟不能探赜索隐,致远钩深,乌足以辨其利害,明其善恶!"(《史通·鉴识》)这一段话,从理论上指出了为什么评价历史人物是一件很不容易的事情。第一,他提出了"物有恒准,而鉴无定识"这一事实。事物自是客观存在,只是人们的看法各异罢了;惟其如此,"铨核得中"就十分困难了。第二,"鉴无定识"是怎样造成的呢?一是因为人们"识有通塞,神有晦明"的差别,二是因为文献浩繁广博,人们往往难以顾及全面,于是就出现了"毁誉以之不同,爱憎由其各异"的现象。为避免这一现象,人们只有下决心"探赜索隐,致远钩深"而别无选择。当然,刘知幾也讲到过"爱而知其丑,憎而知其善"这种方法论上的问题。

清人章学诚认为,人们在评价历史人物上之所以会出现歧异,主要有两个原因,一是"推求失旨",二是"爱憎不齐"。(《文史通义·知难》)由于"推求失旨""爱憎不齐"的现象总是会存在的,所以一个历史人物的"身后之知"就往往成了人们争论的话题。

怎样理解"知人论世"

孟子说:"颂其诗,读其书,不知其人,可乎?是以论其世也。"(《孟子·万章》)知人论世,是中国学人治学的优良传统。

如何对待评价历史人物之难,刘知幾提出的办法是"探赜索隐,致远钩深"。这是着眼于文献的探求。章学诚提出的办法是着眼于方法论上的考虑。章学诚在分析陈寿、习凿齿、司马光、朱熹在对待魏、蜀的正闰处理之不同的问题时,指出:"诸贤易地则皆然,未必识逊今之学究也。是则不知古人之世,不可妄论古人文辞也;知其世矣,不知古人之身处,亦不可以遽论其文也。身之所处,固有荣辱、隐显、屈伸、忧乐之不齐,而言之有所为而言者,虽有子不知夫子之所谓,况生千古以后乎!"(《文史通义·文德》)虽然这里讲的是论"文",其实这同论"人"是一致的。这是阐述知人论世之原则的一段名言。所谓"推求失旨""爱憎不齐",大多是违背这个原则的缘故。而尤其是对于"世"的认识，常常直接关系到对一个历史人物的评判。

比如，不知董狐、孔子之"世"，就会把孔子称道的董狐所记"赵盾弑其君"，视为常识性的错误。

又如，真正读懂了并且理解了司马迁说的"桀、纣失其道而汤、武作，周失其道而《春秋》作。秦失其政，而陈涉发迹，诸侯作难，风起云蒸，卒亡秦族。天下之端，自涉发难"，（《史记·太史公自序》）就会明白司马迁是通过对历史上一些近似的"世"的比较，提出了具有某种必然性因素的认识；这就是说，即使是另一个人起了这样的作用，司马迁也会给予相同的评价的。

再如，唐初史家在评价韩擒虎、贺若弼在隋朝南下灭陈的功绩时写道："贺若弼慷慨，申必取之长策，韩擒奋发，贾余勇以争先，势甚疾雷，锋逾骇电。隋氏自此一戎，威加四海。稽诸天道，或时有废兴，考之人谋，实二臣之力。"（《隋书》卷五二后论）这里讲"天道""人谋"和"时"与人的关系，不仅讲清楚了"世"，也涉及必然与偶然的关系了。他们在评价隋文帝、隋炀帝时又这样写道："迹其衰怠之源，稽其乱亡之兆，起自高祖，成于炀帝，所由来远矣，非一朝一夕。"（《隋书·高祖纪》后论）从对隋的灭亡的认识和对文帝、炀帝的评价来看，也是涉及"世"，涉及必然与偶然的关系了。至于隋朝之亡"成于炀帝"，自也不会离开具体的"世"。史载，隋炀帝统治时，"骄怒之兵屡动，土木之功不息，频出朔方，三驾辽左，旌旗万里，征税百端，猾吏侵渔，人不堪命。乃急令暴条以扰之，严刑峻法以临之，甲兵威武以董之，自是海内骚然，无聊生矣"（《隋书·炀帝纪》后论）。显然，评价隋炀帝，不能离开这个具体的"世"；评价隋末农民起义，也不能离开这个具体的"世"。

可见，在评价历史人物问题上，"知人"与"论世"的关系，是万万轻率不得的。

同知人论世有关的，是中国史家评论历史人物从来都注意到言与行的一致，以及功业与道德兼顾。对于一个人，不能"听其言而信其行"，而应"听其言而观其行"，（《论语·公冶长》）这是孔夫子的理论。后来，史家评论历史人物也遵循了这个原则。司马迁为管仲、晏婴立传，就是如此。他写道："吾读管氏《牧民》《山高》《乘马》《轻重》《九府》，及《晏子春秋》，详哉其言之也。既见其著书，欲观其行事，故次其传。"（《史记·管晏列传》后论）司马迁在《孙子吴起列传》后论中讲得更为具体，他写道："世俗所称师旅，皆道《孙子》十三篇、吴起《兵法》，世多有，故弗论，论其行事所施设者。语曰'能行之者未必能言，能言之者未必能行'。孙子筹策庞涓明矣，然不能蚤救患于被刑。吴起说武侯以形势不如德，然行之于楚，以刻暴少恩亡其躯。悲夫！"从司马迁评价管、晏、孙、吴，足见"听其言而观其行"（"既见其著书，欲观其行事"），恰是评价历史人物的基本方法。

《史记》写了许多人，而主要突出两点，一是"忠信行道，以奉主上"，一是"扶义俶傥，不令己失时，立功名于天下"（《史记·太史公自序》）。前者如《萧相国世家》《曹相国世家》《留侯世家》《陈丞相世家》《绛侯周勃世家》等，是很有代表性的。后者如上面提到管、晏、孙、吴以及商鞅、李斯等，也是很有代表性的。当然，从司马迁对他们的评价来看，功业与道德又不是可以截然分开的。司马迁评价历史人物，也有主要是从道德和智慧着眼的。他称赞游侠"救人于厄，振人不赡，仁者有乎；不既信，不倍言，义者有取焉"。他称赞工商业者"布衣匹夫之人，不害于政，不妨百姓，取与以时而息财富，智者有采焉"。能行仁义与"不害于政，不妨百姓"，这是从历史人物同社会的关系来评价他们的。

刘知幾强调写历史人物、评历史人物的目的，是发挥出史学的社会作用，即："其恶可以诫世，其善可以示后。"（《史通·人物》）这里说的"善""恶"，自然也包括功业和道德两个方面。中唐时期，史家进而明确地提出："富贵而功德不著者，未必声名于后；贫贱而道德全者，未必不煊赫于无穷。"（李翱《答皇甫湜书》，见《全唐文》卷六三五）这里讲的是"写谁"的问题，但它也明确地表明人们对功业和道德的重视。从今天的眼光来看，所谓功业显著和道德高尚，都被认为是有利于社会历史进步的基本尺度。

论定历史人物功过的关键何在

评价历史人物，一般说来，最后都会落实到论定其功过得失。历史活动十分丰富，历史现象十分纷繁，历史人物的行事十分复杂，其功过得失，大小异同，往往有天壤之别。如果我们把范围稍作限制，即那些在历史舞台上扮演过重要角色的人物，论定他们的善恶是非、功过得失的关键何在呢？这个关键在于，看他是"加速"了还是"延缓"了，是促进了还是阻碍了社会的发展、历史的进步。当然，要做出这种估量和判断是非常复杂的、艰难的，但并不是不可做出这种估量和判断的。在这个问题上，司马迁也留给我们有益的启示。他写《商君列传》，写出了他在秦国变法的成功和他个人的悲剧，并在后论中说他"天资刻薄""卒受恶名于秦，有以也夫！"可是，在《太史公自序》里，司马迁说他"去卫适秦，能明其术，强霸孝公，后世遵其法"。这显然是肯定了商鞅的历史作用。更突出的事例，是司马迁对秦始皇的评价。他在《秦始皇本纪》文末引用了贾谊的《过秦论》，其批评之严峻，千古以下，无与伦比。但是，司马迁在《六国年表》序中又这样写道："秦取天下多暴，然世异变，成功大……学者牵于所闻，见秦在帝位日浅，不察其终始，因举而笑之，不敢道，此与以耳食无异。悲夫！"秦朝统治的残暴和国祚短，是事实，但更重要的是它造成了社会变革并获得了巨大的成功，对此视而不见，这样的"学者"不是很可悲吗！在《过秦论》之后，司马迁发此宏论，实在是有胆有识。还有，司马迁肯定陈涉在"亡秦"中具有"首事"的历史功绩，是人们所熟知的。对此，后人颇有非议。宋人洪迈却又阐发了司马迁对陈涉的评价，他不赞成扬雄等人以"乱"与"祸"来评价陈涉，指出：

> 秦以无道毒天下，六王皆万乘之国，相踵灭亡，岂无孝子慈孙、故家遗俗？皆奉头鼠伏。自张良狙击之外，更无一人敢西向窥其锋者。陈胜出于戍卒，一旦奋发不顾，海内豪杰之士，乃始云合响应，并起而诛之。数月之间，一战失利，不幸陨命于御者之手，身虽已死，其所置遣侯王将相竟亡秦。项氏之起江东，亦矫称陈王之令而度（渡）江。秦之社稷为墟，谁之力也？（《容斋续笔》卷十四《陈涉不可轻》）

显然，这是古代史家在评价历史人物方面着眼于社会发展、历史进步的一个很突出的例子。此外，司马迁对吕后的评价，也是如此，不仅为她立了个本纪，而且说她统治时期，"政不出房户，而天下晏然。刑罚罕用，罪人是希。民务稼穑，衣食滋殖"（《史记·吕太后本纪》后论）。

值得注意的是，司马迁、洪迈在论到秦朝灭亡时，事实上都在一定程度上肯定了农民起义的合理性及其历史作用。上文所引唐初史家论隋朝的灭亡，与此颇相类似。这样的认识和评价，在中国古代史学上还可以举出不少。

由此看来，尽管在评价历史人物问题上，存在着"物有恒准，而鉴无定识"这样的事实，但是只要人们遵循唯物史观的理论和方法，努力于"探赜索隐，致远钩深"，努力于知人论世，把握住论定历史人物功过是非的关键所在，那么，在评价历史人物这个古老而常新的领域中，就会避免、识别一些"推求失旨""爱憎不齐"的论点，在"鉴无定识"之中确立正确的或近于正确的认识，不断取得新的进展和新的成果。

（原载《湖北大学学报（哲学社会科学版）》1997年第2期）

决策漫谈

魏绛"和戎"之策

自古以来，中国是一个多民族的国家，民族关系的发展成为历史进程的一个重要方面。

春秋时期（前770—前476），王室衰微，诸侯崛起，大国争霸成为时代的特点，其间始终交织着民族间的交往、纷争和融合。是时，凡有识之士而当大事者，一要善于处理各诸侯国尤其是各大诸侯国之间的关系；二要善于处理"诸华"与"诸夷"的关系。诸华，指中原各族；诸夷，泛指周边戎、狄、蛮、夷各族。在当时，只有正确处理好这两个关系，才能保证政治决策上的成功。

周灵王三年（前569），北方山戎族的一支无终国的首领嘉父，受"诸戎"之托，派遣孟乐为使者，携带虎豹之皮做礼物，来到晋国，拜见晋国大夫魏绛，请他转达晋国国君晋悼公（前572—前558在位），希望晋国同"诸戎"建立和好的关系。魏绛认为这是一件大事，立即转达孟乐的请求。不料晋悼公却认为："戎狄无亲而贪，不如伐之。"气氛一下子变得紧张起来。

主和，还是主伐？这两种截然相反的主张，成为当时晋国在政治决策上的一个重大抉择。魏绛不失为一位有远见的政治家，他深知这一抉择的重要，于是耐心地、详尽地从历史经验教训和现实利害得失两个方面，向晋悼公陈述"和戎"的必要性及其利益所在。

首先，魏绛从全局上对晋国与各诸侯国之间的关系作了分析，并由此判断"和戎""伐戎"的利弊。他认为：诸侯新近顺服晋国，陈国又新近来同晋国建立了和好的关系，各诸侯国都在观察晋国的行动，如果晋国去攻打戎狄，楚国就可能出兵攻击陈国，倘晋国无力救援陈国，诸侯就会纷纷疏远晋国。这样做，值得吗？

其次，魏绛又语重心长地引证了《夏训》上所记载的历史教训，说后羿不听旁人的劝谏，信任奸邪的寒浞，不仅自己被害，而且使整个部落都遭到灭亡。这件事，周朝的太史辛甲把它记载在《虞人之箴》里，为的是提醒百官时时要劝诫天子，不要像后羿那样沉湎于打猎，要多关心决策上的大事。魏绛这些话，是有针对性的。

最后，魏绛非常具体地阐述了"和戎"之策对于晋国有五利：一是戎狄逐水草而居，重货轻土，故其土地可以收买；二是边境安宁，百姓安心耕作，收成有了保证；三是戎狄顺从晋国，晋国的各邻国都会为之震动，晋国的威望可以进一步提高；四是以德对待狄，减少了战争，将士们可以得到休整；五是接受了后羿的教训，宣扬了道德法度，远近都会善待晋国。

魏绛对"和戎"之策的这一番分析，不仅说服了晋悼公，而且使他为之兴奋。于是晋悼公责成魏绛具体实施与"诸戎"订立盟好的事宜，并由此更加关心民事，而他本人在狩猎方面也大大节制了。

晋国历史的发展，证明了魏绛"和戎"之策的正确。八年之后，即周灵王十年（前562），在郑国的一次危机中（"诸侯之师观兵于郑东门"），晋国出面同郑国结盟，再次扮演盟主的角色。事后，郑国送给晋悼公许多礼品，其中有"歌钟二肆""女乐二八"。即两架乐器、歌舞之女十六人。晋悼公自然十分高兴，即"以乐之半赐魏绛"，并诚恳地对魏绛说："子教寡人和诸戎狄，以正诸华，八年之中，九合诸侯，如乐之和，无所不谐，请与子乐之。"魏绛谦逊地坚辞，并引用古书上的"居安思危"的话提醒晋悼公。晋悼公也坦诚地表示："子之教，敢不承命！"同时又说："夫赏，国之典也，藏在盟府，不可废也。子其受之！"魏绛只好接受了晋悼公赐给他的金石之乐。

对于魏绛"和戎"一事，古代史家称，这是晋文公称霸后的晋悼公"复霸"的开始，足见其意义重大。

西门豹治邺的决策三步骤

太史公司马迁在《史记·滑稽列传》里写了几个"滑稽"人物。这些人物，与其说是以诙谐、幽默见长，毋宁说是以他们的睿智和果断呈现出一种特殊的表现形式，从而影响着、决定着重大的决策。司马迁称赞他们"不流世俗，不争势利"，在"滑稽"的表象背后以自身的器识为社会做一些有益的事情。

西门豹就是这样一个历史人物。

西门豹是战国时人，魏文侯派他做邺令。西门豹把邺地治理得很好，这大概是许多人都熟知的事，说是脍炙人口，也不算夸张。

温故知新。我们有必要从"滑稽"和饶有兴味的层面上深入下去，认真思索一下。西门豹作为邺（在今河北临漳县西南邺镇东）这个地方的行政长官，他是怎样为除害兴利、保境安民而决策的？从《史记·滑稽列传》所记西门豹史事来看，这个决策有三个重要步骤。

第一个步骤，深入民间调查研究，为制定决策做出基本判断。史载，西门豹到邺上任后的第一件事情，就是"会长老，问之民所疾苦"。他从那些年事已高、正直而有声望的百姓中了解到，"为河伯娶妇"的陋习，为害极深，正是民间最突出的"疾苦"：一是掌管教化的乡官"三老"、管理刑狱的小吏"廷掾"同巫祝们互相勾结，每年都要从百姓头上敛钱数百万，以其中二三十万搞什么"为河伯娶妇"的勾当，而将绝大部分钱财瓜分后尽入私囊。二是巫祝们在民间寻觅好女，"聘"为"河伯妇"，投入河中，死于非命，以至于凡家有好女者纷纷逃往他乡。三是百姓重负、户口减少，于是水利失修、土地荒芜，人民更加贫穷。倘不为"河伯娶妇"，"河伯"就要为患……这一番调查所得，使西门豹不仅明确了治邺的决策根据，而且也坚定了治邺决策的决心。

第二个步骤，揭穿和根绝"为河伯娶妇"的陋习和骗局，使百姓从横征暴敛和精神枷锁中解脱出来，为治邺决策的实施扫除障碍。于是，当新的一幕"为河伯娶妇"的闹剧开始之时，西门豹亲临河堤之上，佯称巫祝所聘之女不合适，当另觅好女为"河伯妇"，并命大巫祝入河通报"河伯"。当即，吏卒们抱起大巫祝投入河中。继而，又相继将大巫祝的三个女弟子投入河中，去"催问回音"。又继而，说女子办事不力，乃将"三老"投入河中。这些惯于用"河伯"愚弄、恐吓百姓的恶人，在滔滔河水中，自然有去无回。这时，西门豹还要以"廷掾"入河去"查看究竟"，只见平时那些为虎作伥、欺骗百姓的人们"皆叩头，叩头且破，额血流地，色如死灰"。看到这情形，西门豹带着几分讥讽、几分威严地宣布：看来"河伯"把客人们挽留得太久，大家不必等了，你们都回去罢。西门豹这一具有戏剧性的果断措施，使邺地各色人等大为震撼，并产生了深远的影响："邺吏民大惊恐，从是以后，不敢复言为河伯娶妇。"至此，治理邺地的最大障碍被彻底清除了。

第三个步骤，引漳水溉邺田，改良土壤，发展生产，使百姓富足起来。西门豹深知，揭穿和根绝"为河伯娶妇"的骗局，还不能使邺地人民富足起来，他治邺的决策最终要落实到发展生产上来。于是"西门豹即发民凿十二渠，引河水灌民田，田皆溉"。开凿水渠，引漳河水灌溉民田，是一项较大的水利工程，民众十分辛苦，难免产生怨言。西门豹对人们说：现在父老子弟们的确很劳苦，但是我相信百年之后人们都还会想到我现在所说的和所做的，都是正确的和有益的。

果然，不久邺地的面貌有了很大的改变，百姓都富起来了。司马迁在《史记·河渠书》里写道："西门豹引漳水溉邺，以富魏之河内。"直到汉武帝时，这里都得益于水利，"民人以给足富"。史称："西门豹为邺令，名闻天下，流泽后世，无绝已时"，称得上是"贤大夫"了。他治邺的决策，留给后人很多有益的启示。

秦国致强的三次重大决策

秦始皇灭亡战国群雄，建立秦朝，完成统一大业，是中国历史上具有深远历史意义的重大事件。然而，秦朝以前的秦国，原是一个弱小的诸侯国。一来它立国甚晚。西周末年，周幽王无道，被犬戎所杀。周王室为避犬戎锋芒，东迁洛邑。秦襄公以兵护送周平王东迁有功，始被平王封为诸侯。二来它僻处西陲。西周末年，秦的先人居于秦（一说在今甘肃清水一带，一说在今陕西宝鸡县境内）。周平王封秦襄公为诸侯时，与之盟誓，才答应把犬戎所夺取的岐（今陕西岐山县东北）、丰（今陕西长安西北沣河以西）之地赐予秦国。从时空上看，秦国同西周初年受封的那些诸侯国实不可同日而语。

秦国从立国起到秦始皇建立秦朝，经过550年的发展才达到顶峰。其间，秦国有数十个重要决策，其中有三次关键性决策，决定了秦国的前途。

东向受阻，转而向西开拓

周王室东迁后，秦国向东发展，至秦穆公时（前659—前621在位），秦国控制的地方东至黄河，甚至把晋国的河西之地也占据了。这时，晋文公霸业兴起，国势大振。秦穆公三十三年（前627），秦晋殽之战，秦军大败，秦国东向发展受阻，不得不考虑新的出路。正当此时，秦穆公三十四年（前626），戎王派遣由余出使秦国，观察秦国动静。秦穆公让由余参观宫室、积聚，并同他讨论治乱问题。由余说：宫室之美，积聚之多，不能称作"治"；只有上以纯德待下，下以忠信事上，才可称为"治"。秦穆公看出由余是个贤才，又熟悉西戎的地形和兵势，就设法使他归降了秦国，同他筹划"伐戎"的方略。显然，秦穆公是以会见由余为契机，确定了向西发展的决策。这是他的高明之处。秦穆公三十七年（前623），秦穆公根据由余提出的伐戎方略，攻伐戎王，灭国十二，开地千里，称霸西戎。这是秦国发展中达到的第一个高峰。

秦孝公支持商鞅变法

这已是战国中期的事情，上距秦穆公称霸西戎约250年。秦孝公（前361—前338在位）即位之初，东有齐、楚、魏、燕、韩、赵六强，秦国僻居雍州（今山西、陕西间黄河以西之地）。不仅无缘参与诸侯国之间的会盟，而且受到各诸侯国的鄙视。秦孝公是位励精图治的君主，他不能忍受东方六强的鄙视，也不甘心于谨守先人所开创的局面。秦孝公元年（前361），秦孝公下令全国说：穆公之时，修德行武，西霸戎狄，广地千里，天子、诸侯都有所祝贺，为后世开辟了基业，极为光美。后来，国家内忧，无力向外发展，诸侯卑秦，这是我们秦国的羞耻。我先人献公志在复兴穆公霸业，每念及此，异常痛心！宾客、群臣中有能出奇计使秦国强盛起来的，我将封他高官、给他土地。他的这篇悲壮激昂的令文，感召了卫国人卫鞅。卫鞅西行入秦，求见孝公。秦孝公三年（前359），命卫鞅实行变法，奖励耕战，严明赏罚。变法之初，贵族犯法，受到惩处，百姓不能适应，深以为苦。变法三年，百姓感到很适应了。变法十年，秦民大悦，国家富强。周天子和诸侯们又都表示祝贺。于是秦孝公封卫鞅于商，史称商君，故名商鞅。秦国开始成为人们不可轻视的大国。这是秦国发展史上的第二个高峰。

以"连横"挑战"合纵"

秦国的强大，引起东方六国的关注和警惕。它们先后采取苏秦的建议，形成"六国纵合而并力"以抗秦的格局。这对秦国发展极为不利。秦惠文王（前337—前307在位）十年（前328），秦以张仪为相，先后出使六国，盛言各诸侯国之间的矛盾，分别说明它们与秦国通好的必要，形成了"连横"之势，瓦解了"纵亲"即"合纵"的策略。史学家司马迁称苏秦、张仪二人"真倾危之士哉",正反映了战国时期七国争雄的激烈而复杂的政治局面。第三次关键性决策,正是秦国发展史上通向它的第三个高峰——统一中国的胜利之途。

这三次关键性决策都各有特点:第一次是在发展空间方面的决策,第二次是在发展性质方面的决策,第三次是在发展对策方面的决策。这都是战略上的决策。

攻守异势与决策方针

攻与守形势的变化,直接影响到决策方针。

秦朝的统一、兴盛、速亡,在汉初人们的思想上引起了极大的震动,也激发起深刻的思考。从经验教训和历史借鉴来看待这个问题,进而为现实的政治决策提供参考,成为汉初统治集团反复讨论的一个重大问题。

秦始皇在完成统一大业后,为巩固统一事业而做出的一些重大决策,如废分封、立郡县,车同轨、书同文,统一度量衡,等等,在中国历史上具有伟大的意义。但秦始皇巡游天下,令群臣刻石诵功,焚书坑儒,严其刑罚,重其徭役,又"多忌讳之禁,忠言未卒于口而身为戮没矣。故使天下之士,倾耳而听,重足而立,钳口而不言"。一些错误决策所造成的这种局面,在秦二世时变得更加严峻。这样的统治怎么能继续维持下去呢?秦朝的统一事业,超越前人;秦朝二世而亡,原因何在?汉初去秦未远,人们记忆犹新,所以不少人都在思考秦亡的教训。

首先提出这个问题的重要性的是汉高祖刘邦身边的一位谋士陆贾。西汉建立伊始,陆贾经常向刘邦讲述一些《诗经》《尚书》上有关治国的道理。刘邦很不高兴,说:"我是骑在马上打出天下来的,用不着去听《诗经》《尚书》上讲的道理。"陆贾针锋相对地指出:"您骑在马上打天下,也可以骑在马上治天下吗?"意思是说,天下可以用武力去夺取,但无法用武力去治理。陆贾还举出历史上的经验教训说:"商汤、周武王都是逆取而以顺守之,即以武的方针夺取天下,以文的方针治理天下,文武并用,这是长久治国的根本原则……如果当初秦朝统一之后,实行仁义,效法汤、武这些先圣的做法的话,您能得到天下吗?"刘邦听了陆贾的一席话,认为他讲得有道理,自觉惭愧,于是对陆贾说:"那就由你来撰写秦朝失天下,我得天下的原因何在,还有古代那些诸侯国为什么有的成功了，有的失败了。"这样，陆贾就奉命撰写历朝历代和各诸侯国的兴亡成败及其原因，共写了12篇。陆贾每奏上一篇，刘邦都连连称赞，说他写得好，左右大臣们也都深受启迪。刘邦把陆贾所写的书称作《新语》。

《新语》中有一篇叫《无为》，指出：秦始皇统一以后，"蒙恬讨乱于外，李斯治法于内。事逾烦，天下逾乱；法逾滋，而奸逾炽。兵马益设，而敌人愈多。秦非不欲为治，然失之者，乃举措暴众而用刑太极故也"。所谓"举措暴众而用刑太极"，意思是说凡举措都是暴虐民众而所实行的刑罚又十分残酷，这是指出了秦朝在决策上的失误。这同商汤、周武王"逆取而以顺守之"的决策方针是背道而驰的。汉初实行"与民休息"的国策，同陆贾向刘邦所阐述的决策原则是有直接关系的。这一点，还可以从汉文帝时的贾谊对秦亡教训的分析中看得十分清楚。贾谊在其《过秦论》一文中指出：秦朝之亡，是因为"仁义不施而攻守之势异也"。他解释说："在兼并战争中崇尚权谋和武力，而在统一安定的条件下要顺应民心，这是'取'与'守'两种不同的决策方针。秦朝统一以后，仍沿用'取'的方针，继续推行以权谋和武力为基础的政治，是造成它速亡的原因。"汉初顺乎时势，顺应民心，"与民休息"，正是在"守"的形势下做出的正确决策。这是秦、汉在决策上的迥异。

可见，秦的二世而亡，汉的长治久安，与其决策上的迥异至关重要。

汉初基本国策的启示

西汉初年，刘邦统治集团在打败项羽、重建统一国家之后，实行休养生息的基本国策，经过数十年的努力实施，出现了汉武帝时的盛世。这一段历史，千古传诵，脍炙人口。那么，在这个现象的背后，蕴藏着什么样的历史本质呢？

历史的真谛，可以说就在于汉初基本国策的制定及其实施的连续性。

西汉建立伊始，刘邦君臣认真地总结历史经验，自觉地从秦朝速亡的事实中看到了前车之鉴。他们把现实的和历史的经验教训上升到理论的认识，即"逆取而以顺守之"，故能顾及到人民的意愿，"顺流与之更始"。这是汉初统治集团制定基本国策的主要立足点。

历史经验是十分重要的。但是，历史经验只有通过人们的主观认识，进一步提升并重新回到实践中去，才可能发挥出它应有的作用。在这方面，汉初统治集团中的一些重要人物确有难得的见识。《史记》的《高祖本纪》和《留侯世家》都记载了这样一件事：刘邦称帝之前，于秦子婴元年（前206）率兵攻入秦都咸阳，见宫室之美、重宝之多、妇女以千数，便有意在秦宫住下来。大将樊哙进言：您是想夺取天下，还是想做一个富家翁呢？这些奢侈之物，就是造成秦亡的原因，建议您不要留居秦宫为好。刘邦不愿接受樊哙的建议。这时谋士张良也出来进言：由于秦朝无道，您才能攻进咸阳，现天下未定，您首先想到安乐，这就等同于助纣为虐，希望您采纳樊哙的建议。刘邦见张良也出来谏阻，便打消了留居秦宫的念头，带领军队退出城外，回到驻地。此后，刘邦又公开宣布"约法三章"和"不欲费人"。可见，刘邦君臣很早就十分重视秦亡的历史教训，这是他们最容易产生共识的一个重要方面，从而深刻地影响到汉初基本国策的制定。

这一共识，在西汉建立之初，刘邦命陆贾著书立说、总结历史经验而写出《新语》12篇——上奏，当着朝廷重臣宣读之后，得到刘邦的赞许、大臣的欢呼，其作用自然更加深化了。至此，汉初统治集团在制定基本国策方面已经具备了比较充分的思想基础。从汉高祖刘邦来看，他"厌苦军事，偃武休息"，旨在"承敝易变，使人不倦"。从大臣来看，萧何是关键人物，他熟悉制度，深知人民痛恨秦朝严酷的刑罚，故顺应民心予以改革。汉初的轻徭薄赋、减轻刑罚、与民休息等，都是以"承敝易变，使人不倦""顺流与之更始"为出发点和归宿的。

汉初的基本国策之所以获得重大成功，还在于它的实施的连续性。刘邦去世后，吕后执政，诸吕集团同刘氏宗室、开国功臣展开了争夺权力的激烈而残酷的斗争，但这种纷争和倾轧，并未改变汉初制定的基本国策。正如司马迁在《史记·吕太后本纪》中所说，汉惠帝、吕太后时，"黎民得离战国之苦，君臣俱欲休息乎无为"。

由于犯罪的人很少，刑罚也很少用，人民勤劳耕种，吃穿越来越丰足，故天下安定。这时，接替萧何担任相国的是曹参。他凡事无所变更，都按萧何所定制度去办，又有人告发他日夜饮酒，因而受到惠帝斥责。曹参向惠帝解释说："高帝（指刘邦）与萧何定天下，法令既明，现在您即位做皇帝，我当相国，遵而守之，难道不可以吗？"惠帝听了后，觉得曹参所说是对的。当时还流传着这样的民谚:"萧何为法,觏若画一;曹参代之,守而勿失;载其清净,民以宁一。"可见这个基本国策实施的连续性多么重要。到了汉文帝时,休养生息的基本国策得到更全面的贯彻,效果更加突出,史学家赞扬汉文帝"克己为君",说他"以德化民,是以海内殷富,兴于礼义""天下怀安"。

汉初基本国策经过四十多年的实施,终于创造出了汉武帝时期的盛世。

治安之策:贾谊和马周

中国历史上历朝历代都有为国家的长治久安提出决策方面建议的人,其思想、言论不仅在当时产生了积极的影响,即使在后世也还闪烁着智慧的光芒,启迪、激励着后人。汉初的贾谊和唐初的马周,可谓两位代表人物。

贾谊(前200—前168)是西汉洛阳(今河南洛阳)人,少年以才学闻名于本地,后来成为西汉有名的政论家、史论家和文学家。他20岁那年被廷尉吴公推荐给即位不久的汉文帝,任为博士。当时,文帝常有诏令让大臣们讨论,"诸老先生未能言",而贾谊却能阐说得很中肯,受到人们的称赞。于是,文帝破格提拔他任太中大夫。后因大臣排挤,被贬为长沙王太傅,继而又调任为梁怀王太傅。贾谊写过一篇《过秦论》,是总结秦朝兴亡的大文章,后来被司马迁收入《史记·秦始皇本纪》的后论之中。贾谊在任梁怀王太傅时,匈奴强盛,时时掠扰;天下初定,制度疏阔,诸侯王体制过大,不遵法度,贾谊为此深为忧虑,多次向文帝上疏陈述政事,这就是著名的《治安策》(也称《陈政事疏》)。后来班固把它收入《汉书·贾谊传》。在《治安策》中,贾谊开宗明义,把当时"事势"看得十分严峻。他说,人们都认为天下已治已安,其实不然。他认为当时的现状,有"可为痛哭者一,可为流涕者二,可为长太息者六"。他首先分析了诸侯王同朝廷的关系,并从汉初所封异姓诸侯王先后反叛的历史教训中总结出一个基本规律:"大抵强者先反。"据此,他断言现在所封同姓诸侯王数年之后必将有乱。因此,他提出这样的决策方针:"欲天下之治安,莫若众建诸侯而少其力。"这是因为"力少则易使以义,国小则亡(无)邪心"。汉文帝采纳了贾谊的决策方针并加以实施;尽管如此,后来景帝时还是发生了吴楚七国之乱,证明贾谊是有远见的。贾谊还提出应加强对于匈奴掠扰的防范,以及抑制"侈靡相竞""亡(无)制度,弃礼谊,捐廉耻"的不良风气,大力"移风易俗",使社会风气扶正起来。这些,汉文帝也都采纳了。这对于形成"文景之治"、武帝盛世，都有极大关系。

马周（601—648）比贾谊晚生800年，是唐初博州茌平（今属山东）人，平民出身，有才学、识见。贞观五年（631）因代中郎将常何上书言时政，皆切中时务，被唐太宗召见录用，次年升任监察御史，后来一直做到中书令的要职。贞观十一年（637），马周在侍御史任上，又上疏言政事，论决策。他根据夏、商、周、汉、魏、晋、周（北周）、隋的历史经验教训，提出如下决策原则：其一，创业之主应"节俭于身，恩加于人"。他认为，只有多施"仁化"，使后有"遗德"可思，才能真正建立"万世之基"。为此，必须力戒奢侈，"俭以息人"。其二，取消世封制。他尖锐地指出："汉、晋以来，乱天下者，何尝不在诸王。"因此，必须改变"百姓少，而诸王多"的不正常局面，制定长久之法，使万世奉行。其三，以德行才术选官。他认为，治理天下，当"以人（民）为本"；要使"百姓安乐"，关键在于刺史、县令，而刺史又是关键之核心。如果"天下刺史得人"，则治安可以有望。对于这些决策的建议，唐太宗"称善良久"，一一采纳。"贞观之治"局面的形成，马周是有贡献的人物之一。

贾谊和马周所论，事关国家大政方针，为后人所景仰。史家称赞贾谊"其论甚美，通达国体"，称赞马周"深识事端，动无不中"，所论皆"当时所切"，充分肯定他们对于重大决策所发挥的积极作用。

毛泽东读《新唐书·马周传》，读到马周贞观十一年（637）的上疏时，批写了这样两句话："贾生《治安策》以后第一奇文。宋人万言书，如苏轼之流所为者，纸上空谈耳。"毛泽东把贾谊、马周联系起来，称他们的治安之策是"奇文"，是值得人们深思的。

决策中的"谋"与"断"

中国历史上有不少很有作为的宰相。唐太宗时候的房玄龄（579—648）、杜如晦（585—630）被后人称作名相，号为房、杜。

房、杜二人在唐太宗统治核心中都居重要地位，是重大决策的关键人物。这并不是因为他们功高位显，而是因为他们在最高层的决策过程中显示出自己的长处和特点且又配合默契的缘故。

房玄龄是齐州临淄（今山东临淄）人，杜如晦是京兆杜陵（今陕西西安市东南）人，他们在唐太宗为秦王时，都是秦府属官。从这时候起，他们就建立了彼此理解、紧密合作的关系。当时，秦府属官多有任命为他官将离开秦府而去，杜如晦也在其中。秦王李世民为此很忧虑。房玄龄说："去者虽多，不必惋惜。只是杜如晦将来会是您成就经营四方之大事的难得助手，不可让他离去。"于是秦王李世民上表唐高祖，请求将杜如晦仍留在秦府任职。从这件事情可以看出房玄龄对杜如晦的了解之深。房玄龄在秦府任职十年，深得秦王李世民、高祖李渊的称赞。李渊曾经说："房玄龄机智有见识，确实应当重用。他每次上书向世民陈述事情，千里之外如同面对面交谈一样。"由此可见房玄龄的谋略过人。房、杜二人在秦府供职，时值李世民东征西讨，平定国内，房玄龄起到了如同当年萧何辅佐刘邦的作用，杜如晦则随从出征，参与机密决策。

玄武门之变前夕，太子李建成同秦王李世民的矛盾激化。李世民召见房玄龄商量对策，房玄龄提出让杜如晦也参与"协判大计"。由此又可见房玄龄在李世民心目中的分量，以及杜如晦在房玄龄心目中的地位。后来，房、杜二人都在贞观初年出任相职，房玄龄居相位凡十五年，杜如晦则不过数年就去世了。他们二人共管朝政期间，正是"贞观之治"蒸蒸日上的年代。房玄龄的政治作风是：日夜勤劳，为国事竭尽全力，不愿忽略一个有用的人才；看到别人的善处，就像自己的善处一样珍惜；明于吏治，重视文辞；执行法令，主张宽平；不以自己的长处去要求别人，对他人从不责全求备，对于自己的过失，则看得很重，常常认为是不能原谅的。杜如晦的政治作风是：提拔贤才，无才干者降职使用，使他们各自尽其所能，因而有很高的政治声望，人们"浩然归重"。

房、杜初为相时，全国刚刚平定，百废待举，尤其是各种政治设施、典章制度，亟待改革和完善。许多重大举措，都是唐太宗同房、杜二人商量制定。在这个过程中，充分显示出房、杜二人的政治见识和政治家的风范。常常有这种情况：唐太宗同房玄龄商量重大决策，虽然有了可行性方案，但房玄龄总是说："此事也只有杜如晦才能做出最恰当的判断。"而一旦杜如晦应召前来，问清楚唐太宗同房玄龄所讨论的情况后，他最终还是主张采用房玄龄提出的方案。古代史家们分析和评价房、杜二人在决策中的这种关系，认为："杜如晦善于决断，而房玄龄长于谋略，两人深相知，故能协力同心，决策大事，以辅佐唐太宗，所以世称良相，号为房、杜。"通观房、杜所为，应当说这是中肯的评价。

房、杜二人为什么长于谋、善于断而又能够彼此相知、密切合作？这是后人值得思考的。史载：房玄龄从少年时代起，纵览典籍，思维敏捷，长于文辞；入仕后，凡公务，勤勤恳恳，讲求效率，在战争年代，许多事务都是"驻马即办"，并留意于聚集人才。其才、其行、其德如此。杜如晦少年英姿豪爽，喜爱读书，风流倜傥，有大节，善决断；入仕后，正值多事之秋，然裁处自如，绝无滞留，同僚、下属都赞叹他的才华超群和能力过人。其风貌、才能如此。可以认为，房、杜的长于谋、善于断，一是来自他们的修养；二是来自他们的实践。他们二人同时居相位，彼此相知而谋断结合，不仅是"贞观之治"重大决策中的幸事，也是中国历史上政治家之间相互关系的一段佳话。

十条政纲与开元盛世

人们考察唐朝的历史，可以看到，在"贞观之治"与"开元盛世"之间，曾经一度出现过政局紊乱的局面，这就是武后晚年和中宗、睿宗时期。唐玄宗正是扮演了整顿紊乱政局、把唐朝推向盛世的主要角色。他首先要做的事情，一是用人，二是决策。

先说用人。玄宗于先天元年（712）即位，他在先朝旧臣中最器重姚崇。姚崇（650—721）在武后、中宗、睿宗时，居相位则刚直不阿，为刺史则"政条简肃"，颇有颂声。玄宗即位的第二年，便密召姚崇，"咨天下事，衮衮不知倦"，相谈甚洽。末了，玄宗明确表示要姚崇出任宰相。事实证明，这是一个重大决定。

再说决策。玄宗要姚崇为相，姚崇没有立即"谢恩"，而是提出"十事"即十个方面的问题，问玄宗是否可以一一实施；如不可实施，他将不出任宰相。姚崇所说"十事"是：

（一）武后以来，实行严刑峻法；我主张为政以仁恕为先，您认为这是否可行？

（二）朝廷用兵青海，招致失败，而不进行反省，总结教训；我建议不鼓励以边功邀赏的做法，您认为这可行吗？

（三）近来奸佞之人触犯刑律，却因受宠而不受惩罚；我希望法行自近，您可以做到吗？

（四）历来皇后临朝，都由宦官出纳王命；我主张宦官不参与政事，您认为可行吗？

（五）皇亲国戚多以贡品讨好皇帝，朝廷公卿和封疆大吏也纷纷仿效；我建议凡租赋以外的各种贡品，全部杜绝，您可以这样做吗？

（六）先朝外戚、公主交替掌权，朝廷秩序杂乱无章，我建议外戚、亲属不任朝廷要职，您能否这样实行？

（七）先朝对大臣不严肃，有失君臣名分；我希望您对大臣以礼相待，您可以做到吗？

（八）有的大臣因忠于朝廷反而获罪，以致耿直之臣深受挫折；我主张鼓励群臣勇于进谏，敢于触犯忌讳，您认为可以这样做吗？

（九）武后营造福先寺，上皇（睿宗）营造金仙、玉真二观，费巨百万；我建议禁止道、佛营造，您可以实行吗？

（十）汉代因外戚吕禄、王莽、阎显、梁冀等而乱天下、国家为甚；我希望把这一鉴戒作为永久性的法度对待，您可以做到吗？

听完了姚崇所说"十事"，玄宗断然说："朕能行之。"此时，姚崇才向玄宗谢恩，表示愿意出任宰相。姚崇是了解玄宗的，知道他"大度，锐于治"，故设"十事"相问，以坚其意。玄宗明确而果断的态度足以表明："十事"当是玄宗与姚崇共同做出的决策。

姚崇出任宰相时，承太平公主干政之后，纲纪大坏，朝政紊乱，仅宰相竟多达十七人，任朝廷其他要职者不可胜数。姚崇于是罢冗职，修制度，任百官各当其材，逐步恢复了行政有序的局面。玄宗对姚崇的要求是：大事同我商量，其余自行处置。开元初年（713），出现了"进贤退不肖而天下治"的局面，为"开元盛世"的出现奠定了基础。后姚崇推荐宋璟自代。宋璟也是一位名相，他进一步把开元之治推向高峰。史家评论说："姚崇以十事要说天子而辅政，顾不伟哉！""唐三百年，辅弼者不为少，独前称房（玄龄）、杜（如晦），后称姚（崇）、宋（璟），何哉？君臣之遇合，盖难矣夫！"

毛泽东读《二十四史》，读到《新唐书·姚崇传》所记"十事"处，在书眉上批道："如此简单明了的十条政治纲领，古今少见。"这十条政治纲领，是唐玄宗和姚崇的正确决策，成为开元年间治国兴邦的指导原则。

循吏与决策

一般说来，凡有关国家、社会重大决策，多出于国家的最高政治中枢。然而，事物的发展都不是绝对的。在中国古代，吏治与决策有着非常密切的关系。这至少表现在三个方面：一是上层的正确决策能否真正得到贯彻，要取决于吏治；二是下情能否准确上达以影响到正确决策，要取决于吏治；三是各级地方官吏能否保境安民、与民休息、发展生产、促进教化，做到地区性的合理决策，也要取决于吏治。

司马迁著《史记》，创有《循吏列传》，认为"奉职循理，亦可以为治"。后人理解"循吏"是"本法循理之吏"。《史记》以下，直至《明史》，历代正史中多有"循吏传"。循吏们受到世人的好评，也为史家所肯定。究其原因，上述三个方面是很重要的。唐人马周上疏唐太宗，认为治理天下，使百姓安乐，关键在于刺史、县令，而尤其在于刺史；如果"天下刺史得人"，则治安可以有望。这是看到了循吏的重要作用。明朝建立之初，明太祖决心整顿吏治。一次，府、州、县吏来朝，明太祖告诫他们说："天下新定，百姓财力俱困，如鸟初飞、木初植，勿拔其羽，勿撼其根。然惟廉者能约己而爱人，贪者必朘人以肥己，尔等戒之。"明太祖也是把吏治视为贯彻朝廷决策的关键。这里，也就根据《明史·循吏列传》所记具体地说说循吏与决策的关系。

（一）维护正确决策。洪武四年（1371），方克勤出任济宁知府。当时，正是明太祖下诏鼓励民间垦荒，并规定三年后开始征税。但济宁的地方官吏多不遵守诏书规定而提前向垦荒者征税。于是民间多有议论，说"诏书、圣旨不可信"，纷纷弃田而去，许多土地重新荒芜了。方克勤到任后，力克此弊，与民相约，确保垦荒者三年内不缴税。一些原先弃田而去的人们又纷纷返回。方克勤还把田地区分为九等，按等级征税，使官吏难以从中作弊。这样，济宁府所管辖的地方，荒地逐渐都被开垦出来了。方克勤还办学校，兴教化，罢杂役，主事三年，户口大增，一郡富足。济宁人歌之曰："孰罢我役，使君之力。孰活我黍？使君之雨。使君勿去，我民父母。"史家称赞他"不喜近名""自奉简素"，即没有求名之心，生活也很简朴。

（二）如实反映下情。宣德三年（1428），清河知县李信圭上疏明宣宗，反映当地地广人稀，而当运河要冲，官船络绎不绝，每天都要征发人力"挽舟"，以至于"丁壮既尽，役及老稚，姑废农桑"。又说，以往兵部有规定，公事急者每条船最多征发五人"挽舟"，"今此令不行，役夫无限，有一舟至四五十人者"。李信圭恢复原先的规定，以使当地人民的生产和生活有最基本的保证。此奏得到了明宣宗的批准。宣德八年（1433），李信圭又上疏说，自江、淮至京城，沿运河郡县军民都必须承担"挽舟"之役，然而又不免除他们的其他"杂泛差役"，以致"土田荒芜，民无蓄积"，稍遇歉收，则四出乞食，他希望尽免沿河农民杂徭，"尽力农田"，兼供"挽舟"之役。他的这个建议也被采纳了，并惠及运河沿岸的一些郡县。

（三）保障安民，与民休息。这是古代衡量吏治的最基本的要求。宣德五年（1403），赵豫任松江知府。他上任后，抑制恣横势力，减轻民间重负，"在职十五年，清静如一日"，深受百姓爱戴。他刚到任上，发现"民俗多讼"，深以为忧，便想到一个办法：凡讼者至，即好言相谕，并说："明日来。"于是便有"松江太守明日来"的民谣。然而事情往往是这样地带有戏剧性，讼者回去过了一夜，"宿忿渐平"，或被人相劝，"明日"便不再来起讼了。明穆宗时，永康知县张淳赴任时，"讼者数千人"，据说这些讼者曾告罢过七任知县。但张淳明于判讼，"剖决如流"，于是讼风大减。他被乡民称为"张一包"：一则是说乡民裹饭一包即可毕讼，二则是说他敏断如包拯。所谓"松江知府明日来"和"张一包"，都是保境安民、与民休息的良吏，他们的政绩正是其地区性决策"本法循理"的积极结果。

综上可见，循吏对于全局性决策和地区性决策都能发挥重要的作用。

（原载《安徽决策咨询》1998—1999年各期）

中国古代史学家和思想家怎样看待历史进程

一、问题的提出

1984年，白寿彝先生在《史学史研究》上发表了一篇短文，题目是《中国史学史上的两个重大问题》。文中写道：

> 近两年，国内的形势很好，在某些战线上，大有突飞猛进之势。在这样的新形势下，我们的史学史工作也应该甩掉旧的躯壳，大踏步前进，把新的史学史学科早日建立起来。这件工作牵涉的方面比较多，但我认为有两个重要问题是应该多下点工夫及早解决的。这两个问题如果解决得好，史学史这门学科就可能面目一新。

从这一段话中可以看出，客观历史是如何影响着史学家的思想和思考的。白先生从客观形势想到史学史学科建设，进而想到中国史学史上的"两个重大问题"，这件事情本身给了我们很多启发。

那么，这两个重大问题是什么呢？白先生指出：

我说的这两个重要问题，第一，是对于历史本身的认识的发展过程；第二，是史学的社会作用的发展过程。是社会存在决定社会意识，还是社会意识决定社会存在？社会发展是有规律的，还是无规律的？群众是历史的主人，还是杰出人物是历史的主人？像这些问题，都是属于第一类的问题。还有，生产状况的升降，地理条件的差异，人口的盛衰，以及历代的治乱兴衰，史学家、思想家和政治家对于这些现象如何认识，这也属于第一个问题的范围。史学的成果是否对社会有影响，史学家是否重视历史观点对社会的影响，以及历史知识的传播对社会的发展是否起作用？这些都属于第二个问题的范围。

在这一段文字中，白先生重点是在思考第一个问题，他举出的一些具体的问题，有的我们在研究中曾有所涉及，有的则未曾涉及，从总体上应该说思考和研究都不够。至于这里说的第二个问题，过往的研究显得多一些，我的一本论集《史学在社会中的位置》就是讨论第二个问题的，但系统性（如探索其"发展过程"）仍显不足。概括说来，这两个重大问题，一是怎样看待历史进程，二是怎样看待史学的社会功能。

白先生提出的第一个问题，在中国的思想史学界已有一定的研究，研究中国史学史的朋友有必要借鉴这方面的研究成果①，促进我们对历代史学家的历史观念、历史思想、历史理论的研究，同时也要突出史学史研究的特点。白先生提出的第二个问题，一方面可以在深化局部研究的同时，加强系统性或整体性研究，推进我们对历代史学家关于史学的认识。本文仅就白先生提出的第一个问题，讲一点初步的思考，还谈不上系统的研究，为的是希望引起对于这个问题的关注。

白先生提出研究这两个重大问题的理论根据和历史根据是：其一，是"马克思主义经典作家十分重视历史理论的实践意义"，并举马克思、恩格斯、毛泽东为例予以说明；其二，是在中国历史上，"在观察历史问题时的唯物主义因素，也是存在的"，并举韩非、司马迁的一些论述予以说明。因此，他期待着中国史学史研究出现一个新的格局和新的面貌，这就是：

---

① 如侯外庐所编《中国历代大同理想》一书，讨论了孔子、墨家、农家、老子、《礼记·礼运》篇的社会理想，以及鲍敬言、邓牧、黄宗羲、颜元、何心隐、龚自珍等人的社会理想。书中对《礼运》篇的"大同"思想作了这样的分析："《礼运》篇类似于《春秋公羊传》，有三世之说，把自古以来的历史分为'大同''小康'和当代这样的三个阶段，《礼运》篇作者认为，即使是夏、商、周'圣王之道大行'的最好的三代，也不是'天下为公'的'大同'社会，因为夏、商、周三代都是'各亲其亲，各子其子，货力为己，大人世及以为礼，城郭沟池以为固，礼义以为纪'的阶级社会。必须首先由战国时代'僭君''乱国'的混乱局面进步到'小康'之世，然后才有可能再进一步达到'大同'之世。""《礼运》篇作者虽然把三个阶段倒立起来，但也有着文明史的进化观点。篇中指出，在远古的'先王'时代，人们没有房屋，没有麻丝衣服，也不知道用火，由于所谓'后圣有作'，才逐渐知道用火熟食，知道建筑宫室，知道用麻丝制造布帛。因此，《礼运》篇不是像《老子》一样，主张倒转历史的车轮恢复到没有文明的原始社会。"（侯外庐主编：《中国历代大同理想》，北京：科学出版社1959年版，第12页）全书虽不是直接讨论历史进程问题，但人们的社会理想毕竟是对历史运动前景的一种期待。

> 在中国史学史上，重要的问题不少，这两个问题，恐怕是当前更为重要的问题。在史学史的编撰上，一个史学家一个史学家地写，一部史学名著一部史学名著地写，这可以说是必要的，也可以说是研究过程中所难免的。但是否可以要求更高一些，要求更上一层楼，是否可以把这些以人为主、以书为主的许多框框综合起来，展示出各个历史时期史学发展的清晰面貌呢？这当然不容易，但总还不失为一个可以考虑的前进方向吧。①

我把白先生许多年前提出的问题重新提出来，是表明我的一种愿望，即同史学理论与史学史研究的同行，特别是青年朋友一道，努力探索中国史学史上的这个重大问题，为推动史学史学科建设尽一份责任。

二、怎样看待历史进程的趋向及其阶段性特点

中国古代史学家和思想家早在先秦、秦汉时期，已经产生了关于社会历史进程的趋向及其阶段性特点的认识，成为最重要的历史观念之一。

大凡有作为的改革家，往往都要通过对历史的认识进而阐述改革的必要性。如作为改革家的商鞅在论证变法的合理性时，就讲到了历史进程的趋势及历史进程的阶段性特点，认为：

> 前世不同教，何古之法？帝王不相复，何礼之循？伏羲、神农，教而不诛；黄帝、尧、舜，诛而不怒；及至文、武，各当时而立法，因事而制礼。礼、法以时而定；制、令各顺其宜；兵甲器备，各便其用。……治世不一道，便国不必法古。汤、武之王也，不修古而兴；殷、夏之灭也，不易礼而亡。然则反古者未必可非，循礼者未足多是也。②

这里说的"伏羲、神农""黄帝、尧、舜""文、武"，是历史进程的趋势，同时也是三个不同的历史阶段，而每一阶段又各有特点，形成"各当时而立法，因事而制礼"的历史面貌。在商鞅看来，历史进程就是一个不断变革的过程，而不同时期的变革则形成了这一时期区别于另一时期的特点所在。

---

① 白寿彝：《中国史学史上的两个重大问题》，《中国史学史论集》，北京：中华书局1999年版，第399页。
② 《商君书·更法》，《诸子集成》第五册，北京：中华书局1954年版，第2页。

更为难得的是，商鞅进一步揭示了历史进程中这种变革之所以必然发生的原因，他指出：

> 然则上世亲亲而爱私，中世上贤而说仁，下世贵贵而尊官。上贤者以道相出也，而立君者使贤无用也。亲亲者以私为道也，而中正者使私无行也。此三者非事相反也，民道弊而所重易也，世事变而行道异也。①

在这里，商鞅用"上世""中世""下世"来表述历史进程的走向及其阶段的划分，进而指出了三个时代的不同特点，即"亲亲而爱私""上贤而说仁""贵贵而尊官"；时代特点之所以发生变化，是因为"民道弊而所重易也，世事变而行道异也"，人们因为"道弊"而不得不有所改变，"世事"（形势）变了，人们用于适应这种变化的方法自然有所不同。

如此看来，商鞅对历史进程的认识，可以归结为这样三点：一则是历史进程的趋势之方向是前行的，二则是"变"贯穿于历史进程之中，三则是"变"的原因是由于"道弊"而引发的。由此可见，改革家固然十分关注现实，同时改革家也十分重视历史。商鞅可谓是这方面的一个代表人物。

思想家韩非对历史进程也有明确的表述，他以"上古之世""中古之世""近古之世"来说明历史进程的走向及其阶段的划分，他这样写道：

> 上古之世，人民少而禽兽众，人民不胜禽兽虫蛇。有圣人作，构木为巢以避群害，而民悦之，使王天下，号之曰有巢氏。民食果蓏蚌蛤，腥臊恶臭而伤害腹胃，民多疾病。有圣人作，钻燧取火以化腥臊，而民说之，使王天下，号之曰燧人氏。中古之世，天下大水，而鲧、禹决渎。近古之世，桀、纣暴乱，而汤、武征伐。②

从"构木为巢""钻燧取火"，到"决渎"治水、"征伐"暴乱，韩非勾画出了一幅形象的历史进程的画卷。

值得注意的是，韩非对历史进程中社会的"治"与"乱"两种现象的关注，以及对"治"与"乱"原因的解说，他认为：

---

① 商鞅：《商君书·开塞》，《诸子集成》第五册，北京：中华书局1954年版，第16页。
② 韩非：《韩非子·五蠹》，《诸子集成》第五册，北京：中华书局1954年版，第339页。

古者丈夫不耕，草木之实足食也；妇人不织，禽兽之皮足衣也。不事力而养足，人民少而财有余，故民不争。是以厚赏不行，重罚不用，而民自治。今人有五子不为多，子又有五子，大父未死而有二十五孙。是以人民众而货财寡，事力劳而供养薄，故民争，虽倍赏累罚而不免于乱。①

从这段话可以看出，韩非把历史进程中社会的"治"与"乱"的原因归结为人口的变化：从"人民少而财有余"到"人民众而货财寡"，由此而造成社会的"治"与"乱"。显然，韩非是过于美化了"古者丈夫不耕，草木之实足食也；妇人不织，禽兽之皮足衣也"的历史时代，而把人口的增殖看作是社会"不免于乱"的原因也过于简单化，但他在竭力探求历史进程中"治"与"乱"的根源，确是难能可贵的。

改革家运用关于历史进程的认识，阐明改革的必要性和迫切性；思想家运用关于历史进程的认识，阐明自身的学术思想和政治主张的合理性和正确性。在这种情况下，历史知识的社会作用，或是被改革家的轰轰烈烈的变法事业所掩盖，或是湮没于思想家的学术体系之中，从而被人们所忽略。尽管如此，历史知识的社会作用毕竟是真真实实地存在着。

比起改革家、思想家对历史进程的认识来说，史学家对此有更明确的表述和更具体的阐释。司马迁作为通史的撰述者，他的《史记》反映了司马迁对历史进程的系统性认识。

首先，司马迁认识到，作为通史，首先要明确历史进程的起点，只有明确了这个起点，才能展开对历史进程的阐说。对此，司马迁是清晰地表达了他的意图的，他在《史记》开篇《五帝本纪》后论中写道：

　　太史公曰：学者多称五帝，尚矣。然《尚书》独载尧以来；而百家言黄帝，其文不雅驯，荐绅先生难言之。孔子所传《宰予问五帝德》及《帝系姓》，儒者或不传。余尝西至空桐，北过涿鹿，东渐于海，南浮江淮矣，至长老皆各往往称黄帝、尧、舜之处，风教固殊焉，总之，不离古文者近是。予观《春秋》《国语》，其发明《五帝德》《帝系姓》章矣，顾弟弗深考，其所表见皆不虚。书缺有间矣，

---

① 韩非：《韩非子·五蠹》，《诸子集成》第五册，北京：中华书局1954年版，第339—340页。

其轶乃时时见于他说。非好学深思，心知其意，固难为浅见寡闻道也。余并论次，择其言尤雅者，故著为本纪书首。①

司马迁从三个方面作出判断，一是据孔子所传相关文献，二是亲身调查所得与"古文"所记"近是"，三是《春秋》《国语》颇多"发明"《五帝德》《帝系姓》。由此可见，司马迁为了确定中国历史进程的发端，作出了他那个时代所能做到的种种努力。

其次，交待了"五帝"之后的世系梗概，使其各渊源有自。《五帝本纪》卷末写道：

> 自黄帝至舜、禹，皆同姓而异其国号，以章明德。故黄帝为有熊，帝颛顼为高阳，帝喾为高辛，帝尧为陶唐，帝舜为有虞。帝禹为夏后而别氏，姓姒氏。契为商，姓子氏。弃为周，姓姬氏。②

根据司马迁的考察和记载，从"五帝"到夏、商、周就联系起来，中国远古至上古的历史进程的图景便呈现在人们面前。

再次，司马迁以列表的形式，划分了历史进程中几个主要阶段，即夏、商、周"三代""十二诸侯""六国"三个时期。上述三个时期的特点，司马迁在各表序文中均有所交待。关于三代，尤其是殷以前的历史，司马迁持谨慎的态度，他写道："五帝、三代之记，尚矣。自殷以前诸侯不可得而谱，周以来乃颇可著。孔子因史文次《春秋》，纪元年，正时日月，盖其详哉。至于序《尚书》则略，无年月；或颇有，然多阙，不可录。故疑则传疑，盖其慎也。"③从这里可以看出，司马迁着眼于文献记载的详实与否，对《春秋》和《尚书》并不是作等量齐观看待的，可见他治史的严谨。他说的"疑则传疑，盖其慎也"，正是这种严谨精神的表现。

与上述情况不同的是，司马迁对"十二诸侯"时代即后人所谓"春秋时代"的特点，即有明确的概括，这就是：以"共和行政"为转折点，"是后或力政，强乘弱，兴师不请天子。然挟王室之义，以讨伐为会盟主，政由五伯，诸侯恣行，淫侈不轨，贼臣篡子滋起矣"。④后人把这种乱局称之为"大国争

---

① 司马迁：《史记》卷一《五帝本纪》，北京：中华书局1959年版，第46页。
② 司马迁：《史记》卷一《五帝本纪》，北京：中华书局1959年版，第45页。
③ 司马迁：《史记》卷一三《三代世表》序，北京：中华书局1959年版，第487页。
④ 司马迁：《史记》卷一四《十二诸侯年表》序，北京：中华书局1959年版，第509页。

霸",认同了司马迁对这段历史的特点所作的概括。对于"六国"时代即后人所谓"战国时期",司马迁这样概括"六国之盛"的历史形势:"务在强兵并敌,谋诈用而纵横短长之说起。矫称蜂出,誓盟不信,虽置质剖符犹不能约束也。"①这就是历史上的七雄并争时期的时代特点。七雄之中,秦的崛起并以连横对付六国之合纵而终于统一中国,这正是《六国年表》概括所记之事。

此后,类似于商鞅、韩非、司马迁的这种认识,在思想家、史学家中还有一些这方面的论述,不一一胪列。

三、怎样看待人在历史进程中的作用

历史进程的迟速,甚至历史进程的方向,都不同程度地受到各种因素的影响,这里着重讨论史学家、思想家怎样看待推动历史进程的驱动力。

司马迁所撰《史记》,历史视野开阔,历史思考深邃,书中多有关于推动历史进程的不少方面因素的论述与评论。司马迁在这方面的见解,集中地反映在他对秦汉之际的历史进程的总结,其中尤以从秦国走向强盛到秦朝二世而亡这段历史,深刻地解释了推动、影响历史进程的有关重大因素。大致说来,从《史记·李斯列传》可知人才对于治国理政的重要作用而影响到历史进程,从《史记·商君列传》可以看到改革、变法对于推动历史进程的积极作用,从《史记·陈涉世家》可以认识到人民的抗争对于改变朝代命运、促进历史进程的重大作用,从《史记·秦始皇本纪》引贾谊《过秦论》可以进一步从理论上阐明政治决策的正确与否,必将关乎政权的得失成败,等等。

《史记·李斯列传》记李斯在谏除逐客之令的上书中指出:"昔缪公求士,西取由余于戎,东得百里奚于宛,迎蹇叔于宋,来丕豹、公孙支于晋,此五子者,不产于秦,而缪公用之,并国二十,遂霸西戎。孝公用商鞅之法,移风易俗,民以殷盛,国以富彊,百姓乐用,诸侯亲服,获楚、魏之师,举地千里,至今治彊。惠王用张仪之计,拔三川之地,西并巴、蜀,北收上郡,南取汉中,包九夷,制鄢、郢,东据成皋之险,割膏腴之壤,遂散六国之从(纵),使之西面事秦,功施到今。昭王得范雎,废穰侯,逐华阳,强公室,杜私门,蚕食诸侯,使秦成帝业。此四君者,皆以客之功。由此观之,客何负于秦哉!向使四君却客而不内,疏士而不用,是使国无富利之实而秦无彊大之

---

① 司马迁:《史记》卷一五《六国年表》序,北京:中华书局1959年版,第685页。

名也。"①这是讲缪公、孝公、惠王、昭王善于用人的历史,也是讲秦国由弱变强的历史。司马迁作《李斯列传》,全文收录这篇上书,颇有深意,表明他是赞同李斯的看法的。

正如李斯所言,在秦国的历史上,商鞅变法是许多重大事件中最重要的史事。司马迁在《史记·商君列传》中写道:商鞅之法"行之十年,秦民大说(悦),道不拾遗,山无盗贼,家给人足,民勇于公战,怯于私斗,乡邑大治"②。商鞅变法对于秦国的富强起到了关键的作用。

从秦朝二世而亡的历史命运,司马迁不仅认识到人民抗争在历史进程中的重大作用,而且采用相应的史书体例把这种作用凸显出来,所以在《史记》中撰写了《陈涉世家》。对于陈涉揭竿而起的历史作用,司马迁的《史记》在两处都作了极有分量的表述:一处是"秦失其政而陈涉发迹,诸侯作难,风起云蒸,卒亡秦族。天下之端,自涉发难"③;另一处是"陈胜虽已死,其所置遣侯王将相竟亡秦,由涉首事也"④。两处评价,意颇相近,都是强调陈胜所发动的农民起义是反对秦朝统治的先声,陈胜所建置、派遣的侯王将相最终推翻了秦朝。司马迁为陈涉立世家并作出这样的评价,尽管有班固批评于前,刘知幾嘲讽于后,却越发显示出司马迁历史见识的深刻。

以上所述,都是肯定了人在历史进程中的作用,这是自西周末年至春秋时期以来,人们关于"天命"与人事孰重孰轻长期思考的积极成果,也是司马迁"究天人之际"所得的具体表现。《史记》以人物为中心写出全方位的整体的历史,反映了人在历史进程中的主体作用,尤其是民众的重大作用,开创了中国古代史学人本主义的优良传统,在历史理论和历史撰述上作出重大贡献。

这种重视以至突出人在历史进程中的重要作用的思想,在后来的史学家、思想家中一再地得到阐发。唐代史家吴兢在其所撰《贞观政要》中反复写道"君,舟也;民,水也。水能载舟,亦能覆舟""载舟覆舟,所宜深慎"⑤,

---

① 司马迁:《史记》卷八七《李斯列传》,北京:中华书局1959年版,第2541—2542页。
② 司马迁:《史记》卷六八《商君列传》,北京:中华书局1959年版,第2231页。
③ 司马迁:《史记》卷一三〇《太史公自序》,北京:中华书局1959年版,第3310—3311页。
④ 司马迁:《史记》卷四八《陈涉世家》,北京:中华书局1959年版,第1961页。
⑤ 吴兢:见《贞观政要》的《君道》《教戒太子诸王》等篇,上海:上海古籍出版社1978年版。

实质就是在强调人民的力量。思想家柳宗元在史论上多有宏伟之论。他的《贞符》和《封建论》二文比较集中地讨论了有关国家起源和历史进程问题，在他以前的浩繁的历史文献中，这样的理论著作并不多见。《贞符》的主旨是以历史事实批判传统的符命之说，阐明"生人之意"（即"生民之意"）在历史发展中的作用。柳宗元在《贞符》序文中写道：

> 负罪臣宗元惶恐言：臣所贬州流人吴武陵。为臣言："董仲舒对三代受命之符，诚然非也？"臣曰："非也。何独仲舒尔？自司马相如、刘向、扬雄、班彪、彪子固，皆沿袭嗤嗤，推古瑞物以配受命，其言类淫巫瞽史，诳乱后代，不足以知圣人立极之本，显至德，扬大功，甚失厥趣。"①

此文始于作者在长安任尚书郎时，完成于永贞改革失败作者贬谪永州之时，故称"负罪臣"。序文一开始就把批判的锋芒指向前代名儒硕学，斥责他们关于"受命之符"的种种说教类似"淫巫瞽史"之言，起了"诳乱后代"的坏作用。这里，显示出柳宗元的巨大的理论勇气。

柳宗元认为人类最初的历史进程是：

> 惟人之初，总总而生，林林而群。雪霜风雨雷雹暴其外，于是乃知架巢空穴，挽草木，取皮革；饥渴牝牡之欲驱其内，于是乃知噬禽兽，咀果谷，合偶而居，交焉而争，暌焉而斗，力大者搏，齿利者啮，爪刚者决，群众者轧，兵良者杀，披披藉藉，草野涂血。然后强有力者出而治之，往往为曹于险阻，用号令起，而君臣什伍之法立。德绍者嗣，道怠者夺，于是有圣人焉曰黄帝，游其兵车，交贯乎其内，一统类，齐制量，然犹大公之道不克建。于是有圣人焉曰尧，置州牧四岳，持而纲之，立有德有功有能者，参而维之，运臂率指，屈伸把握，莫不统率。尧年老，举圣人而禅焉，大公乃克建。由是观之，厥初罔匪极乱，而后稍可为也。

这是柳宗元勾勒出来的一幅人类从初始时期开始进入国家产生时代的历史画卷。从思想渊源上看，柳宗元无疑是继承了荀子和韩非关于国家起源的进化观

---

① 柳宗元：《贞符》，见《柳河东集》卷一，上海：上海人民出版社1974年版，第18页。

点[①]，其中《王制》和《五蠹》对他的影响更大一些。值得注意的是，柳宗元在描绘这幅历史画卷时，是从外在的自然条件（"雪霜风雨雷雹暴其外"）和人类的生理欲望（"饥渴牝牡之欲驱其内"）来说明人类社会的进化的。即人类为了吃、穿、住、"牝牡之欲"而逐步懂得"架巢空穴""噬禽兽，咀果谷""合偶而居"；而后由于对物质生活资料的争夺，而产生交争、搏斗，于是才有"强有力者出而治之"，才有"君臣什伍之法立"，才有"州牧四岳"，才达到"大公之道"；而"大公之道"的实现，又是"非德不树"。可见，柳宗元在阐述人类初始生活状况和国家起源问题时，是从人类自身的历史来说明，这就完全排除了任何"天"与"神"的意志和作用。他的这些看法，在古代历史理论发展上写下新的一页。

《贞符》的理论意义，是通过对历史的考察，证明"唐家正德，受命于生人之意"，并进而证明历代皇朝的兴起"受命不于天，于其人；休符不于祥，于其仁"，强调人事的作用和政策的作用。

柳宗元在《封建论》一文中进一步探讨了历史变化、发展的原因，从而把他的史论又推向一个新的境界。《封建论》的主旨，是作者提出"势"这个哲学范畴作为"圣人之意"的对立面来说明历史变化、发展的原因。柳宗元用设问的口气写道：

> 天地果无初乎？吾不得而知之也。生人果有初乎？吾不得而知之也。然则孰为近？曰：有初为近。孰明之？由封建而明之也。

这里说的"生人果有初乎"的"初"同上文所引《贞符》里说的"惟人之初"，是同一个意思，即从无"封建"到"有封建"的发展过程。柳宗元说的"封建"，是历史上沿袭下来的一个政治概念，即指西周时期实行的所谓"封国土，建诸侯"的分封制。作者从分封制的产生和沿袭去推究分封制产生的原因，这在方法论上是由近及远、由现代去认识过去的一种方法。而他的结论是："封建非圣人意也，势也。"柳宗元把分封制一直上溯到尧、舜、禹时代，是不符合历史事实的。但是，我们不能以此来判断《封建论》的理论价值。《封建论》的理论价值在于，它提出了"不初，无以有封建"和"封建，非圣人意也"这两个前后相关联的命题。作者从人类处于"草木榛榛，鹿豕狉

[①] 侯外庐说。见《柳宗元哲学选集·序》，香港：中华书局香港分局1976年版，书首。

狉"的初始阶段，为了"自奉自卫"必须"假物以为用"到"假物者必争"，从"争而不已"到听命于"能断曲直者"，从"告之以直而不改"到"君长刑政生焉"，一直说到里胥、县大夫、诸侯、方伯、连帅、天子的出现。对于这样一段历史进程，柳宗元认为这正是"封建"出现的过程。在这里作者是触到了人类从野蛮步入文明亦即国家起源的那一段历史。在这一点上，《封建论》同《贞符》是有共同之处的。《封建论》与《贞符》的不同之处，是前者特别强调了"势"是历史发展的动因，而后者强调的是"生人之意"的作用。

《贞符》和《封建论》都讲国家起源和历史进程，这是它们的共同之处。但《贞符》提出"生人之意"以与"天命"对立，《封建论》提出"势"以与"圣人之意"对立，这是它们的不同之处。"生人之意"认为历史变化的动力是人们的意志、愿望和要求，还没有摆脱历史唯心主义的束缚；"势"是情势、趋势，接近于认为历史发展是一种自然过程的看法，属于历史唯物主义之萌芽的一种见解。《封建论》作于《贞符》之后，于此可以看到柳宗元历史思想的变化和发展。

从司马迁和柳宗元，从历史撰述上和理论阐说上，都强调了人（包含民众）在历史进程中的重大作用。

四、怎样看待地理条件对历史进程的影响

人类的历史活动都是在一定的地理条件下展开的。中国古代的史学家、思想家很早就认识到一定的地理条件对历史进程的影响。贾谊《过秦论》在论述秦国自缪公以来不断强大，终于统一全国的原因时，首先就讲到秦国有利的地理条件，即"被山带海以为固，四塞之国也"。在当时的历史形势下，这种地理形势在军事上可以"守险塞而军，高垒毋战，闭关据阨，荷戟而守之"。六国攻秦，秦则以逸待劳，而六国疲惫，秦以"远交近攻"的策略，各个击破，成为统一战争的胜利者。关中地区的这种地理条件，使其在政治、军事上长期占有优势，从而在历史进程中加快了步伐。因此，贾谊的这一认识多为后世史学家、思想家和政治家所接受，而司马迁就是阐发这一思想的第一人。

在中国古代历史著作中，有关地区的地理条件之局部的独立性，往往是形成政治上割据势力的重要原因之一；而全国的地理条件之整体的统一性，则始终是维系大一统政治局面的重要因素。

就前者即地理条件之局部的相对独立性来看，如汉初以刘濞为首的吴楚七国之乱，尽管有其政治上的原因，"然其居国以铜盐故，百姓无赋""即山铸钱，煮海水为盐，诱天下亡人"①，这种地理上的优势所造成的经济实力，无疑也是一个重要原因。陈寿写诸葛亮在东汉末年预见到江东"国险而民附"，而"益州险塞，沃野千里，天府之土"②这些地理条件的因素。中唐时期的史学家杜佑论天下形势说：巴蜀之地，"土肥沃，无凶岁。山重复，四塞险固。王政微缺，跋扈先起"；青州，"古齐，号称强国，凭负山海，擅利盐铁。太公用之而富人，管仲资之而兴霸"；扬州，"江淮滨海，地非形势，得之与失，未必轻重，故不暇先争。然长淮、大江，皆可拒守，闽越遐阻，僻在一隅，凭山负海，难以德抚"；荆楚之地，"丰富略同扬州，杂以蛮左，率多劲悍。南朝鼎立，皆为重镇。然兵强财富，地逼势危，称兵跋扈，无代不有"③。杜佑在当时的历史环境下，从地理条件和历史经验来说明政治统治的不安定的原因，见解是很深刻的。杜佑还从地理条件的差异说明"中华"与"夷狄"在历史进程上的不同。他在《通典》中写道："覆载之内，日月所临，华夏居土中，生物受气正，……其人性和而才惠，其地产厚而类繁。所以诞生圣贤，继施法教，随时拯弊，因物利用。三五以降，代有其人。君臣长幼之序立，五常十伦之教备，孝慈生焉，恩爱笃焉，主威张而下安，权不分而法一，生人大赞，实在于斯。"至于少数民族地区，则是"其地偏，其气梗，不生圣哲，莫革旧风，诰训之所不可，礼义之所不及，外而不内，疏而不戚"④。杜佑在这里提出的有些论点是不足取的，但它反映了一个史学家试图从地理条件的差别上而不是从民族的"本性"上，来说明汉族社会和少数民族社会在历史进程上之所以有很大不同的原因，这一认识是可贵的。

再从后者即地理条件之整体的统一性来看，自秦朝统一中国后，"制天下为四十郡，其地则西临洮而北沙漠，东萦南带，皆临大海"⑤；至元朝，"其地北逾阴山，西极流沙，东尽辽东，南越海表"⑥。直到后来的明、清两代，

---

① 司马迁：《史记》卷一○六《吴王刘濞列传》，北京：中华书局1959年版，第2823页。
② 陈寿：《三国志》卷三五《蜀书·诸葛亮传》，北京：中华书局1965年版，第912页。
③ 杜佑：《通典》卷一八五《边防典·序》，北京：中华书局1986年版，第4979—4980页。
④ 杜佑：《通典》卷一八五《边防典·序》，北京：中华书局1986年版，第4980页。
⑤ 杜佑：《通典》卷一七一《州郡一》，北京：中华书局1988年版，第4456页。
⑥ 宋濂等：《元史》卷五八《地理志一》，北京：中华书局1976年版，第1349页。

其政治统一局面，都是对这一地理范围的继承和发展。

尤其值得关注的是，杜佑论中央集权国家的职能是："夫理道之先在乎行教化，教化之本在乎足衣食。……夫行教化在乎设官职，设官职在乎审官才，审官才在乎精选举，制礼以端其俗，立乐以和其心：此先哲王致治之大方也。故职官设然后兴礼乐焉，教化隳然后用刑罚焉，列州郡俾分领焉，置边防遏戎狄焉。"①在国家统一的政治局面下，国家职能得以正常发挥，历史进程自亦可以向前推进。与杜佑大致同时的地理学家李吉甫在其所著《元和郡县图志》一书的序文中写道：有唐一代在"梯航累乎九泽，厩置通乎万里"的地理范围中，"然后分疆以辨之，置吏以康之，任所有而差贡赋，因所宜而制名物，守其要害，险其走集，经理之道，冠乎百王，巍巍乎，无得而称矣"②。显然，这只有在地理条件之整体的统一性下才能做到。当然，这里包含着对"贞观之治"与"开元盛世"的赞颂，但这些话是写出了作者关于地理条件对历史进程影响之大的思想。

地理条件之整体的统一性，还极大地有利于统一国家的水利事业的发展。明代学者徐光启在其所著《农政全书》中引《荒政要览》说："水利之在天下，犹人之血气然，一息之不通，则四体非复为有矣。"③以中华民族的母亲河黄河为例，中国历史文献中大量的治黄文献，有力地证明了地理条件之整体的统一性的重要。

中国地理条件这种局部的独立性和整体的统一性，二者相互依存，形成对立统一的辩证关系，它们在不同的历史阶段影响着历史进程。但总的趋势表明，地理条件之局部的独立性所产生的作用，终不能超脱出地理条件之整体的统一性作用的范围。这对于中国历史上政治形势的发展和维系国家统一，具有积极的意义。

处在明清之际的顾炎武，深刻地认识到"地理"与"利病"的密切关系。他在《天下郡国利病书》的序言中写道："崇祯己卯，秋闱被摈，退而读书。感四国之多虞，耻经生之寡术，于是历揽二十一史，以及天下郡县志书、一代名公文集，及章奏、文册之类，有得即录，共成四十余帙。一为舆地之记，一

---

① 杜佑：《通典》卷首引言，北京：中华书局1988年版，第1页。
② 李吉甫：《元和郡县图志》序，见该书书首，北京：中华书局1983年版，第1页。
③ 徐光启：《农政全书》卷一二《水利·总论》，上海：上海古籍出版社1979年版，第281页。

为利病之书。"①"感四国之多虞,耻经生之寡术",深切地反映了顾炎武的历史使命感和经世济国的抱负,这也正是他纂辑此书的目的。《天下郡国利病书》虽是纂辑前人论述,但在反映经世致用之旨方面却十分突出,尤其对于明代的经济、政治得失,更是作者所特别关注的。

《天下郡国利病书》是一部未完成稿,作者前后纂辑二十余年,分订三十四册。卷首有一篇总论,编集前人论述,分地脉、形胜、风土、百川考四个部分,略述全国山脉分布、地形特征、气候土壤、水系源流。此书由地理而论"利病",不仅关注江浙、内地,也关注边疆地区,兼及中国与有关国家的地理关系和贸易关系。它记各地的自然环境,政区划分状况和戍守形势等,而以记各地经济状况为主,这使它在地理书中独具特色。它记述经济状况的方面很宽广,包含槽渠、仓廪、粮额、马政、草场、盐政、屯田、水利、赋税、徭役、户口、方物等,其中又以记述土地、赋役、水利最多。关于土地,它涉及土地的分配、占有和使用情况,土地兼并的发展,以及因自然条件的变化而引起土地变化和农田建设等。值得注意的是,跟作者重视江南的赋役状况一样,他也十分重视江南的水利状况,故于江南水利论述尤多。这反映了明代江南在地理条件上的特点和社会经济上的地位。

《天下郡国利病书》在篇幅上以江南、北直隶、山东为最多,浙江、广东、四川、湖广次之,福建、云南、山西、河南、江西又次之,广西、贵州最少。这固然有作者在材料纂辑上的原因,但也大致反映了明代各地区在全国经济、政治中的地位的不同。这跟唐中叶以前人们讲地理、论食货必首推关中的情况相比,已不可同年而语。这书虽以辑录前人论述成编,但于选材、标目、编次之中,亦足以反映出作者开阔的视野、深刻的见解和经世致用的纂述目的;它虽是一部地理书,却蕴含着纂辑者丰富的经济、政治思想和深刻的历史见识,反映出地理因素对历史进程的重要影响。

明清之际的顾祖禹以二十年工夫,十易其稿,撰成《读史方舆纪要》这部地理书巨制。全书一百三十卷,附《舆图要览》四卷,文字浩繁,结构严谨。它的正文主要包括三个部分:一是"历代州域形势",二是分叙全国各地方舆,三是总叙全国山川分布。《读史方舆纪要》是一部以地理为基础、以阐明军事上的成败为主要内容、以总结政治兴亡为目的的巨著。作者为各地方舆所

---

① 顾炎武:《顾亭林诗文集》,《亭林文集》卷六,北京:中华书局1959年版,第131页。

撰的序论，最能反映出他在这方面的造诣和旨趣。顾祖禹论南直方舆说："以东南之形势而能与天下相权衡者，南直而已。"①论河南方舆说："河南，古所称四战之地也。当取天下之日，河南有所必争；及天下既定，而守在河南，则岌岌焉有必亡之势矣。"②论浙江方舆说："浙江之形势尽在江、淮，江、淮不立，浙江未可一日保也。"③这是分别用几句话就概括了不同地区的地理形势的轻重、得失，从中可以看到作者的功力和见解之深。《读史方舆纪要》历来受到人们很高的评价，人们称赞它"详建设则志邑里之新旧，辨星土则列山川之源流。至于明形势以示控制之机宜，纪盛衰以表政事之得失，其词简，其事核，其文著，其旨长，藏之约而用之博，鉴远洞微，忧深虑广，诚古今之龟鉴，治平之药石也。有志于用世者，皆不可以无此篇"④；称赞它"不征奇，不探异，网罗放失，于古今成败利钝之际，三致意焉"⑤；认为"非具上下纵横之识而悠有所会者，亦何有于是书"⑥；强调它的特点在于评论"山川险易，古今用兵战守攻取之宜，兴亡得失成败之迹"⑦。这些评论，是从军事、政治方面反映出地理因素对历史进程的影响。

探讨中国古代史学家和思想家怎样看待历史进程，是一个繁难而有意义的问题。本文所涉及的几个方面，只是笔者考虑得较多的一些问题，倘能起到抛砖引玉的作用，于愿足矣。

（原载邱锋、朱慈恩主编：《"历史的理论、观念与叙事"研讨会论文集》，甘肃人民出版社，2017年版，第1—12页）

---

① 顾祖禹：《读史方舆纪要·南直方舆纪要序》，北京：中华书局2005年版，第867页。
② 顾祖禹：《读史方舆纪要·河南方舆纪要序》，北京：中华书局2005年版，第2083页。
③ 顾祖禹：《读史方舆纪要·浙江方舆纪要序》，北京：中华书局2005年版，第4093页。
④ 《读史方舆纪要》吴兴柞序，北京：中华书局2005年版，第10页。
⑤ 《读史方舆纪要》熊开元序，北京：中华书局2005年版，第7页。
⑥ 重刻《读史方舆纪要》黄冕跋，清道光刻本。
⑦ 《读史方舆纪要》魏禧序，北京：中华书局2005年版，第1页。

下 编
文化与精神

黄帝文化精神与统一多民族国家的历史

早在两千多年前,黄帝文化已成为史学家认识和撰写统一多民族国家历史的序篇。此后,这一认识及其历史撰述得到广泛的认同和发展,不断谱写出伟大中华文明的新篇章。

黄帝文化——中华文明的源头

公元前2世纪末、1世纪初,伟大的史学家司马迁,写出了一部不朽的中国通史——《史记》,从而极大地扩展了人们的历史视野,同时也奠定了中国古代史学发展的深厚根基。

《史记》以《五帝本纪》开篇,而《五帝本纪》又以黄帝居其首。这对于太史公司马迁来说,是一件非同小可的事情。司马迁写历史有自己的宗旨,即"究天人之际,通古今之变,成一家之言"。那么,"通古今之变"这个"古"从哪里开始呢?这是司马迁首先碰到的一个重大问题,是史书撰写中"正其疆里,开其端首"[①]的大事。他在《史记·太史公自序》中写道:"网罗天下放失旧闻,王迹所兴,原始察终,见盛观衰,论考之行事,略推三代,录秦汉,上记轩辕,下至于兹。"这一段话,明确地规定了《史记》的上限与下限。关于下限,自不待言;关于上限,司马迁为什么要从黄帝写起呢?他在《史记·五帝本纪》后论中对此作了认真的说明,司马迁这样写道:

> 学者多称五帝,尚矣。然尚书独载尧以来;而百家言黄帝,其文不雅驯,荐绅先生难言之。孔子所传《宰予问五帝德》及《帝系

---

① 司马迁:《报任安书》,见班固《汉书》卷六二《司马迁传》,北京:中华书局1962年版。

姓》，儒者或不传。余尝西至空桐，北过涿鹿，东渐于海，南浮江淮矣，至长老皆各往往称黄帝、尧、舜之处，风教固殊焉，总之不离古文者近是。予观《春秋》、《国语》，其发明《五帝德》、《帝系姓》章矣，顾弟弗深考，其所表见皆不虚。书缺有间矣，其轶乃时时见于他说。非好学深思，心知其意，固难为浅见寡闻道也。余并论次，择其言尤雅者，故著为本纪书首。①

所谓"本纪书首"，实际上就是《史记》的上限，也就是"通古今之变"这个"古"的起点。

在这段话中，司马迁关于"五帝""黄帝"，他分别讲到了"学者""百家"、荐绅先生、孔子所传、本人所访，以及《春秋》《国语》和《五帝德》《帝系姓》所记有关内容的关系；应当说，在当时的条件下，司马迁是作了全面考察的，所以他得到"书缺有间矣，其轶乃时时见于他说"的结论。由此，我们可以进一步认识到这段话的重要性。其一，它表明自春秋以来至西汉时期，人们对古史的追寻已超出了夏、商、周三代而颇重视关于黄帝的传说，从"学者"到"长老"对此都予以关注，反映出一种比较普遍的历史交化心理，这一事实给予司马迁以极大的影响。其二，司马迁毅然突破《尚书》的界限，把黄帝"著为本纪书首"，从而在中国史学上第一部通史巨著中确认了这种历史文化心理，以至于在中国史学发展上产生了深远的和巨大的影响，陶冶着中华民族的共同心理。尽管清代以来有些学人出于求实的要求，对此提出疑问，并作了不少很有价值的考信工作，但《史记》问世后所产生的这个影响，却是真切的事实，对于这一事实及其所产生的影响无疑是应当予以承认的。

《史记·五帝本纪》认为："自黄帝至舜、禹，皆同姓而异其国号……帝禹为夏后而别氏。"《史记》记述了秦、汉统一皇朝周边少数民族的历史，于《匈奴列传》中则说："匈奴，其先祖夏后氏之苗裔也。"这是把黄帝、帝禹、匈奴联系起来了。《史记》对多民族国家历史面貌的反映以及司马迁在民族关系上的这种观念，对中国史学的发展有很大的影响，对中华民族的发展也有很大的影响。这两种影响，都具有重要的意义。

司马迁所谓"上记轩辕，下至于兹"，不仅在本纪中反映出来，在《史

---

① 司马迁：《史记》卷一《五帝本纪》，北京：中华书局1959年版。

记》的表、书中也各有反映。《史记·三代世表》序说：

> 太史公曰：五帝、三代之记，尚矣。自殷以前诸侯不可得而谱，周以来乃颇可著。孔子因史文次《春秋》，纪元年，正时日月，盖其详哉。至于序《尚书》则略，无年月；或颇有，然多阙，不可录。故疑则传疑，盖其慎也。
>
> 余读谍记，黄帝以来皆有年数。稽其历谱谍、终始五德之传，古文咸不同，乖异。夫子之弗论次其年月，岂虚哉！于是以《五帝系谍》《尚书》集世纪黄帝以来讫共和为《世表》。①

《三代世表》包含五帝时代，故此表当从黄帝记起。上述两段话是反复说明"殷以前诸侯不可得而谱"，而历代谱谍记"黄帝以来皆有年数"是不可凭信的，故司马迁采取了比较稳妥的做法："以《五帝系谍》《尚书》集世，纪黄帝以来讫共和为《世表》。"文中，还表明了司马迁对孔子的"疑则传疑"的史学原则与方法的推崇。

司马迁的《史记·历书》序中说：

> 神农以前尚矣。盖黄帝考定星历，建立五行，起消息，正闰余，于是有天地神祇物类之官，是谓五官。各司其序，不相乱也。②

司马迁没有对"五官"作说明，故后人多所推测，不得要领。这里，有一个值得注意的问题是：司马迁在《五帝本纪》后论中说"学者多称五帝，尚矣"，在《三代世表》序中说："五帝、三代之记，尚矣"，在《历书》序中又说"神农以前尚矣"，等等，说法不一，处置方法也有所不同；但是，一个总的目的却始终贯穿其间，那就是"上记轩辕"。本纪，记大事；表，谱年爵；书，写制度——《史记》从这三个方面来反映"上记轩辕"，这是把关于黄帝的零星的传说纳入到比较广阔的和有序的历史视野之中，从而对后世的作为观念形态的黄帝文化的发展，开辟了新的道路。

正是在这个意义上，可以认为，黄帝文化（包含史事、年爵、制度等）乃是伟大中华文明悠久历史的源头。

---

① 司马迁：《史记》卷一三《三代世表》，北京：中华书局1959年版。
② 司马迁：《史记》卷二六《历书》，北京：中华书局1959年版。

历史认同与文化认同源远流长

黄帝文化精神的巨大而深刻的影响，在于它培育着中华民族历史文化认同的传承和发展。这里说的历史认同，主要表现在血缘、地理和治统观念等几个方面；文化认同主要表现在心理、制度、道统观念等几个方面。

关于历史认同的传统。首先说血缘观念。先秦时期，血缘和政治的关系十分密切。人们的这种观念是跟传说中的黄帝、炎帝有关的。春秋时期，晋国大夫司空季子（即胥臣臼季）在同晋公子重耳的一次谈话中讲道："凡黄帝之子二十五宗，其得姓者十四人为十二姓：姬、酉、祁、己、滕、箴、任、荀、僖、姞、儇、依是也。"又说："昔少典娶有蟜氏，生黄帝、炎帝。黄帝以姬水成，炎帝以姜水成。"①这种观念，当是先民口口相传，已有久远的历史。汉武帝时，司马迁著《史记》，以《五帝本纪》开篇，而黄帝居五帝之首。他写道："黄帝二十五子，其得姓者十四人。"又说："自黄帝至舜、禹，皆同姓而异其国号，以章明德。故黄帝为有熊，帝颛顼为高阳，帝喾为高辛，帝尧为陶唐，帝舜为有虞，帝禹为夏后而别氏，姓姒氏。契为商，姓子氏。弃为周，姓姬氏。"②从司空季子到司马迁，广泛地传播了炎、黄的观念，尤其是"黄帝二十五子"和"五帝""三王"（夏、商、周）的观念，都带有浓厚的血缘关系的色彩。联想到西周社会的特点，这种观念的流传也就顺理成章了。《左传·昭公二十八年》记："昔武王克商，光有天下，其兄弟之国者，十有五人；姬姓之国者，四十人，皆举亲也。夫举无他，唯善所在，亲疏一也。"《礼记·礼运》篇也有明确的说法："天子有田以处其子孙，诸侯有国以处其子孙，大夫有采以处其子孙，是谓制度。"③这些都是西周以至于春秋时期血缘与政治密切关系的社会特点。战国以下，尽管从商鞅变法到秦始皇改革，废分封而立郡县，但血缘关系的重要，却在人们思想观念中长久地存在着。司马迁称："匈奴，其先祖夏后氏之苗裔也。"④唐初史家称：北周（鲜卑族宇文部所建）文帝宇文泰，"其先出自炎帝神农氏。"⑤"稽胡一曰步落稽，盖匈

---

① 《国语·晋语四》，上海：上海古籍出版社1978年版。
② 司马迁《史记》卷一《五帝本纪》，北京：中华书局1959年版。
③ 《十三经注疏》，北京：中华书局1986年版。
④ 司马迁《史记》卷一一〇《匈奴列传》，北京：中华书局1959年版。
⑤ 《周书》卷一《文帝纪上》，北京：中华书局1971年版。

奴别种""库莫奚,鲜卑之别种"。①又称:"突厥者,盖匈奴之别种。"②元朝皇家史馆修《辽史》时,碰到一个关于血缘观念的难题,但史官们却郑重而又睿智地作了处理,这就是:

> 庖牺氏降,炎帝、黄帝氏子孙众多,王畿之封建有限,王政之布濩无穷,故君四方者,多二帝子孙,而自服土中者本同出也。考之宇文周之书,辽本炎帝之后,按耶律俨称辽为轩辕后。俨《志》晚出,盍从《周书》。③

可以认为,这是元朝的史官们结合当时修史中碰到的问题,对大约两千年前的司空季子和其后的司马迁、唐初史家们所持观念的极好的继承。同时,我们也从中看到,这一观念的传统,对于书写统一的多民族国家的历史是多么重要。

其次说地理观念。人们都很熟悉这几句古老的诗句:"溥天之下,莫非王土;率土之滨,莫非王臣。"④《诗经》中还多有"四方之纲""四方为则""四方为纲""四方爰发""经营四方""日靖四方""于以四方"等诗句,这些都应与地缘观念有关。联想到上述血缘观念,我们可以看到这二者之间的联系。战国时期,人们用夏禹的名义提出了"九州"的观念,指出:"九州攸同,四隩既宅。九山刊旅,九川涤源,九泽既陂。四海会同,六府孔修。庶土交正,厎慎财赋,咸则三壤成赋。中邦锡土、姓,祗台德先,不距朕行。"又指出:"东渐于海,西被于流沙,朔南暨声教,讫于四海。禹锡玄圭,告厥成功。"⑤所谓"九州",是指冀、兖、青、徐、扬、荆、豫、梁、雍,多为后来历代行政建制所沿用。这种地理观念的传统,以及秦、汉皇朝统一政治局面的出现,乃是司马迁、班固撰写成统一的多民族国家历史的重要原因之一。在司马迁写出中原及周边各民族历史的伟大画卷后,班固在《汉书·地理志》序文中写道:

> 汉兴,因秦制度,崇恩德,行简易,以抚海内。至武帝攘却胡、

---

① 《周书》卷四九《异域传上》,北京:中华书局1971年版。
② 《周书》卷五〇《异域传下》,北京:中华书局1971年版。
③ 《辽史》卷一《世表》序,北京:中华书局1974年版。
④ 《诗经·小雅·北山》,《十三经注疏》本,北京:中华书局1986年版。
⑤ 《尚书·禹贡》,王世舜《尚书译注》本,成都:四川人民出版社1982年版。

越，开地斥境，南置交阯，北置朔方之州，兼徐、梁、幽，并夏、周之制，改雍曰凉，改梁曰益，凡十三部，置刺史。先王之迹既远，地名又数改易，是以采获旧闻，考迹《诗》《书》，推表山川，以缀《禹贡》《周官》《春秋》，下及战国、秦、汉焉。①

人们的地理观念，由于秦、汉统一政治局面的出现而进一步发展了，也更加具体化了。显然，司马迁的民族观念和班固的地理观念及其撰述与影响，在中国历史上占有同等重要的地位。在此之后，在历代地理总志和有关的地理书中，可以清晰地看到这种地理观念的延续和发展，直至《大清一统志》。这是统一的多民族国家之历史认同的又一个重要方面。

再次说治统观念。上文讲到，"治统"是政治统治的继承性，它本质上是关于中国历史上历代政权连续性的观念。对此，司马迁已经做出了他那个时代的记述与解说：《史记》中的《五帝本纪》《夏本纪》《殷本纪》《周本纪》《秦本纪》《秦始皇本纪》《项羽本纪》及西汉前期诸帝本纪等，还有《三代世表》《十二诸侯年表》《六国年表》《秦楚之际月表》等，以不同的表述形式清晰地描述出了"治统"的轨迹。尽管后来班固不承认秦、项，但还是力主"汉绍尧运"；以及历史上种种正闰之争、"中国"之争、正统之争，而总的方向都没有脱离"治统"的轨迹。"治统"的渊源，自是"五帝三王"；随着历史的发展，其内涵则往往又是指汉、唐政治。如果说羯族出身的石勒不敢以"轩辕之亚"自居，表明若遇汉高祖"当北面而事之"，遇汉光武帝则"并驱于中原"②，是真诚的表白的话，那么，唐高祖李渊说的东晋十六国、南北朝诸王朝"莫不自命正朔，绵历岁祀，各殊徽号，删定礼仪。至于发迹开基，受终告代，嘉谋善政，名臣奇士，立言著绩，无乏于时"云云③，则显示出他作为政治家的宏大气度。这是从不同的角度、以不同的方式反映出对于"治统"的共识。他如辽圣宗留心于唐朝的统治经验，并阅读《唐书》中的高祖、太宗、玄宗本纪。大臣马得臣"乃录其行事可法者进之"④。元初，大臣王鹗向元世祖建议修撰前朝史，认为这是为了"以见祖宗圣德得天下辽、金、宋之

---

① 《汉书》卷二八上《地理志上》，北京：中华书局1962年版。
② 《晋书》卷一〇五《石勒载记下》，北京：中华书局1974年版。
③ 《唐大诏令集》卷八一《命萧瑀等修六代史诏》，上海：学林出版社1982年版。
④ 《辽史》卷八〇《马得臣传》，北京：中华书局1974年版。

由，垂鉴后世，做一代盛典"①。又，元惠宗至顺四年（1333），有人重刻唐代史家吴兢所撰《贞观政要》一书，前翰林学士吴澄作序称：夏、商、周、汉、唐各有美政，"然譬之行远必自迩，譬之登高必自卑，则《贞观政要》之书，何可无也！"前奎章阁大学士郭思贞作序称："仁义之心，亘古今而无间，因其所已然，勉其所未至，以进辅于圣朝，则二帝三王之治，特由此而推之耳。观是编者，尚勖之哉！"②再如清道光元年（1821），道光皇帝祭黄帝陵文中有"惟致治莫先稽古""四千年帝绪王猷"等语。凡此，都是从不同方面在强调"治统"的重要。尤其是隋唐以下，不论是以契丹族贵族为主的辽朝最高统治集团，以蒙古族贵族为主的元朝最高统治集团，还是以满族贵族为主的清朝最高统治集团，或者是以汉族贵族为主的各个王朝的最高统治集团，都承认并尊重这个"治统"的传统。在这个意义上的历史认同的重要性是不言而喻的，因为它代表着当时的主流意识形态。

关于文化认同的传统。关于心理方面，主要指人们在心理上对不同民族文化的相互理解、沟通和包容。《诗经》是中国最早的典籍之一，它对西周、春秋以至于后来人们心理的影响是深远的。周灵王十三年（前559），在一次会盟活动中，晋国大夫范宣子不同意姜戎首领戎子驹支参与会盟，于是发生了激烈的争执。戎子驹支在回顾了晋、戎关系史，陈述了诸戎对晋国的开发和发展的种种贡献后，慨然说道："我诸戎饮食衣服不与华同，贽币不通，言语不达，何恶之能为？不与于会，亦无瞢焉。"他乃"赋《青蝇》而退"③。《青蝇》是《诗经·小雅》中的一篇，是讽刺统治者听信谗言而误国的诗。戎子驹支在这种郑重的场合把它念出来，表明他认同此诗的含义。这使范宣子十分感动，于是"宣子辞焉，使即事于会，成恺悌也"④。这真是一段反映在心理方面的文化认同的历史佳话。

在文化认同的心理方面，孔子是一位雍容大度的学者。周景王二十年（前525），鲁昭公设宴招待郯子。有人问郯子："少皞氏鸟名官，何故也？"郯子井井有条地作了一番回答，讲得很有道理。孔子听说此事，"见郯子而学

---

① 《元朝名臣事略》卷一二，北京：中华书局1996年版。
② 《贞观政要》书首，长沙：岳麓书社1996年版。
③ 《左传·襄公十四年》，杨伯峻译注，北京：中华书局1981年版。
④ 《左传·襄公十四年》，杨伯峻译注，北京：中华书局1981年版。

之。既而告人曰：'吾闻之，天子失官，学在四夷，犹信。'"①郯人非夷，然与夷杂居，故孔子有此言。这件事生动地表明了孔子的文化心态：一是相信"天子失官，学在四夷"的说法，二是虚心向别人学习自己所未知的知识，而不考虑民族的界线。正因为如此，孔子产生了"欲居九夷"的想法②。孔子的这种文化心态，反映了当时"诸华"与"诸夷"在文化上走向融合的趋势。此后，十六国时，石勒喜读《汉书》③。南北朝时，北魏与萧齐互遣使臣通好，魏孝文帝常对臣下说："江南多好臣。"④金朝金世宗设立译书所，翻译《五经》、"十七史"等书，他说：翻译《五经》是要"使女直（真）人知仁义道德所在"⑤：这些认识，这些观念，都是从不同的角度反映出各族在心理上的文化认同。正是有了这种文化认同，才可能有元代大德年间的历代正史刻本，有明代《永乐大典》和清代《四库全书》的纂修这些大型文化工程的创举。

关于制度方面。制度文化是文化的一个重要方面。孔子说："周监（鉴）于二代，郁郁乎文哉！吾从周。"⑥又说："殷因于夏礼，所损益，可知也；周因于殷礼，所损益，可知也。其或继周者，虽百世，可知也。"⑦这表明夏、商、周三代的制度是有连续性的。战国时期，有赵武灵王胡服骑射，这是"华族"对"胡人"的学习。南北朝时，北朝有许多制度是南朝人帮助制定的，而魏孝文帝改革也包含了不少"汉化"的内容。隋唐的若干制度却又源于北朝，并成为基本的定制。辽朝实行南面官、北面官，南面官以汉制治汉人，北面官以契丹制治契丹人，反映了制度文化认同与融合过程中的阶段性特点。金朝实行科举考试制度，是从隋唐制度中得到的借鉴。元朝和清朝是中国历史上的两个统一的大朝代，它们的制度都带着一些蒙古族和满族原有的民族特色，但其主流则仍是汉、唐、两宋以来制度的沿袭和发展。清代乾隆皇帝评论唐代史家杜佑所撰典制体通史《通典》一书说得好：此书"本末次第，具有条

---

① 《左传·昭公十七年》，杨伯峻译注，北京：中华书局1981年版。
② 《论语·子罕》，杨伯峻译注，北京：中华书局1963年版。
③ 《晋书》卷一〇五《石勒载记下》，北京：中华书局1974年版。
④ 《南齐书》卷五七《魏虏传》，北京：中华书局1972年版。
⑤ 《金史》卷八《世宗本纪下》，北京：中华书局1975年版。
⑥ 《论语·八佾》，杨伯峻译注，北京：中华书局1963年版。
⑦ 《论语·为政》，杨伯峻译注，北京：中华书局1963年版。

理，亦恢恢乎经国之良模矣！"①这或许可以看作各族对中国古代制度文化之认同的代表性言论。

关于道统方面。这在本质上是指周公、孔子以来的思想传统。其人生价值的理想境界，是修身齐家治国平天下，故必须"自强不息""厚德载物"；其立身行事的准则，是仁义忠信；其社会伦理思想，是君君臣臣父父子子；其处事方法，是主张"中庸"，等等。这些都是经书所提倡的。《隋书·经籍志一》经部总序云：

> 夫经籍也者，机神之妙旨，圣哲之能事，所以经天地，纬阴阳，正纪纲，弘道德，显仁足以利物，藏用足以独善，学之者将殖焉，不学者将落焉。大业崇之，则成钦明之德，匹夫克念，则有王公之重。其王者所以树风声，流显号，美教化，移风俗，何莫由乎斯道？故曰："其为人也，温柔敦厚，《诗》教也；疏通知远，《书》教也；广博易良，《乐》教也；洁静精微，《易》教也；恭俭庄敬，《礼》教也；属辞比事，《春秋》教也。"遭时制宜，质文迭用，应之以通变，通变之以中庸。中庸则可久，通变则可大，其教有适，其用无穷，实仁义之陶钧、诚道德之橐籥也。其为用大矣，随时之义深矣，言无得而称焉。故曰："不疾而速，不行而至。"今之所以知古，后之所以知今，其斯之谓也。②

其后，宋人朱熹编辑《四书》，他所提倡的大致也是这些道理。清代修《四库全书》，其经部总叙说："盖经者非他，即天下之公理而已。今参稽众说，务取持平，各明去取之故，分为十类：曰易、曰书、曰诗、曰礼、曰春秋、曰孝经、曰五经总义、曰四书、曰乐、曰小学。"③从历史的观点来看，《隋书》志经部总序是关于中国古代思想即精神文化的一次总结；而《四库全书》经部总叙则是在新的历史条件下，关于中国古代精神文化的又一次总结。其间经历了悠久的历史岁月，同时也包含了中国历史上许多民族的思想认同，进一步反映了所谓"道统"的传统。这对于统一的多民族国家的发展和巩固，具有极其

---

① 《重刻通典序》，见《通典》咸丰九年（1858）崇仁谢氏重刊本。
② 《隋书》卷三二《经籍志一》，北京：中华书局1973年版。
③ 纪昀，等：《四库全书总目提要》，石家庄：河北人民出版社2000年版。

重大的作用和意义。

当然，在中国历史上，也存在着与各族历史文化认同趋势相悖的言论和思想，但历史已经证明，这些言论和思想并不符合与顺应中国历史发展的潮流。值得注意的是，19世纪中期以后，中国受到殖民主义、帝国主义的侵略，国人震惊，眼界和思想都发生了极大的变化。国家观念、疆域观念、民族观念、文化观念等也都发生了极大的变化，中华民族的历史文化认同的优良传统从而进入了一个新的发展阶段。

黄帝祭祀传统的历史意义

祭祀黄帝冢、黄帝陵，是中华民族优秀的历史传统和文化传统中的一件大事。这个传统，至晚起于西汉，中经北魏、唐、宋、元、明、清，以至于今，总体而言从未间断。从现存的皇家祭文来看，以明清两代为多。其中，尤以清朝诸帝的祭文更为突出地反映了中国历史上历史文化认同的优良传统。

顺治八年（1651），即清王朝基本确立对全国统治后的六七年，顺治帝在祭告黄帝文中写道："自古帝王，受天明命，维道统而新治统。圣贤代起，先后一揆。功德载籍，炳若日星。"[1]康熙元年（1662），康熙帝"御制"祭文中也说："帝王继天立极，功德并隆，治统道统，昭垂奕世。"[2]康熙二十一年（1682），康熙帝"御制"祭文再次表明："自古帝王受天显命，继道统而新治统，圣贤代起，先后一揆，成功盛德，炳如日星。"[3]顺治皇帝与康熙皇帝在祭文中都明确提出"道统"和"治统"的观念，这是一个应当受到高度重视的问题。

何谓"道统"？按照学术界历来的说法，这是指儒家传道的系统，也可以说是儒家一派人物所认可的思想传统：近则指文、武、周公、孔、孟的思想传统，远则追溯尧、舜、禹、汤。何谓"治统"？如前所说，这是治理之统，亦即统治之统。在中国史书记载上，所谓"治统"，远尊"五帝三王"，近承

---

[1] 李学勤、张岂之总主编《炎黄汇典》第3册，曲英杰主编《祭祀典》，长春：吉林文史出版社2002年版，第387页。

[2] 李学勤、张岂之总主编《炎黄汇典》第3册，曲英杰主编《祭祀典》，长春：吉林文史出版社2002年版，第387页。

[3] 李学勤、张岂之总主编《炎黄汇典》第3册，曲英杰主编《祭祀典》，长春：吉林文史出版社2002年版，第390页。

汉、唐风范，可谓史不绝书。所谓"统"，是指一脉相承的系统。《孟子·梁惠王下》："君子创业垂统，为可继也。"后历代皇帝多沿用"垂统"一词，是表明上有所承，下有所传。

清帝强调"维道统""继道统"，是表明上承儒家学说的思想传统，这是关于中华文明在文化认同方面的高度概括。他们强调"新治统"，第一，是表明继承黄帝以来的政治传统，即"时代虽殊，而继治同道，先后一揆""累朝之统绪相承""百代之英灵如在""累朝之治法相传""千载之英灵如在"①。第二，是表明清朝在政治统治上不重蹈前人的覆辙而有所革新。合而论之，这是关于中华文明在政治实体上之连续性的历史认同。清朝在奠定国家版图、维护和巩固统一的多民族国家方面，以及在文化上的许多总结性工程，都证明了这种认同的伟大作用。这种历史文化认同的传统，是中国之所以成为一个历史悠久的、统一的多民族国家的思想基础，也是中华民族凝聚力的内在底蕴。这在中国历代典籍中有丰富的记载和鲜明的反映，从清帝祭黄帝陵文可窥其一斑。从这个意义上说，黄帝祭祀正是历史文化认同的一个光辉的表现。

不论是文化认同，还是历史认同，都不自清朝始，它们萌发于先秦，弘扬于秦、汉、隋、唐、宋、元、明、清。其间，十六国、南北朝、西夏、辽、金，亦未曾间断，至近代以来，又有新的发展。这种发展突出地表现在两个方面。第一，是在统一的多民族国家基础上的、民族认同的进一步发展，即表现为中华民族的认同。第二，是中华民族之认同所焕发出来的民族精神对于民族救亡的伟大意义。1937年4月，国共两党都派代表恭祭黄帝陵。国民党"中央祭文"序称："维中华民国二十六年四月四日民族扫墓之期，中国国民党中央执行委员会追忆先民功烈，欲使来者知所绍述，以焕发我民族之精神，特派……代表致祭于我开国始祖轩辕黄帝之陵前，"云云②。1937年4月6日《新中华报》则发表了中央苏区代表林伯渠"参加民族扫墓典礼"的消息，报道写道："中华苏维埃共和国中央政府特派代表致祭黄帝坟墓，举行民族扫墓典礼。苏维埃政府代表苏区内全体公民为对中华民族之始祖致敬并表示誓死为抗

---

① 李学勤，张岂之总主编《炎黄汇典》第3册，曲英杰主编《祭祀典》，长春：吉林文史出版社2002年版，第390、398、399页。
② 李学勤，张岂之总主编《炎黄汇典》第3册，曲英杰主编《祭祀典》，长春：吉林文史出版社2002年版，第411页。

日救亡之前驱，努力实现民族团结计，特于五日派遣代表前往参加。"①在民族危机日益严重的历史条件下，国共两党恭祭黄帝陵，其重大意义在于昭示中华民族各族人民，国难当头，是不甘忍受外来侵略和压迫的，表明要把侵略者赶出中国神圣国土的坚强决心。正如这篇报道中所言："表示誓死为抗日救亡之前驱，努力实现民族团结。"

在这次恭祭活动中，毛泽东亲自撰写了《苏维埃政府主席毛泽东、人民抗日红军总司令朱德祭文》。祭文写道："维中华民国廿六年四月五日，苏维埃政府主席毛泽东、人民抗日红军总司令朱德敬遣代表林祖涵，以鲜花束帛之仪致祭于我中华民族始祖轩辕黄帝之陵。"祭文最后一字千钧地写道："各党各界，团结坚固，不论军民，不分贫富。民族阵线，救国良方，四万万众，坚决抵抗。民主共和，改革内政，亿兆一心，战则必胜。还我河山，卫我国权，此物此志，永矢无谖。"②这是人民的意志、民族的决心，是抗日民族统一战线得以建立和最终取得抗日战争伟大胜利的精神支柱。今天，当我们重温这篇祭文的时候，仍然会感受到它的时代气息和深刻的民族感召力。

七十年过去了，现在，中国人民在中国共产党的领导下，正在为建设社会主义而奋斗，为民族复兴而奋斗，为建设小康社会、和谐社会而奋斗。在这个奋斗过程中，黄帝精神文化仍是中华民族凝聚力的象征，是鼓舞中华民族前进的伟大动力。

（原载朱恪孝、谢阳举主编《黄帝与中华文化学术研讨会论文集》，陕西人民出版社2008年版）

---

① 李学勤，张岂之总主编《炎黄汇典》第3册，曲英杰主编《祭祀典》，长春：吉林文史出版社2002年版，第412页。
② 李学勤，张岂之总主编《炎黄汇典》第3册，曲英杰主编《祭祀典》，长春：吉林文史出版社2002年版，第412页。

炎帝传说的历史意义

在中国，不论讲上古的历史，还是讲史学的源头，都不能不讲到最古老的一些神话、传说。其中，讲得较多而影响最大者，莫过于炎帝和黄帝。许多年来，人们称说"炎黄""炎黄子孙""炎黄文化"，在思想、心理、文化等方面有广泛的认同，这是我们要加强关于炎帝传说研究的现实根据。

作为传说的原始形式，炎帝传说的有关文字以《逸周书·尝麦》《国语·晋语》中的记录较有代表性。《尝麦》讲述赤帝（炎帝）、蚩尤、黄帝三者之间的关系，反映了部落战争的一些信息。而《国语·晋语》中有一段记载，说黄帝、炎帝都出于少典，"黄帝以姬水成，炎帝以姜水成。成而异德，故黄帝为姬，炎帝为姜，二帝用师以相济也，异德之故也"。从这里可以看出，后人对原始传说的解释的成分增加了，但也不是捕风捉影、毫无根据；往上同原始传说、往下同历史记载或多或少都有一点联系。其后，黄帝、炎帝成为中华民族的象征和始祖的观念，早在此时已经萌生了。

炎帝传说在文明时期，随着历史的演进，其内涵不断丰富，其影响也在不断扩大。这从战国时期诸子的竞相称说而得到充分的证明。在这些称说中，炎帝传说的原始色彩逐渐蜕化，而成为诸子百家用来阐述各自思想的"事实"和"根据"。这是炎帝传说所经历的又一重大变化。如《易·系辞下》写道："包牺氏没，神农氏作。斫木为耜，揉木为耒，耒耨之利，以教天下，盖取诸《益》。日中为市，致天下之民，聚天下之货。交易而退，各得其所，盖取诸《噬嗑》。神农氏没，黄帝、尧、舜氏作。"《易》不是子书，但《系辞》反映了战国时某些士人的思想。他们这样来描述神农氏时的社会面貌，无疑是带有更多的想象。这种想象是源于现实的反映。所谓"耒耨之利，以教天下"，自有一定的可能性；至于"日中为市，致天下之民，聚天下之货"，是把较晚出现的社会现象附会到"神农氏"的时代。

从这种善意附会的进一步发展，我们可以窥见古代学人是以炎帝或神农氏为依托，以抒发他们各自的政治主张和社会理想。《管子·揆度》说，管子曰："神农之数曰：'一谷不登，减一谷，谷之沽什倍。二谷不登，减二谷，谷之沽再十倍。'夷疏满之。无食者予之陈，无种者贷之新。故无什倍之贾，无倍称之民。"显然，这已不是神农氏的做法，而是管子的政治主张和经济政策在某一方面的反映，自然也反映了他的一种社会理想。

商鞅《商君书·画策》认为："神农之世，男耕而食，妇织而衣，刑政不用而治，甲兵不起而王。神农既没，以强胜弱，以众暴寡，故黄帝作为君臣上下之义，父子兄弟之礼，夫妇妃匹之合，内行刀锯，外用甲兵，故时变也。"从这段话里可以看出，商鞅也对"刑政不用而治，甲兵不起而王"的社会充满憧憬之情，他用赞美"神农之世"来寄托自己的社会理想。但他与庄子不同，更多地看到了社会的变化和进步，因而也肯定黄帝治理社会的种种措施。

这些事例表明，炎帝传说在逐渐淡化它的原始形式的过程中，愈来愈贴近现实的历史运动，这正是它的积极意义所在。其间，思想家们起了特殊的作用。正因为如此，炎帝传说在先民的思想中才愈来愈深入、广泛，其影响也愈来愈大。

当炎帝传说被史学家所关注，以各种形式进入历史撰述的时候，尽管并没有改变它作为传说的性质，但却进一步获得了新的历史意义。这个新的历史意义之最突出、最重要之处，就是它在中华民族发展中获得了历史文化认同的崇高地位。先民们把这种历史文化认同意识明确地表述出来，是同中国古代历史，尤其是同民族关系历史发展相关联的，也是同中国古代史学的发展相关联的。

司马迁的《史记》作为中国古代史学的里程碑，其开篇《五帝本纪》讲到"轩辕之时，神农世衰""而诸侯咸尊轩辕为天子，代神农氏，是为黄帝"。这里既讲到黄帝历史地位的确立，也讲到了神农氏与轩辕氏的关系，实际上是明确了炎、黄在中国历史进程中前后相衔接的密切关系。班固吸收了前人关于炎帝传说的许多内容，以适当的形式分别写入《汉书》的《百官公卿表》《古今人表》《律历志》《食货志》，扩大了神农氏在历史撰述中的影响，从而也提高了神农氏在历史撰述中的地位。

《史记》《汉书》关于神农氏或炎帝的记述，对后世"正史"撰述和制度史撰述都产生了深远的影响。在经历了魏晋南北朝的民族大迁移、大组合、大融合之后，炎帝传说的影响在民族关系史上也显得更为突出了。这里，要特别提到曾经在中国北部活跃了数百年的鲜卑族。魏收《魏书·序记》开宗明义地写道："昔黄帝有子二十五人，或内列诸华，或外分荒服，昌意少子，受封北土，国有大鲜卑山，因以为号。"北魏为鲜卑族拓跋部统治者所建，史书作者追述其先世，上溯到黄帝，这是极庄严的事情，其意义极为重大。魏收《魏书》撰于北齐，当时南北朝尚未统一，自不能排除其称中国、争正朔的意识，但这也无碍于其历史文化认同的本质。唐代在历史撰述中关于民族关系的认识和处理，气象更为恢宏。唐初史家撰写北周历史《周书》，称鲜卑族宇文部统治者的先世出于炎帝神农氏："太祖文皇帝姓宇文氏，讳泰，字黑獭，代武川人也。其先出自炎帝神农氏，为黄帝所灭，子孙遁居朔野。"

根据这些记述，曾经活跃于中国北部数百年之久的鲜卑族及其所建立的若干个割据王朝，在追溯其先人时，或同黄帝有关，或同炎帝有关。这种心理上、思想上的历史认同，是一种伟大的历史凝聚力量，它通过历史撰述表现出来并流传后世，其意义之重要是无可比拟的。随着中国历史的向前推进，这种伟大的历史凝聚力量总是不断地显示出来。如辽朝史官耶律俨修国史，称契丹族为轩辕氏之后裔。元代修辽、宋、金三史时，保持了与前人认识上的连贯性，坚持了"二帝子孙"之后这一基本认识。

综上所述，可以看到炎帝传说、黄帝传说在历史发展中的精神力量。这种力量就其本质来说，是历史文化认同和民族凝聚意识的反映。历史文化认同作为中华民族的优良传统和伟大的精神支柱，在中华民族历史发展中所发挥的巨大的积极作用，是不可估量的。

（原载刘正主编《炎帝文化与21世纪中国社会发展》，岳麓书社2002年版）

楚人重史与长江文化

长江之长，流域之广，物产之丰富，人情之多彩，文化之灿烂，真叫人难以想象，更不用说把它描述出来。

我是安徽人，很关心楚文化。我的大学毕业论文题目是《论春秋时期各族的融合》，是赵光贤先生指导我做的。论文的内容，多少也涉及楚文化。但是，我终究没有致力于区域文化的研究，对蜀文化、楚文化、吴文化等，都不甚了了，说来不觉汗颜。

我以为在中国历史上，史学的发展同长江文化有密切的关系。但中国史学博大精深，若讨论其与浩瀚恢廓的长江文化的关系，自不是我力所能及的。于是我想到楚人重史跟长江文化有极大的关系。楚人重史，不仅丰富了长江文化的内涵，也丰富了中国史学本身。这具有双重意义上的历史价值。

我的一点小议论，就从这里开始。

先秦时期，楚人重史学，看来是有传统的。

春秋时期，楚庄王问他手下的大夫申叔时，应当用哪些书来教导太子？申叔时回答说：

> 教之《春秋》，而为之耸善而抑恶焉，以戒劝其心；教之《世》，而为之昭明德而废幽昏焉，以休惧其动；教之《诗》，而为之导广显德，以耀明其志；教之《礼》，使知上下之则；教之《乐》，以疏其秽而镇其浮；教之《令》，使访物官；教之《语》，使明其德，而知先王之务用明德于民也；教之故志，使知废兴者而戒惧焉；教之《训典》，使知族类，行比义焉。①

---

① 《国语·楚语上》。

根据三国时期吴国人韦昭所作的注,这里说的《春秋》,是"以天时纪人事"的书,是春秋时期各国国史的统称。《世》,是"先王之世系"。《令》,是"先王之官法、时令"。《语》,是"治国之善语"。故志,是"记前世成败之书"。《训典》,是"五帝之书"。在申叔时所说的9种书当中,史书占了半数以上;而教导太子的目的不外乎是修身与立事。这是中国史学上较早的同时也比较明确和具体的历史教育的记载。

从这个记载中,我们还可以看到,楚国历史文献的丰富与保存的完好,以及楚国君臣对于历史文献作用的深刻认识并注重发挥它们的作用。尤其是统治者,更要在这方面受到严格的教育,以便具有较高的修养。历史上有一种传统的观念,认为楚国是比较落后的地方。从申叔时论教导太子的记载来看,楚国在文化发展进程上并不落后。

申叔时所论,反映出他有深刻的历史意识和历史教育思想,而他并不是史官。当然,楚国也培养出了知识渊博、智慧超群的史官,左史倚相就是一个代表。左史倚相是楚灵王、平王、昭王时期的史官,他历史知识渊博,并善于以历史经验谏说楚王及楚国大臣,多能令人折服。一次,左史倚相公开批评子亹的骄慢作风。子亹质问左史倚相。左史倚相引述了许多历史典故同他讲道理,最后说道:"《周书》曰:'文王至于日中昃,不皇暇食。惠于小民,唯政之恭。'文王犹不敢骄。今子老楚国而欲自安也,以御数者,王将何为?若常如此,楚其难哉!"子亹听后,恍然大悟,自我批评说:"老之过也。"他于是会见了左史①。左史倚相在楚国统治集团中有很高的声望,被誉为楚国之宝。一次,楚大夫王孙圉到晋国公务,晋定公招待他。席间,晋大夫赵鞅敲击所佩之玉发出声响表示欢迎,并同时问道:"楚之白珩犹在乎?"王孙圉作了肯定回答。赵鞅又问:"其为宝也,几何矣?"于是王孙圉发表了以下一段宏论:

  未尝为宝。楚之所宝者,曰观射父,能作训辞,以行事于诸侯,使无以寡君为口实。又有左史倚相,能道训典,以叙百物,以朝夕献善败于寡君,使寡君无忘先王之业;又能上下说于鬼神,顺道其欲恶,使神无有怨痛于楚国。又有薮曰云连徒洲,金木竹箭之所生也。龟、珠、角、齿、皮、革、羽、毛,所以备赋,以戒不虞者也。所以

---

① 《国语·楚语上》。

> 共币帛，以宾享于诸侯者也。若诸侯之好币具，而导之以训辞，有不虞之备，而皇神相之。寡君其可以免罪于诸侯，而国民保焉。此楚国之宝也。若夫白珩，先王之玩也，何宝之焉？①

王孙圉强调了大夫观射父和左史倚相以及有实际意义的物质生产，是楚国之宝。左史倚相之所以成为一国之宝，是因为他熟悉典章制度以及历史上的人和事，并经常向楚王讲述历史上的经验教训、得失成败，使楚王能够牢记先王创业的功绩，从而兢兢业业治理国家，并能得到神灵的保佑。王孙圉最后指出："若夫哗嚣之美，楚虽蛮夷，不能宝也。"

春秋时期，周王室和各诸侯国皆置史官，并多有"国史"，但像楚国这样，把有贡献的史官称作国宝者，并不多见，足见楚人之重史，更有其突出之处。战国时，孟子论各国国史说："王者之迹熄而《诗》亡，《诗》亡然后《春秋》作。晋之《乘》，楚之《梼杌》，鲁之《春秋》，一也：其事则齐桓、晋文，其文则史。孔子曰：'其义则丘窃取之矣。'"②这里，孟子所举晋、楚、鲁三国国史来说明它们的内容和性质，亦可证明楚国国史的影响之久远。至于左史倚相，千余年后，人们还在称颂他。唐代史学批评家刘知幾在评论史家时写道：

> 史之为务，厥途有三焉。何则？彰善贬恶，不避强御，若晋之董狐，齐之南史，此其上也。编次勒成，郁为有朽，若鲁之丘明，汉之子长，此其次也。高才博学，名重一时，若周之史佚，楚之倚相，此其下也。苟三者并阙，复何为者哉？③

这里提到的春秋时期各诸侯国史官，晋、齐、鲁、楚各占其一，而左史倚相名列其中。刘知幾所说的"上也""次也""下也"，是指他们在贡献上的不同表现形式，也可以理解为三个不同的层次，都值得后人学习和仿效。

楚人重史，还有突出一例，这就是战国末年楚国大诗人屈原所作的《天问》。有人认为这是屈原被流放后所作，也有人说是屈原出使齐国时收集稷下学派提出的问题综合而成。屈原在《天问》中，就有关宇宙、自然和历史提出

---

① 《国语·楚语下》。
② 《孟子·离娄下》。
③ 《史通·辨职》。

了许多问题和怀疑，反映了他的恢宏的思想和大胆的见识[1]。史学家司马迁写道："余读《离骚》《天问》《招魂》《哀郢》，悲其志。适长沙，观屈原所自沈渊，未尝不垂涕，想见其为人。"[2]《天问》对后世的影响，又大大超过了左史倚相的言论。大约也是在《天问》面世的千年之后，唐代思想家、文学家、史论家柳宗元写出了《天对》，回答了屈原所"问"的问题。

《天问》是文学作品，但它提出了有关宇宙、自然和历史方面近两百个问题，在一定程度上反映了战国时人的思想和认识，因而在思想史和科学史上占有重要的地位。千年以下，柳宗元首次为之作"对"，以当时所能达到的自然知识和历史知识的水平，回答了屈原所提出的问题，其理论价值同样是很高的，在历史理论发展史上占有突出的地位。

在《天问》里，关于"天人之际"的问题和关于远古历史的问题常常是结合在一起提出来的。如《天问》一开始就提出：

曰遂古之初，谁传道之？上下未形，何由考之？冥昭瞢暗，谁能极之？冯翼惟像，何以识之？

屈原问的是：关于远古开始的情形，是谁传说下来的？天地还未形成，根据什么来考察？昼夜未分，混沌一片，谁能弄得清楚？天地未形成时，只有盛满的大气，这种无形的象是怎么认识的呢？

柳宗元《天对》的回答是果断而又明确的："本始之茫，诞者传焉。鸿灵幽纷，曷可言焉！"意思是：关于天地形成以前的种种恍惚无凭的情形，都是荒诞的人传述下来的。那些开天辟地的神灵事迹，都是混乱不清的传说，有什么可讲的呢！[3]

接着前面的问题，屈原继续问道："明明暗暗，惟时何为？阴阳三合，何本何化？"意思是说：昼夜交替，这是为了什么？（阴、阳、天）这三者的结合，什么是本源？又如何变化？柳宗元回答说："昏黑晰眇，往来屯屯，庞昧革化，惟元气存，而何为焉！……合焉者三，一以统同，吁炎吹冷，交错

---

[1] 参见复旦大学中文系古典文学教研组《天问天对注·前言》，上海：上海人民出版社1973年，版本同下。
[2] 《史记·屈原贾生列传》后论。
[3] 上引《天问》，依《楚辞集注》；《天对》，依《柳河东集》；译语参照复旦大学中文系古典文学教研组《天问天对注》。

而功。"意为：昼夜交替，万物从蒙昧状态变化发展起来，这一切都是由于存在着"元气"的缘故，哪里是谁造成的呢！阴、阳、天的结合，同样是受"元气"支配的。"元气"缓缓地吹动，造成炎热的天气；迅疾地吹动，造成寒冷的天气，冷热交替而发生作用。

此外，柳宗元还反复讲到："天"是由"阳气"凝聚而成的，是出于自然，谁也没有为此建立功绩，有过劳作（"无营以成，沓阳而九""冥凝玄厘，无功无作"）；"天"没有边极，它广大无垠（"无极之极，漭弥非垠"），没有中心和边缘（"无中无旁"），等等。

从《天对》对《天问》的这些"回答"中，可以清楚地看出，柳宗元在关于宇宙起源、运动等问题上，继承了自荀子、王充以来的"元气"一元论的思想，认为"天"是物质构成的，是自然形成的；自然的变化，是"元气"支持所造成的等唯物主义和无神论观点。柳宗元完全否定了任何造物主的存在，从而比较彻底地揭穿了自古以来人们对于"天"的神秘感和敬畏感，为重新探讨"天人之际"问题开辟了一条接近于科学认识的道路。侯外庐先生指出：《天对》说的"合焉者三，一以统同。吁炎吹冷，交错而功"，是"明确肯定阴阳二气之外没有其他动力；它们参错相合为一；阴阳二气本身的'吁炎吹冷'的相反相成的作用，这就是它们'交错而功'的内在根源。很明显，柳宗元将运动的主体归结为'元气'本身对立物'交错'的作用，这在中国唯物主义史上是值得大书特书的见解"①。对于这个评价，柳宗元应是当之无愧的。

《天对》中的唯物主义思想，同样贯穿在作者对于历史的看法上。《天问》所提出的历史问题，自远古迄于当代，涉及许多事件和人物。这些问题，有些在当时可能是带有普遍性的，有些显然是屈原本人在探索中提出来的。例如，屈原问道："授殷天下，其德安施？乃成乃亡，其罪伊何？"——上天把天下授予殷，是因为殷施行了什么德政吗？殷朝兴了又亡了，它的罪过是什么呢？这里问的是关于殷朝兴亡的大问题。柳宗元不认为"天"与殷有什么授受关系，认为它的兴与亡都跟人事有关："位庸庇民，仁克莅之。纣淫以害，师殪圮之。"——王位是用来保护民众的，有仁德的人才能居于此位。纣王荒淫

---

① 《柳宗元哲学选集·序》，香港：中华书局香港分局1976年版。按：侯外庐先生将"合焉者一以统同"释为阴阳二气参错相合而为一，与上史所引将"三"解释为阴、阳、天有所不同。

无道而害民，所以众人把他推翻了。在直接回答有关"天命"的问题时，柳宗元同样坚持他的"天人相分"的思想。如屈原问齐桓公的成败与"天命"究竟是什么关系："天命反侧，何罚何佑？齐桓九合，卒然身杀？"——天命反复无常，根据什么进行惩罚和施加保佑？齐桓公九合诸侯，为什么最后还是被杀死？"天命靡常"，这是西周末年以来产生的对"天"表示怀疑的思想的一种表现，屈原以齐桓公的霸业和杀身为例重新提出了这个问题。柳宗元回答说："天邈以蒙，人么以离。胡克合厥道，而诘彼尤违？桓号其大，任属以傲。幸良以九合，逮孽而坏。"——天高高在上而又昏昧无知，人渺小而与天无关，怎么能够把人事同天道相附会，去责问上天赏罚不当呢？齐桓公自恃强大，就傲慢地对待臣属。幸而得到良臣，才能九合诸侯；后来遭逢奸臣，事业就败坏了。在柳宗元看来，不论是殷朝的兴亡，还是齐桓公的成败，都是"功者自功，祸者自祸"，跟昏昧无知的"天"毫无关系。像这样对于历史变化所作的唯物主义的解释，在《天对》里还可以举出不少。

恩格斯曾经这样说过："我们要求把历史的内容还给历史，但我们认为历史不是'神'的启示，而是人的启示，并且只能是人的启示。"[①]柳宗元的认识当然还不能达到这样明确、这样科学的高度。但是，当我们以这样的认识去看待柳宗元的上述思想和论点时，就会惊异地发现：《天对》中这些以回答问题的方式所阐述的对于历史的种种看法，都是力图在否定传统观念中所宣扬的"天命"的启示，而努力揭示"人事"的启示。从这个意义上看，柳宗元的《天对》在中国古代历史理论发展史上无疑应占有崇高的地位。而《天问》《天对》对后世唯物主义思想发展的影响，从南宋杨万里作《天问天对解》、明代王廷相作《答天问》和明清之际王夫之在《楚辞通释》中对《天问》的注释等阐述中，足可窥其渊源。至于近代，鲁迅评论《天问》说："怀疑自遂古之初，直至百物之琐末，放言无惮，为前人所不敢言。"[②]其中也透露出对屈原之历史意识的赞颂之意。

从申叔时这位政治人物，到史官左史倚相，再到诗人屈原，我们可以清晰地看到，春秋战国时期楚人重史学的大致情况。值得注意的是，被许多诸侯国称为"蛮夷"之地的楚国，有这样突出的历史意识和重视史学的观念，实

---

① 中央编译局：《马克思恩格斯全集》第1卷，北京：人民出版社1985年版，第650页。
② 鲁迅：《摩罗诗力说》，见《鲁迅全集》第1卷，北京：人民文学出版社1981年版，第69页。

在难能可贵。申叔时是春秋中期人，早于孔子一百多年；他论教导太子所提到的有关的文献，以及这些文献的内容及其教育意义，是目前所见最早的和最明确的关于历史教育的论述。重视历史教育，是中国史学的优良传统，也是中国文化的一大特色，申叔时可谓这方面的先驱者之一。左史倚相是同孔子同时代的人，孔子修《春秋》，以当王法，意义重大；左史倚相以其丰富的历史知识用于辅助楚国政治谋划，起到了积极作用。他们二人都是开史学影响政治之先河的人物。屈原的《天问》，问到了许多关于传说与历史的问题，是怀疑、理性、求真的综合流露，反映出强烈的历史精神。历史教育、以史辅政、历史精神等几个方面，在秦汉以下的中国史学进程上，都有长足的发展和恢廓的弘扬。追本溯源，与楚人重史自有极大关系。

现在，我们可以得到两点认识：

第一，楚人重史，与秦汉以后中国史学的发展有直接、间接的联系，对此，上文多有涉及，不必赘述。

第二，楚人重史，与长江文化的发展也有直接、间接的联系。首先，史学是文化的一部分。楚人重史，是先秦时期长江文化的特点之一；换言之，这表明先秦时期的长江文化中蕴含着突出的历史意识和鲜明的历史精神。其次，楚人重史及其对后世史学的影响，而由此种影响所产生的辐射作用，不仅丰富了整个长江文化，也丰富了中华民族文化。譬如，屈原与屈原精神经过司马迁的记述和阐发，则不仅丰富了长江文化，也丰富了中华民族文化的内涵。屈原作为一位具有深厚忧患意识和高度浪漫精神的诗人，是中国文学史上一座不可逾越的高峰。诚如司马迁评论屈原《离骚》所言：

> 《国风》好色而不淫，《小雅》怨诽而不乱。若《离骚》者，可谓兼之矣。上称帝喾，下道齐桓，中述汤武，以刺世事。明道德之广崇、治乱之条贯，靡不毕见。其文约，其辞微，其志洁，其行廉，其称文小而其指极大，举类迩而见义远。其志洁，故其称物芳。其行廉，故死而不容。自疏濯淖污泥之中，蝉蜕于浊秽，以浮游尘埃之外，不获世之滋垢，皭然泥而不滓者也。推此志也，虽与日月争光可也。①

在太史公司马迁的史笔之下，又能有几人得到如此称颂、如此评价！鲁迅评论

---

① 司马迁：《史记·屈原贾生列传》。

《史记》是"史家之绝唱,无韵之《离骚》"[1],把《史记》与《离骚》相提并论,既赞美了《史记》,又赞美了《离骚》,足见其中之历史的联系和文化的传承。

又如,刘知幾在《史通·辨职》篇中称赞的六位史家,即董狐、南史、左丘明、司马迁、史佚、左史倚相,其中大多出于黄河流域,只有左史倚相出于长江流域。这样,通过刘知幾的评价,在史学领域,就把先秦至西汉间的黄河文化与长江文化联系起来,并向唐宋以下的人们传递着这种认识。

再如,柳宗元作《天对》而回答屈原《天问》所问,其在思想史和科学史上的意义,并不限于史学的范围,甚至也不限于先秦至中唐时期的长江文化,而在中华文化的发展上具有深远的影响和崇高的地位。

综上,楚人重史对长江文化的发展,以至于对中华文化的发展,其作用和意义确乎重大。

(原载《安徽大学学报》2001年第4期)

---

[1] 鲁迅:《汉文学史纲要》,见《鲁迅全集》第9卷,北京:人民文学出版社1981年版,第420页。

史学传统与人文精神

近些年来,关于科学、人文及其相互关系的讨论日渐多了起来,人们对此关注的热情也有日渐增高的趋势,这是一个很好的现象。这方面的讨论,有益于人们逐渐培养起更加科学的学风,有益于提高全民族的综合素质,进而有益于增进各项工作决策的科学程度,不仅具有学术意义,而且具有实践意义。

21世纪刚刚揭开序幕,大家进一步来讨论科学观、人文观及科学与人文关系的问题,自然使其带有时代的气息。在这篇文章中,我想就史学传统与人文精神的有关问题,讲几点认识,或许对这一讨论有拾遗补缺的作用。

史学与人文

关于人文,人们讲得比较多的是思想、伦理、道德、文学、艺术,等等,或者用"文化"来概括这些方面。至于史学,人们似乎讲得不多。其实,我们所讲的"文化",其中有许多方面、许多内容都离不开历史记载、历史撰述,离不开史学家的思想和活动,就是说离不开史学。

"人文"一词,中国出现较早。《易·贲象》云:"文明以止,人文也。观乎天文,以察时变;观乎人文,以化成天下。"孔疏解释"人文"说:"圣人观察人文,则《诗》《书》《礼》《乐》之谓,当法此教而化成天下也。"据此,所谓"人文"当与制度、文化教育密切相关。又《后汉书·公孙瓒传》后论有"舍诸天运,征乎人文"之说,李贤注曰:"天运犹天命也,人文犹人事也,《易》曰'观乎人文,以化成天下'。"李贤注把"人文"解释为"人事",针对《后汉书》史论来说无疑是确切的,但它又引"《易》曰"作根据,这就把《易·贲象》中所说的"人文"的含义变得更宽泛了。本文讨论人文,兼采孔疏与李贤二说,不作绝对对待。笔者这个认识也是有根据的。清代史家章学诚在讲到典制体通史的时候,曾用了"事实人文"这个概念。他还写道:"夫通史人文,上下千年,然而义例所通,则隔代不嫌合撰。"[①]他讲的"事实人文",当是包含一般史事和各种制度;他说的"通史人文",当是指用通史体例撰写的制度史。当然,章学诚只是在论述"通史"体例时提到"人文"这个概念,并没有对其作任何解释,但我们根据上下文的联系,大致可以判断出他所说的"人文"的含义。

在西方,"人文"的概念同人性与教育相关。文艺复兴时期,人文研究是同神学研究相对立的,认为人是宇宙的主体,是万物的主宰。尽管中西产生"人文"这个概念的历史条件有很大悬殊,也存在具体表述的差别,但它们之间还是有本质上的相通之处的,这就是重视人在历史运动中的主体地位,重视教化(教育)的社会作用。有了这样一个基本的共同点,我们今天在讨论有关"人文"的话题时,思路就会更开阔,内涵也会更丰富。这里,我认为有一点是应当予以强调的,即由于中国古代史学至为发达,所谓"观乎人文,以化成天下"的传统,在史学中有突出的和连续性的表现,这是西方古代尤其是中世纪所无法比拟的。如果上面这些认识大致可以成立的话,那么我们探讨中国史学中的人文精神传统及其种种表现,将有益于丰富人们对人文精神内涵的认识,有益于继承和发扬这种人文精神,因而在理论上和实践上都有重要的意义。举例说来,中国史学中的人本思想传统,"思齐"与"自省"的人生修养的传统,关心国家命运的忧患意识的传统史学审美传统等,都反映出极其鲜明的人文精神。其特点是历史感同时代感的结合,是在关注现实时从不脱离对过去的思考和对未来的憧憬。它反映在人对自身价值的认识上,它更反映在人对社会责任的认识上。

史学中的人本思想传统

发现并不断加深认识人在历史运动中的决定性作用的过程,是人文精神产生和发展的一个重要方面,甚至可以说是最根本的方面。中国史学在这个问题的认识上所走过的道路,具有典型的和重要的意义。

当然,中国先民也是从"天命""上帝"的羁绊下逐步挣脱出来的。这个过程经历了漫长的年代。"天"是先秦时期人们历史观念中的一个基本范畴,指的是至上之神。凡王朝兴亡、世间治乱以至人们的福祸寿夭,都由"天命"决定。

---

① 章学诚:《文史通义·释通》。

这方面的记载，在先秦的文书和王朝颂诗等文献中，俯拾即是。"天"，在相当长的时间里，被认为是人世间的主宰。"人"也是当时人们历史观念中的一个重要范畴，不过最初不是指一般人，而是指人君。《尚书·大诰》："天亦惟休于前宁人。"这里的"宁人"指周文王。此句意谓：上天只赞助我们的前辈文王。这是较早把"天"与"人"连在一起用以表示一种见解的，表明人是从属于天的。当时对一般人只称作"民"。"民"更是受"天"的主宰。即所谓"天生烝民"[①]"天亦哀于四方民"[②]。后来经过西周末年社会动荡和春秋时期的诸侯争霸，人的作用被进一步肯定，"人"的涵义扩大了。春秋末年和战国初年的私人历史撰述《春秋》与《左传》《国语》，有很多地方是讲一般"人"了，也记载了一些人对"天命"的怀疑。《春秋》一书是中国史学上最早的重视人事的著作，它认真地记载了政治上的得失成败。它记水、旱、虫、雨雹、雷电、霜雪、地震等，都是作为与人事有关的自然现象来看待的。这同孔子"不语怪、力、乱、神"[③]的思想是一致的。《春秋》在历史表述上，是先秦时期史籍中最早摆脱天、神羁绊的史书，这是它在历史思想发展上的重大贡献。《左传》记周内史的话，说"吉凶由人"[④]，记郑国大夫子产的话，说："天道远，人道迩，非所及也，何以知之！"[⑤]《国语·周语下》记单襄公的话，说"吾非瞽史，焉知天道"。《左传》和《国语》都写出了大量的在历史活动中的人，写出他们的活动、议论、风貌。这些都反映它们在历史思想上的进步。战国以后，在历史思想领域，人们还未能完全摆脱"天命"史观的影响，有时甚至表现得很突出。但从发展趋势来看，"天命"受到怀疑，人事受到重视，已是历史思想发展中不可遏制的潮流。司马迁著《史记》，提出了"究天人之际"的重大课题，在历史撰述和历史思想发展上有划时代意义。他批评项羽兵败身死："尚不觉寤而不自责，过矣。乃引'天亡我，非用兵之罪也'，岂不谬哉！"[⑥]司马迁在《伯夷列传》中，针对"天道无亲，常与善人"的说法，发表评论说："余甚惑焉，倘所谓天道，是耶？非也？"这表明

---

① 《诗经·大雅·荡》。
② 《尚书·召诰》。
③ 《论语·述而》。
④ 《左传·僖公十六年》。
⑤ 《左传·昭公十八年》。
⑥ 《史记·项羽本纪》。

司马迁在历史思想上是一位对"天命"史观大胆怀疑的史家。《史记》是中国史学上第一部真正把人作为历史中的主体来看待的伟大著作，它对历史变化的动因有许多朴素的唯物主义的解释。《史记》在历史思想上的唯物主义倾向，对后来的史学发展有重大的影响。在"二十四史"中，也有一些明显宣扬"天命"的王朝史，但它们毕竟都是着眼于写人在历史中的活动；其称说"天命"，固然有真诚的，但不少属于官样文章了。

如同司马迁在历史思想上提出了"究天人之际"的任务具有重要的意义一样，史学批评家刘知幾提出了清除"天命"史观在历史撰述中之不良影响的任务。他断然指出：自然界的种种变化，"此乃关诸天道，不复系乎人事"①。刘知幾并不是彻底否认"天道"，但他说的"天道"显然已包含了不少属于自然现象的因素。他认为凡属于"天道"范围者，史家应取"不复系乎人事"的态度。刘知幾从他的朴素唯物思想倾向出发，把"天道""人事"的关系作为历史撰述中的一个理论问题提出来，其意义显得更为重要。另一位史学批评家、思想家柳宗元，继承和发展了荀子以来"天人相分"的学说，对"天"作了物质的阐释，从根本上否定了"天"是有意志的至上神，从而也就否定了"天命"史观。他指出："天地，大果蓏也；元气，大痈痔也；阴阳，大草木也。其乌能赏功而罚祸乎！功者自功，祸者自祸，欲望其赏罚者大谬。呼而怨，欲望其哀且仁者，愈大谬矣。"②自司马迁提出对"天道无亲，常与善人"的观念表示怀疑以后，到柳宗元上述论点，可以说是逐步把作为至上神的"天"从人们的历史观念中驱除出去的过程，这在"天"与"人"及天人关系之认识上，是一个重大的进展，是历史思想发展上又一个划时代的里程碑。

中国古代史学中，在探索"天命"与"人事"对于历史的关系时，随着对"天命"的怀疑和对"人事"的重视，便萌生了从人世间寻求历史变动原因的思考。春秋时期的史官史墨说："社稷无常奉，君臣无常位，自古以然。故《诗》曰：'高岸为谷，深谷为陵。'三后之姓，于今为庶。"③史墨从丰富的历史知识中认识到，自古以来，掌管国家权力的人没有不变的，君与臣的位置没有不变的；他还用自然界的变化来证明自己的见解。史墨的这个认识，

---

① 刘知幾《史通·书志》。
② 《天说》，载《柳河东集》卷一六。
③ 《左传·昭公三十二年》。

在当时来说，可谓石破天惊。他对历史和现实社会的变化有深刻的认识和感受，至于这种变化的原因，他只能以陵、谷的变迁来加以比喻。司马迁著《史记》的主旨之一，是"通古今之变"，并且认为应当从"物盛则衰，时极而转""事势之流，相激使然"①等方面来看待社会历史的变化。这是明确指出了社会历史的转化、变动，是人事和时势相互影响而造成的，故不足为怪。司马迁在《报任安书》中还说到，他著《史记》上起黄帝、下至当世，"考之行事，稽其成败兴坏之理"。这个"理"，即主要是指"事势之流，相激使然"的真相。柳宗元和王夫之发展了以往历史思想中关于"势""事势"的思想，柳宗元的《封建论》对"势"有精辟的阐述，王夫之说"理"即"物之固然，事之所以然也"②。王夫之所说的"理"不同于司马迁说的那些具体的道理，而是指事物自身发展的法则。要之，从"天命"到"人事"，从"事势""时势"到"物之固然，事之所以然"的"理"，这是古代史家关于历史变化动因的认识轨迹。从司马迁提出"稽其成败兴坏之理"到王夫之在《读通鉴论》叙论中提出"求顺于理"，经过漫长的认识过程，终于从具体的"理"升华到抽象的"理"，成为古代史学之历史思想中的宝贵遗产。

　　古代史家在探讨历史变化动因的过程中，还遇到一个长期为之困惑的问题，这就是人的作用究竟占有何种位置。关于这个问题的认识，大致经历了两个发展阶段：第一个阶段，是神与民的关系；第二个阶段，是"圣人"和"生人"的关系。《国语·郑语》记周代史伯引《泰誓》中的话说："民之所欲，天必从之。"《左传·桓公六年》记季梁同随侯的对话中，说道："夫民，神之主也。是以圣王先成民而后致力于神。"这是很有意义的。但是，这里还是把作为人的"圣王"放在中心位置来看待的。这个思想在很长时间里占据统治地位。董仲舒的"天人感应"说，实质上也是以此为理论的核心。在对于秦废封建而立郡县之得失的千年聚讼中，有一派意见即认为封建是"先王"之意；秦废封建是违背了"先王"之意，因而招致速亡，如曹冏《六代论》、陆机《五等论》等，都是如此。对于这样一个重大历史变动原因，许多史学家参与了论辩，在论辩中阐发了各自的历史思想。其中以李百药、柳宗元分别写的两篇《封建论》最有影响，而柳文尤为知名。柳宗元以大量的历史事实为根据，

---

① 司马迁：《史记·平准书》后论。
② 王夫之：《张子正蒙注·至当》。

说明封建"非圣人意也，势也"①。他说的"势"既有历史趋势之意，也有客观形势之意。在柳宗元的论述中，包含了"圣人"因势制宜的思想，他并没有完全否认"圣人"的作用。柳宗元历史思想中还有一点是很重要的，即他更重视"生人之意"在历史变动中所起的作用。他明确指出，其所撰《贞符》一文是证明"唐家正德受命于生人之意"②。"受命于生人之意"，是作为"受命于天"的对立面提出来的，而"生人"是包含了普通民众在内的。柳宗元把自唐初以来唐太宗君臣反复强调的"君，舟也。民，水也。水所以载舟，亦所以覆舟"的古训理论化了。他对"生人之意"的肯定，是从隋唐之际的客观形势中概括出来的，其中包含着他朦胧地看到的民众在历史变化中所发挥的重要作用。

关于人在历史变动中的作用，在中国古代历史思想中，主要的和基本的方面还是肯定帝王将相的作用，像柳宗元那样明确地肯定"生人之意"的历史作用的毕竟是少数。不过，肯定帝王将相的作用，也有种种不同的情况。一种情况是把历史的或现实的治乱兴衰、得失成败完全归结于个人的作用，这在古代史书中有较多的反映。另一种情况是能够注意到统治集团中不同人才所发挥出来的群体作用。如由魏徵执笔撰写的《隋书》史论，提出这样的见解："大厦之构，非一木之枝，帝王之功，非一士之略，长短殊用，大小异宜，梁栿栋梁，莫可弃也。"③这种见解，比之于把"帝王之功"完全归于一人一谋的论点，是很大的进步。还有一种情况是能够注意到一定时势、环境对人们的影响和作用。《隋书》史论在评论李圆通、来护儿等人时指出："圆通、护儿之辈，定和、铁杖之伦，皆一时之壮士，困于贫贱。当其郁抑未遇，亦安知其有鸿鹄之志哉！终能振拔污泥之中，腾跃风云之上，符马革之愿，快生平之心，非遇其时，焉能至于此也！"④这三种情况的基本倾向，都认为历史是少数杰出人物创造的，都属于英雄史观；但其间的差别也是很明显的，其中，后两种观点在古代历史思想发展上有长久的传统和重要的价值。

---

① 《柳河东集》卷三。
② 《柳河东集》卷一。
③ 《隋书》卷六六，后论。
④ 《隋书》卷六四，后论。

史学中的惩劝宗旨传统

中国史学历来有一个宗旨,就是"惩恶劝善"。这种惩恶劝善不是用说教的方式,而是运用史笔的力量,使人通过读史而受到历史上人们言行的震撼而产生的一种自律精神。

《左传·成公十四年》记:"《春秋》之称,微而显,志而晦,婉而成章,尽而不污,惩恶而劝善,非圣人谁能修之。"这几句话,前半段是概括了《春秋》在表述上的特点和成就,后半段是指出了《春秋》的撰述宗旨。可见中国史学的惩劝宗旨由来之古老,影响之久远。那么,对这种惩劝宗旨的传统,究竟应当给予什么样的评价呢?要正确认识这个问题,就必须同本文所论述的前一个问题联系起来。既然中国史学认识到人在历史进程中的中心位置,而人的所作所为又千差万别,那么凡是负责任的史家就一定会对此做出判断,以辨明是非,使读史者得到教益和警示,因此,史学中的这种惩劝宗旨不仅是必要的,也是合乎逻辑的。

关于这个问题,唐代史学批评家刘知幾有深入的思考。他在《史通·史官建置》中写道:"向使世无竹帛,时阙史官,虽尧、舜之与桀、纣,伊、周之与莽、卓,夷、惠之与跖、蹻,商、冒之与曾、闵,但一从物化。坟土未干,则善恶不分,妍媸永灭者矣。苟史官不绝,竹帛长存,则其人已亡,杳成空寂,而其事如在,皎同星汉。用使后之学者,坐披囊箧,而神交万古,不出户庭,而穷览千载,见贤而思齐,见不贤而内自省。若乃《春秋》成而逆子惧,南史至而贼臣书,其记事载言也则如彼,其劝善惩恶也又如此。由斯而言,则史之为用,其利甚博,乃生人之急务,为国家之要道。有国有家者,其可缺之哉!"这一段话,是从一个很重要的方面阐述了史学的功用,同时,也从一个很重要的方面阐述了人们读史的目的,即学做人。所谓"见贤而思齐,见不贤而内自省"两句话,高度概括了人们通过读史而学做人的根本途径。这蕴含着一个古老而深刻的哲理:"君子以多识前言往行,以蓄其德。"①这里说的"德",指道德、学问。"前言往行",指前人的嘉言懿行。由此可见,人们把道德、学问的蓄积看作读史、了解历史的首要目的,也就是把学做人看作读史、了解历史的首要目的。这清楚地表明,讲人文精神,讲人的修养、自律,

---

① 《易·大畜·象传》。

是不能脱离史学、脱离读史的。这个道理，在今天并不是人人都了解的，以至于常常有人提出"学习历史有什么用"的问题。表面看来，这是史学意识的淡薄，往深层看，这是在关于怎样做人的问题上茫然的一种表现。讲人文精神，就应该讲怎样做人；讲怎样做人，一个重要方面，就应该讲"见贤而思齐，见不贤而内自省"，就应该重视读史。

中国古代史家在对待上述这些问题上，具有很强的责任感和自觉意识。刘知幾认为："人之生也，有贤不肖焉。若乃其恶可以诫世，其善可以示后，而死之日名无得而闻焉，是谁之过欤？盖史官之责也。"[①]在万千的历史人物中，史家应该特别关注那些"恶可以诫世，善可以示后"的人，否则，便是史家的失职。刘知幾把惩恶劝善的宗旨提升到史家作史的一个原则性问题来看待，不是没有道理的。当然，史家撰写历史，其史意内涵是丰富的、多方面的，并不只限于记述人物和评论人物，但记述人物和评论人物毕竟是作史的一个重要方面。

值得注意的是，在关于历史人物的记述与评论方面，同刘知幾的思想相通的还有另一种认识的表述形式，这就是中晚唐之际李翱说的"富贵而功德不著者"，不一定写入史册使其"声名于后"。反之，"贫贱而道德全者"，则应写入史册使其"恒赫于无穷"。[②]这是明确地表明以"功德"或"道德"作为重要标准，而不看重贵贱、贫富的界限。这同样洋溢着尊重人格、人品的人文精神。

史学中的忧患意识传统

中国古代史家历来有一种忧患意识。这种意识，主要表现为对于朝代、国家、天下的兴亡盛衰的关注，以及对社会治乱、人民休戚的关注。一言以蔽之，表现为对于人和人生活于其中的社会之命运的关怀。这是同史学的本质与功能密切相关的，也是史学中人文精神的最集中的表现。这是因为，史学家对于历史的认识，往往是和对于现实的认识联系起来，故而从史学家对于历史和现实的认识来看，常常反映出他们对于社会的前途、命运的忧患意识，这在很大程度上成为他们决心致力于历史撰述的一个思想基础。孟子说："世衰

---

① 刘知幾：《史通·人物》。
② 李翱：《答皇甫湜书》，载《全唐文》卷六三五。

道微，邪说暴行有作，臣弑其君者有之，子弑其父者有之。孔子惧，作《春秋》。"①这就反映了孔子作《春秋》时的一种忧患意识。司马迁撰述《史记》的时候，他对汉武帝统治下的社会前途表现出种种忧虑。人们读《史记·平准书》可以看到极盛时期的汉武帝统治面临着许多新问题，显示出作者的忧患意识是多么的深沉，也会感到司马迁对于"宗室有土公卿大夫以下，争于奢侈，室庐舆服僭于上，无限度"的时尚的深深忧虑。

司马迁处在西汉由鼎盛开始走向衰落的时期，他的深邃的历史眼光使他看到了这一变化，故而发出了"物盛而衰，固其变也"的感叹。唐代史学家吴兢也有大致相仿的经历。吴兢生活在唐代武则天至唐玄宗时期，他目睹了"开元盛世"的局面，同时也敏感地觉察到唐玄宗开元后期滋生起来的政治上的颓势。于是，他写出了著名的《贞观政要》一书，此书以《君道》开篇，以《慎终》结末，反映出这位被当时人誉为董狐式的史学家的忧患意识。《贞观政要》这部书在晚唐以后的历代政治生活中产生了一定影响。唐宣宗曾经"书《贞观政要》于屏风，每正色拱手而读之"②。辽、金、元、清四朝的最高统治者，都曾把《贞观政要》译成本民族文字，认真披览。

这里，我们要特别提到两宋史家的忧患意识。两宋史家的忧患意识，既有史家忧患意识传统的影响，又有时代情势的激发，因而显得十分突出。

北宋立国，积贫积弱，士大夫阶层的忧患意识显得格外凝重。范仲淹在《岳阳楼记》中写出了这种忧患意识的深沉境界，他写道：

> 嗟夫！予尝求古仁人之心，或异二者之为，何哉？不以物喜，不以己悲，居庙堂之高，则忧其民；处江湖之远，则忧其君：是进亦忧，退亦忧。然则何时而乐耶？其必曰：先天下之忧而忧，后天下之乐而乐！③

这种"进亦忧，退亦忧""先天下之忧而忧，后天下之乐而乐"的意识与境界，对当时和后世都有很大的影响，《岳阳楼记》因此而成为千古不朽的名篇。

---

① 《孟子·滕文公下》。
② 《资治通鉴》卷二四八，唐宣宗大中二年。
③ 《范文正公集》卷七。

王安石是继范仲淹之后的一位改革家,他在推行变法之前的一份《上皇帝万言书》中,分析了当时种种社会矛盾,披露了他的重重忧虑。《上皇帝万言书》提出的社会问题是:

> 顾内则不能无以社稷为忧,外则不能无惧于夷狄,天下之财力日以困穷,而风俗日以衰坏,四方有志之士,諰諰然常恐天下之久不安。①

值得注意的是,王安石在这里道出了"四方有志之士,諰諰然常恐天下之久不安"的忧患。

北宋史家的忧患意识正是在这样的条件下生成和发展的。同政治家比较起来,史学家的忧患意识具有更加突出的历史感,司马光《历年图序》深刻地反映了这种历史感,他写道:

> 今采战国以来至周之显德,凡小大之国所以治乱兴衰之迹,举其大要,集以图……凡一千三百六十有二年,离为五卷,命曰《历年图》,敢再拜稽首上陈于黼扆之前。庶几观听不劳而闻见甚博,善可为法,恶可为戒,知自古以来,治世至寡,乱世至多,得之甚难失之甚易也……《易》曰:"君子安不忘危,存不忘亡,治不忘乱。"《周书》曰:"制治于未乱,保邦于未危。"今人有十金之产者,犹知爱之,况为天下富庶治安之主,以承祖宗光大完美之业,呜呼,可不戒哉!可不慎哉!②

这是司马光在撰写《资治通鉴》之前所撰写的一段文字,从中可以看出,史学家同政治家对世事的忧患是相通的。司马光同王安石政见不合,而在忧患意识方面,却并无二致。宋神宗一方面任用王安石变法,一方面又为司马光所主编的史书作序,并赐名为《资治通鉴》,正可表明其间的相通之处。

南宋时期,因朝代更迭、政治形势骤变而更加激发了史学家的忧患意识,他们受着"伤时感事,忠愤所激"的政治、文化氛围的影响,矢志著书,以存信史,以寄忧思,以警后人。如李焘撰《续资治通鉴长编》980卷(今存520

---

① 《王文公文集》卷一。
② 司马光:《稽古录》卷一六。

卷），徐梦莘撰《三朝北盟会编》250卷，李心传撰《建炎以来系年要录》200卷，都是属于两宋之际的本朝史，都是"忧世""泣血"之作。这个时期的另一位史学家袁枢，把编年体的《资治通鉴》创造性地改撰成纪事本末体的《通鉴纪事本末》，也寄寓了他的"爱君忧国之心，愤世疾邪之志"。故当时的诗人杨万里说："今读子袁子此书，如生乎其时，亲见乎其事，使人喜，使人悲，使人鼓舞。未既，而继之以叹且泣也！"①这些话反映出史书所能产生的社会影响，也折射出史学家的忧患意识的感染力。如果说历史运动是两宋史家历史撰述的客观动因的话，那么，史家的忧患意识可以看作是两宋史家历史撰述的主观动因；当然，史家的主观动因，归根结底，还是受到时代的激励和历史传统的影响。

综上，可以作以下两点概括：第一，史家之忧，充分说明史家都是关注现实社会的前途命运的；第二，史家之忧，说到底是以社会之忧为忧，以天下之忧为忧。中国史学的这一特点，在两宋时期甚为突出。清人龚自珍说，"智者受三千年史氏之书，则能以良史之忧忧天下"②，是很深刻的。时下人们论人文精神，常常提到"人文关怀""终极关怀"，这种"良史之忧"，是否就是一种"人文关怀""终极关怀"的表现呢？

史学中的审美要求传统

中国古代史学有鲜明的审美要求。这种审美要求在文史不分的阶段表现得十分突出，后来文史分途，史学依然保持着这种传统的审美要求。

从编年体史书的创造、发展，到纪传体史书、典制体史书、纪事本末体史书的先后出现，史书不断展现出在外在结构上的美的创造。至于在叙事上的审美要求，更是一些优秀史家所关注的。中国史家重视叙事，人们也多以"善序事理"的史家为"良史"。然而，作为史文表述来说，"善序事理"也有种种不同的表现和特点。

班彪推崇司马迁的史文表述，说他"善述序事理，辩而不华，质而不野，文质相称，盖良史之才也"③。所谓"善述序事理"，包含了几个方面的特

---

① 杨万里：《通鉴纪事本末》序。
② 龚自珍：《龚自珍全集》，上海古籍出版社1975年版，第6页。
③ 此语赞本为班彪之论，可参考《后汉书·班彪传上》《汉书·司马迁传》后论。

点：一是善辩而不浮华；二是质朴而不粗鄙；三是内容、形式相称。后来班固继承了班彪的思想，又吸收了其他人的一些评价，写道"……然自刘向、扬雄博极群书，皆称迁有良史之才，服其善序事理，辩而不华，质而不俚，其文直，其事核，不虚美，不隐恶"，这是强调了所述内容的翔实可靠、没有粉饰之词。总的来看这两个评价，前者所强调的主要是史文的形式，后者是把史文的形式和内容都说到了，而且都有很高的评价。可见，"善序事理"，并不仅仅是史文表述的问题。

范晔对司马迁、班固的史文加以比较和评价，写道："议者咸称二子有良史之才。迁文直而事核，固文赡而事详。若固之序事，不激诡，不抑抗，赡而不秽，详而有体，使读之者亹亹而不猒，信哉其能成名也。"①这里肯定了班固史文的不偏激，不抑扬，叙事丰富而不庞杂，内容详赡而得体。从这里又可进一步看出，从史文去判断史家是否是"良史之才"，绝不仅仅是个文字表述问题，还包含着史家对所述内容的选择和处置，对所述史事在表述分寸上的把握。所谓"不虚美，不隐恶"，"不激诡，不抑抗"，都是这个意思。

西晋史家陈寿，在史学上也是被称为有"良史之才"的史家。史载：陈寿"撰魏吴蜀《三国志》，凡六十五篇。时人称其善叙事，有良史之才"②。唐初史家评论陈寿说："丘明既没，班、马迭兴，奋鸿笔于西京，骋直词于东观。自斯以降，分明竞爽，可以继明先典者，陈寿得之乎！"③根据后者的评论，或者可以认为，陈寿的"善叙事"是表现在"奋鸿笔""骋直词"这两个方面。东晋史家干宝也被称为"良史"。史载，干宝"著《晋纪》，自宣帝迄于愍帝，五十三年，凡二十卷，奏之。其书简略，直而能婉，咸称良史"④。显然，"直"是针对所述内容说的，"婉"是就史文表述说的。

从人们对司马迁、班彪、陈寿、干宝的有关评价中，可以获得这样一个认识：在两汉至三国两晋南北朝时期，人们把史家的"善序事"视为"良史之才"，似已成为史学上的一个共识。而对"善序事"的理解，一般应包含对史文表述本身的要求和对史文所述内容的要求。这两个方面都做得好，才称得上

---

① 《后汉书·班彪传下》。
② 《晋书·陈寿传》。
③ 《晋书》卷八二，后论。
④ 《晋书·干宝传》。

是"良史之才"。

善序事所包含的内容很丰富，而文字表述上的造诣是其中的一个重要方面。刘知幾《史通·叙事》指出："夫史之称美者，以叙事为先。""夫国史之美者，以叙事为工。"这从理论上明确了"叙事"对于撰写史书的重要，也明确地提出了史学家审美的一个标准。宋人吴缜在史学批评上强调以"事实"为基础，但也提出史书"必资文采以行之"①。这是直接讲到了史书的文采问题。章学诚《文史通义·文理》对于如何发挥"文字之佳胜"的问题，更有精辟的分析。

综观古代史家、史学批评家关于这方面的言论、思想、实践，史书的文字表述之美大致可以概括为以下几个方面：

真实之美。这是指史家的文字表述反映出来的历史之真实的本质之美。离开了历史的真实，史学就失去了根本，也失却了任何意义。班固评论《史记》，把"其文直，其事核"放在首要位置，是很有见解了。"文直""事核"是对史学家尽力反映历史真实的具体要求，它们的结合，乃是史家走向历史撰述真实之美的必经之途。

质朴之美。用刘知幾的话来说，这是史书之文字表述对于社会的语言文字"体质素美"的反映。他举例说："《战国》已前，其言皆可讽咏，非但笔削所致，良由体质素美……刍词鄙句，犹能温润若此，况乎束带立朝之士，加以多闻博古之识者也哉！则知时人出言，史官入记，虽有讨论润色，终不失其梗概者也。"②他赞成以"方言世语"如"童竖之谣""时俗之谚""城者之讴""舆人之诵"等写入史书，不赞成史家"怯书今语，勇效昔言"的文风。

简洁之美。刘知幾提倡史文"尚简"，认为史家"叙事之工者，以简要为主"。其标准是"文约而事丰，此述作之尤美者也"。为此，史家撰述应从"省句""省字"做起③。当然，从审美的观点看，史文亦非愈简愈美。顾炎武的《日知录》有《修辞》《文章繁简》两篇，提出"辞主乎达，不主乎简"的论点，是关于这个问题的辩证的看法。

含蓄之美。这是隐喻、寄寓、含义深沉之美，刘知幾称之为"用晦"。

---

① 《新唐书纠谬·序》。
② 刘知幾：《史通·言语》。
③ 刘知幾：《史通·叙事》。

"用晦"的第一个要求,是"省字约文,事溢于句外",这是跟史文的简洁相关联的。"用晦"的第二个要求是"言近而旨远,辞浅而义深,虽发语已殚,而含意未尽。使夫读者望表而知里,扪毛而辨骨,睹一事于句中,反三隅于字外"①。这是达到含蓄之美的很高层次了。

史文表述要达到美的要求,那么,史家是怎样朝着这些要求去努力的呢?闳中肆外和史笔飞动是史家的主要经验和基本修养。闳中肆外,是关于史家对史事的积累、认识与抒发的关系;史笔飞动,是关于对史事的"体验"与"重塑"的关系。

关于闳中肆外。章学诚强调"古人所谓闳中肆外,言以声其心之所得"②的境界。章学诚说的"古人",是指唐代韩愈。韩愈作《进学解》,有"闳其中而肆其外"③之说,讲的是作文要求:内容充实、丰富,而文笔发挥尽致。章学诚在《文理》中发展了韩愈的这一思想,全篇阐说闳中肆外的各方面的要求,于文于史,都是理论上的总结。章学诚说的"言以声其心之所得"这句话,是抓住了闳中肆外的本质的。换句话说,只有心有所得,方可言之于声。他批评有些人学习司马迁《史记》,只学其皮毛,"而于古人深际,未之有见"。由于自己心中无所得,这样学习的结果,"遂不免于浮滑,而开后人以描摩浅陋之习"。《史记》写人物、写战争、写历史环境,都写得好,一个重要原因,是司马迁熟悉历史人物,也有战争知识,对所写的一些历史环境作过深入的研究。这就是所谓"心之所得"。章学诚说的要见到"古人深际",就是这个意思。

历史是运动的,历史人物、历史事件是在运动中发展的,历史撰述应当把这些运动表现出来。在这个问题上,梁启超所论甚为中肯。他说:"事本飞动而文章呆板,人将不愿看,就看亦昏昏欲睡。事本呆板而文章生动,便字字都活跃纸上,使看的人要哭便哭,要笑便笑……历史家如无此种技术,那就不行了。司马光作《资治通鉴》,毕沅作《续资治通鉴》,同是一般体裁。前者看去百读不厌,后者读一二次便不愿再读了。光书笔最飞动,如赤壁之战、淝水之战、刘裕在京口起事、平姚秦、北齐北周沙苑之战、魏孝文帝迁都洛阳,事

---

① 刘知幾:《史通·叙事》。
② 章学诚:《文史通义·文理》。
③ 韩愈:《韩昌黎集》卷一二。

实不过尔尔,而看去令人感动。"①这正是史文表述在美学上的感染力量。一般地说,历史撰述只要表现了历史的真实面貌或接近于真实的面貌,那么它就能给读者以警戒,以启迪,以智慧,以鼓舞。但是,这种感染力量在很大程度上又同史文表述有密切的关系。

简短的结语

一个民族,不能没有科学精神;一个社会,应该大力提倡科学精神;同样,一个民族,不能没有人文精神;一个社会,也应该大力提倡人文精神。重此轻彼或重彼轻此,都不仅会在认识上、理论上造成偏差和误区,更重要的是会在社会实践中造成损失和危害,不利于民族、国家的发展和进步。长期以来,在我国的社会生活和学校教育中,存在着重理轻文现象,虽经有识之士一再呼吁改变此种偏向,并取得了一些成效,但仍有不尽如人意之处。赋予科学与人文应有的位置,依然是我们要努力的目标。

这里,我还要提到另外一种偏向,即二十多年来,在人文社会科学中,史学受到的轻视和误解要更多一些:有来自社会方面的,有来自自然科学方面的,甚至也有来自人文社会科学方面的。这究竟是什么原因呢?是这二十多年来史学没有成绩吗?不是。这二十多年来,中国史学所取得的成就是巨大的,许多成果都是突破性的创造。是史学在社会生活中没有发挥积极作用吗?也不是。这二十多年来,史学在关于弘扬爱国主义精神方面,在增强民族凝聚力方面,在总结历史上治国安邦的经验教训从而提供现实借鉴方面,都发挥了重要的不可替代的作用。此外,在历史学的学科建设尤其是学科理论建设方面,也取得了突出进展。那么,究竟是什么原因造成上述偏向和误区呢?当然,这里的确存在着史学在新形势下如何能更加有效地面向社会、面向大众、面向现实的问题,这是历史学界应当深自反思的。但是,这只是问题的一方面。另一方面,或许是更重要的方面,即现在人们的注意力和兴奋点大多在经济、市场、科技、信息等领域,人们无暇想到史学、想到史学在现今还会有什么用处,等等。应当承认,这些都是十分"现实"的,不是没有几分"理由"的。然而,问题也就出在这里。一个民族,一个国家,不发展科技和经济是不可思议的。但是,一个民族,一个国家,轻视史学,从而轻视自身的历史,同样是不可思

---

① 梁启超:《中国历史研究法补编》,北京:商务印书馆1934年版,第38页。

议的。试看西方发达国家,哪一个国家不重视自己的历史,不重视历史教育!对此,我们应当给予充分的关注。这是全社会应当深自反思的。

关于史学在社会中的位置,我另有专论[①]。本文只想借此机会提出一点希望:重理轻文的偏向应继续得到纠正,轻视史学的偏向应不断有所克服,史学中的人文精神应受到必要的重视。我们不能脱离客观历史运动来看待人文精神,我们也不可能撇开反映客观历史进程的史学来讨论人文精神。史学中的人文精神尚有待于作深入的发掘、系统的总结和全面的论述,以发挥其应有的作用。我的这篇文章,不过抛砖引玉而已。

(原载王文章、侯样祥主编:《中国学者心中的科学·人文》人文卷,云南教育出版社2002年版)

---

① 参见拙文:《论史学在社会中的位置——为中国史学步入21世纪而作》,载《史学月刊》2001年第1期。

传统史学与人生修养

优秀的传统文化在现代教育中具有不可忽视的重要作用。尤其是在新旧世纪交替之际，在中华民族决心从最近二三百年所处的落后状态中奋力崛起的年代，在改革开放的伟大历史潮流中，弘扬优秀传统文化，发挥它在现代教育中的重要作用，实是一个具有战略意义的举措。

从精神文明建设来看，传统文化与教育所包含的内容很恢宏，需要从许多不同的方面作深刻的和生动活泼的阐述，庶几可得近于全面的认识，从而用以指导我们的具体工作。

这里，我想结合自己的专业特点，讲一点有关传统史学对于人生修养之重要的肤浅认识，希望能够或多或少有补于对于传统文化与教育这个宏大课题的讨论。

史学对于人生修养的重要，这是毫无疑义的。70年前，中国马克思主义史学的奠基者之一李大钊在其所著《史学要论》一书中，专门写了"现代史学的研究及于人生态度的影响"一节，以充满激情的笔触对这个问题作了发人深思的理性的说明。他这样写道：

> 过去一段的历史，恰如"时"在人生世界上建筑起来的一座高楼，里面一层一层的陈列着我们人类累代相传下来的家珍国宝。这一座高楼，只有生长成熟踏践实地的健足，才能拾级而升，把凡经历过的层级所陈的珍宝，一览无遗；然后上临绝顶，登楼四望，无限的将来的远景，不尽的人生的大观，才能比较的眺望清楚。在这种光景中，可以认识出来人生前进的大路。我们登这过去的崇楼登的愈高，愈能把未来人生的光景及其道路，认识的愈清。无限的未来世界，只有在过去的崇楼顶上，才能看得清楚；无限过去的崇楼，只有老成练

达踏实奋进的健足，才能登得上去。一切过去，都是供我们利用的材料。我们的将来，是我们凭藉过去的材料现在的劳作创造出来的。这是现代史学给我们的科学的态度。这种科学的态度，造成我们脚踏实地的人生观。①

这是以形象的比喻说明了史学对于人生之意义的深刻道理。

李大钊说的"现代史学的研究"，是指人们用现代的科学观点来看待历史，进而认识到史学与人生的关系。但是，关于史学对于人生有重要意义的思想，在中华民族历史上却有古老的传统，在中国古代史学上也有丰富的表现。《易·大畜·象传》说："君子以多识前言往行，以畜其德。"所谓"前言往行"，是指前人的嘉言懿行，这里当然包含着对前人言论、行为的价值评判和道德评判；所谓"德"，不止是德行，也包含知识和识见，可以看作是广义的人生修养。"前言往行"是通过历史文献的记载，后人才得知道，进而得以效法的，其中自己包含了关于史学与人生修养之关系的认识。史学批评家刘知幾着重从道德评价的角度指出，历史上的人物，有两种是史家要特别注意的，他说："夫人之生也，有贤不肖焉。若乃其恶可以诫世，其善可以示后，而死之日名无得而闻焉，是谁之过欤？盖史官之责也。"（《史通·人物》）他说的"恶可以诫世""善可以示后"，也是从一个方面指出了史家所做的工作对于后世的人们的人生修养具有重要的意义。像这样的认识，中国古代史家从不同的方面提出了许多见解，显示了中国传统史学关涉到人生修养有丰厚的积累。

社会历史进程必须通过人的社会实践活动来实现；离开了人和人的社会实践活动，也就谈不到任何社会的进步、历史的发展。因此，广义地说，"历史不过是追求着自己目的的人的活动而已"②。从根本上看，史学家撰写历史著作不能不写人：写人的品质、思想，写人的行为、活动，写人的价值，因而也就要写到对人的评价。而人，又都是具体的人，是同他人、同社会相联系的具体的人。这就是为什么在史学家的笔下，总是涌动着芸芸众生，总是有谈不尽的千古风流人物。在这方面，中国古代史学有非常明显的特点而在世界史学史上独放异彩。这是因为，以写大量历史人物为特色的纪传体史书，在几种主要

---

① 李大钊：《李大钊史学论集》，石家庄：河北人民出版社1984年版，第245页。
② 中央编译局：《马克思恩格斯全集》第2卷，北京：人民出版社1985年版，第119页。

体裁的史书中居于核心的位置，而司马谈、司马迁父子，就是最早具有这种自觉意识的史家，即把写人作为撰写历史著作的重要内容看待。司马谈临终前嘱咐司马迁说："今汉兴，海内一统。明主贤君、忠臣死义之士，余为太史而弗论载，废天下之史文，余甚惧焉！汝其念哉！"他说的明、贤、忠、义，主要是从政治上着眼，但无疑也都以人生修养为前提，其中当然也有道德评判的含义。司马迁继承了父亲的遗志，他在《史记》中，以本纪记历代帝王事迹，以世家记君主们的"辅拂股肱之臣"，以列传记"扶义俶傥，不令已失时，立功名于天下"（以上见《史记·太史公自序》）的社会各阶层人物，描绘出了自上古至汉代前期一幅人物荟萃的历史长卷。中国古代史学中的人本主义传统，至此不仅在思想上而且在撰述上奠定了基础。先秦儒学中以人学为核心的精神，在司马迁的史学中得到了充分的体现；这也可以看作是司马迁倡言"成一家之言"的一个重要表现。

中国古代史家写出历史上的芸芸众生、万千人物，并不是无序的堆砌，而是有序的组合，反映了史学家对人的透视和评价。以"二十四史"为例，它们的列传，大致可以划分为杂传和类传：杂传是以一人为传，或以事迹相关联者合传；类传是以同类之人合传，有的也以民族、藩镇、外国列于类传。它们大致可以理出三个序列的头绪来：一是角色序列，二是事功序列，三是道德序列。杂传主要反映历史人物的事功；类传中的大部分是反映历史人物各具特色的社会角色，如《史记》中的儒林、游侠、滑稽、日者、龟策、货殖等传，另一部则可归于道德序列，如循吏、酷吏、佞幸等传。《汉书》以下，类传名目多有损益，但基本格局不变。当然，这三个序列并不是在实质上可以截然分开的，它们之间有内在的联系：以事功入史的历史人物，无疑也扮演着一定的社会角色，也都应受到道德尺度的衡量；以角色入史的历史人物，也会受到社会和历史对他们的功过与道德的评判；而一定的道德的体现者，归根到底，也在扮演着某种社会角色。只有当我们既注意到这种外在的划分，又注意到它们的内在联系时，才能更清楚地看到史学家笔下的万千人物，原是一个有序的组合。

值得注意的是，史学家在写历史人物的时候，既按照一定的序列让他们各自"归队"，并对他们采取严肃的批判态度，即使是帝王也不例外；同时，史学家也往往对他所写的历史人物倾注着自己的感情，哪怕是鸡鸣狗盗之徒也是如此。大凡出色的史学家，都是在充分尊重历史事实的基础上，把历史人物写得栩栩如生，"再现"在读史者的面前，可听其言，可观其行，以至于产生"诫世"和"示后"的社会作用。这就是为什么史学对于人生修养有极重要的启示的缘故。

从古代史家反复阐述的思想来看，史学对于人生修养的重要虽表现在许多方面，但可以概括为治身治世这两个方面。王夫之解释《资治通鉴》这部历史名著的名称时说："鉴之者明，通之也广，资之也深，人自取之，而治身治世，肆应而不穷。"（《读通鉴论·叙论四》）从治身治世的要求来看，史学可以提供用之不尽的资源。这个认识，可以上溯到司马迁对《春秋》的解释，而在其后的史学家中不断得到发展。司马迁根据儒家的思想传统，阐说了《春秋》之旨在于"治人"。他以为："《春秋》辨是非，故长于治人。"又说："《礼》以节人，《乐》以发和，《书》以道事，《诗》以达意，《易》以道化，《春秋》以道义……故有国者不可以不知《春秋》，前有谗而弗见，后有贼而不知。为人臣者不可以不知《春秋》，守经事而不知其宜，遭变事而不知其权。为人君父而不知《春秋》之义者，必蒙首恶之名。为人臣子而不通于《春秋》之义者，必陷篡弑之诛、死罪之名……故《春秋》者，礼义之大宗也。"（《史记·太史公自序》）从今天来看，这些论点多从君君、臣臣、父父、子子的原则出发，实不可取；但其合理的内核，是阐述了史学跟人生修养的关系，任何人概莫能外。换句话说，《春秋》中所蕴含的"道义""礼义"原则，是对所有的人都有教育意义的。司马迁的这个认识，对其后的史学思想的发展有很大的影响。

元代史家胡三省在论到《资治通鉴》对于人君、人臣、人子的关系时，指出了它对于人们的"自治""防乱""事君""治民""谋身""作事"的重要。这几个方面，实可用治身、治世来加以概括。对于政治人物来说，"事君""治民"本是一种政治修养，是人生修养的表现形式之一。胡三省不赞成一种流行的说法，即"经以载道，史以记事，史与经不可同日语也"的说法。他认为："夫道无不在，散于事为之间。因事之得失成败，可以知道之万世无弊，史可少欤？"（《新注〈资治通鉴〉》序）把历史书仅仅看作是记载过去的事情，是一种很肤浅的看法。胡三省在批评这种看法的时候，正确地指出了"道"与"事"是不可彼此脱离的，即"道"寓于"事"中，人们可以从对于

"事"的认识中提炼出"道"。因此，人们读史，不只是要知道关于过去的事情，还应该通过了解过去的事情获得理性的认识，即达到对于"道"的认识。因此史学对于社会、对于人生是不可缺少的。在胡三省之后，清初史学家王夫之进一步阐述了《资治通鉴》的社会作用及其对于人生的意义。它解释《资治通鉴》之"通"的含义说："其曰'通'者，何也？君道在焉，国是在焉，民情在焉，边防在焉，臣谊在焉，臣节在焉，士之行己以无辱者在焉，学之守正而不陂者在焉。虽扼穷独处，而可以自俶，可以诲人，可以知道而乐，故曰'通'也。"（《读通鉴论·叙论四》）联系上引他关于治身治世的论点，那么，所谓"国是""民情""边防"等当主要属于治世，"君道""臣谊""臣节""行己""守正""自俶""诲人"等当主要属于治身；当然，治身、治世，也不是截然划分开的。

从司马迁论《春秋》到胡三省、王夫之论《资治通鉴》，都强调了史学中蕴含的"道"（"《春秋》以道义""夫道无不在，散于事为之间""可以知道而乐"，等等），指出人们通过读史而认识"道"的重要。清人龚自珍更是明确地提出了"欲知大道，必先为史"（《龚自珍全集·尊史》）的论点，进一步肯定了"出乎史，入乎道"这一思想修养的法则。唯有从历史中认识到"道"，才能对人生、社会、历史前途有比较正确的认识，抱着积极的态度。王夫之说的"可以知道而乐"，正是反映了这种认识和人生态度。

不论是从历史人物的可以"诫世"、可以"示后"的作用，还是从历史事件、历史进程中可以认识到蕴含于其中的"道"，都证明了史学对于人生修养的密切关系。概括说来，不论是蓄德，还是明道，都跟治身、治世分不开，都对人生修养有直接的启示和教育的意义。刘知幾在阐述史学的功用时，实际是落脚在史学对于人生修养的价值这一基点之上的。他写道："苟史官不绝，竹帛长存，则其人已亡，杳成空寂，而其事如在，皎同星汉。用使后之学者，坐披囊箧，而神交万古，不出户庭，而穷览千载，见贤而思齐，见不贤而内自省。若乃《春秋》成而逆子惧，南史至而贼臣书，其记事载言也则如彼，其劝善惩恶也又如此。由斯而言，则史之为用，其利甚博，乃生人之急务，为国家之要道。"（《史通·史官建置》）从今天的认识看，史学的社会功用，倘能真正落脚到提高人的修养与素质上，那就无愧是"生人之急务""国家之要道"了。然而，从比较大的范围来说，我们在认识上和实践上，都还没有能够做到这种程度，这对于全民族的精神素质、文化素质的提高是不利的。我们应当认识并且相信，史学在这方面是有很大潜力的。李大钊、毛泽东对此都有精辟的论述，结合史学遗产重温他们的有关论点，对我们更加自觉地发挥史学的社会功用，是有教益的。

  时下，有各种各样的新编著的历史人物的传记广泛流行，如名君、名臣、名将、名师、太子、后妃、宦官、奸臣，等等。这些传记汇编所反映的，是着眼于不同的社会角色，是普及历史知识所需要的。我建议我们的出版社，可否选编、出版这样一部书，即从传统史学的丰富的人物传记中，选出在不同方面有突出嘉言懿行之历史人物的传记一二百篇，每篇增以简注、短评，汇编成册，书名就用鲁迅说的那句话：《中国的脊梁》。这或许就是一本关于传统史学与人生修养的生动的、形象的教材。

（原载《北京师范大学学报（社会科学版）》1994年第4期）

史学名著与人文修养
——关于史学遗产和民族精神及民族风格的思考

史学名著是史学遗产中的核心。中国有非常丰富的史学遗产，也有数量众多的史学名著。人生有涯，学海无涯。研读史学名著是了解、认识中国史学的重要途径之一，也是从中国史学中获得教益、提高人文修养的一个必要的方法。从根本上看，这是树立民族精神、发扬民族风格的一个重要方面。

人文修养在当前的社会意义

人文修养在当今社会的价值和意义大家都很关注。这对于我们每一个人很好地处理个人和社会的关系，实现自己的人生价值都是非常重要的。这是因为：

第一，现在是市场经济的时代。市场经济意味着要尊重市场规律，人们尊重市场规律就必须考虑到市场所带来的利益和价值。换言之，如果市场经济不重视物质利益，那就不能叫市场经济了。在这种情况之下，人文精神占什么位置？正是因为在不断地发展市场经济的条件下，让市场经济更健康地发展，人文的视野、人文的修养不要全部被物质利益占领了，还是应该有点人文。人文是什么？人文应当是文明的代称，是人与人之间的一种理解和关怀，是人对社会的一种关怀，是人们对文明的尊重。

第二，现在是尊重科学技术的时代。科学技术是第一生产力。我们中国的科学技术正在迅猛地发展，但是和先进国家相比，还落后若干年。在不同的领域里落后的程度不一样，有的已经接近先进发达国家的水平，有的还差得很远。因此，重视科学技术是我们国家、民族发展的需要，这是毫无疑问的。但是科学技术和人文精神应当是统一的。杨振宁博士是青年人的偶像，他之所以受到许多人的尊重，就是因为在他身上有许多中国固有的传统文化的影响，表现出丰富的人文修养。他作为世界著名的科学家，他的人文修养对他的科学道路是有重要作用的。

第三，全世界目前处在经济全球化的时代。所谓经济全球化，就是在经济领域里面，国家和国家之间的联系更加密切。在这样一个时代，文化交流也在发展。在这种情况下，不同的国家、民族之间，强势文化和弱势文化之间存在着差别，甚至存在着矛盾、斗争。在这种情况下，就有一种不太准确的认识产生出来，即认为经济全球化必然带来文化的全球化。经济全球化讲的是经济领域，在文化领域各个民族都有自己固有的传统，有它的民族精神、民族特点，这种传统、精神和特点是不可能在经济全球化中消失的。所以，在经济全球化日益发展的情况下，各个民族对于本民族文化的研究、宣扬非常重要。如果我们不具备应有的人文精神，就很难对自己的民族文化传统加以继承、发扬，就会在经济全球化的过程中失去自我。前不久，我们和台湾地区的几位学者交谈时，大家对这一点表示忧虑，就是在经济全球化的过程中，中国学者会不会失去自我，一切按照西方文化的标准去做事，用西方文化的标准来判断我们自己的文化，这样的话，我们就会逐渐地丢掉我们自己的文化传统。如果一个民族丢掉自己的文化传统，从根本上说，特别像我们这样一个有悠久文化传统的国家，就会被人看不起，就很难谈得上自立于世界民族之林。对于这一点，大家都是很清楚的。

第四，从个人修养来说，从自我来考虑。我们每一个人在社会上从事工作，都想实现自己的价值，为社会做更多的事情。可以这样认为，无论你从事何种工作，多一点人文修养一定是有好处的。所谓人文修养就是人们内在的气质，对自己民族的历史文化传统的一种深深的感情，它在思想、行为、待人接物中都能反映出来。中国有句古话，叫作"君子以多识前言往行，以畜其德"。（《易·大畜》）这里所说的"德"，就包含人文修养的意思。这个思想传统，我们应该继承下来。

总之，人文修养在当今社会中具有非常重要的意义。

史学名著的价值

什么是史学名著？怎样判断史学名著的价值？我们可以从三个方面去认识：

第一，这部著作在当时产生了很大的影响，到今天仍然有重要的参考价值。比如《史记》《汉书》。它们在当时产生了很大影响,这个影响我们可以从《史记》的研究史和《汉书》的研究史中获得广泛而深刻的认识。它们的研究史是漫长的,《史记》的研究史有两千多年,《汉书》的也不短。我们都知道,"汉书学"至晚在魏晋南北朝隋唐时期就已经成为专门的学问,可见它们在当时有影响,在后来有影响,到今天仍然有非常重要的参考价值。

第二,当时由于种种原因没有产生很大的社会影响,但是随着历史的发展,后来被人们认识到它是非常重要的著作,从而产生了很大的影响。比如清代史家章学诚的《文史通义》,在18世纪著成以后没有多大影响,我们甚至可以说在19世纪也把《文史通义》给遗忘了。但是,到了20世纪,胡适先生写了一篇《章实斋年谱》,把章学诚介绍出来。从那以后,在整个20世纪特别是20世纪后半期,对于章学诚的研究,在史学界备受关注,《文史通义》被认为是一部非常了不起的史学理论著作。可以这样讲,我们今天对史学的思考所能达到的高度,还没有18世纪章学诚所能达到的高度。这不是说我们今天的认识没有超过章学诚,而是说我们今天著作的内涵没有达到章学诚在他那个时代所能达到的最高程度。

第三,一部著作在当时产生了很大影响,从而在历史上具有重要的地位,尽管在今天它不一定具有十分突出的现实意义,可是它在历史上的地位是不可动摇的,它在很长时间里影响了历史文化的发展。这样的著作也是名著,最典型的是《春秋》。它在今天有多大的现实意义?这很难说,但是它在历史上所产生的影响之大,在史学遗产中很少有超出它的。

中国是一个史学大国,是世界上绝无仅有的。它拥有最丰富的史学遗产,也拥有各国所不能比拟的最多的史学名著。这是因为中国的历史、中国的文明没有中断过,特别是中国的历史撰述没有中断过,这也是世界上绝无仅有的。我们对史学名著应该有这种自豪的,当然也是理性的认识。古代的名著很多,近代以来有一批史学家撰写的边疆史地研究、外国史地研究等都是名著。20世纪以来,在"新史学"影响下有一批史学名著,在新历史考证学影响下也有一批名著,还有在马克思主义思潮影响下产生的中国马克思主义史学名著。可以说,20世纪是史学大家辈出、名著累累的世纪。

读史学名著与增强历史观念

历史观念是非常重要的，特别在当今这个时代，一是中国向世界开放，大量引进外国的学术文化，在思想领域、学术领域都存在这样一种倾向——多元发展。这不能说不是好现象，但是，任何事物都有两面性，多元发展的情况下掩盖着一种潜在的危机，即中国的学术、中国的思想界还有没有主流学派？新中国成立后，20世纪五六十年代马克思主义史学是主流学派，在今天我个人觉得还应该坚持这一点，还应该明确地、自觉地坚持这一点。为什么？因为它是一个科学发展方向。可是这里有非常复杂的问题，就是20世纪五六十年代的学术有严重的教条主义倾向，同时受到了"左"的政治思潮的干扰，对学术起了很大的破坏作用，到了"文革"时期已经无学术可言。因此到20世纪八九十年代，中国的学术界大量引进西方的东西，在拨乱反正的过程中，过去也有一些做得好的地方也都被忽略或者放弃了。到今天，我们的学术是不是还有一个主流学派呢？我认为20世纪五六十年代的学术是不能完全否定的。所以我讲读史学名著首先是一个历史观念的问题，特别是马克思主义史学家的著作，要给予应有的重视。我们也很尊重"新史学"、新历史考证学的史学家，他们都做出了重大贡献。但是大家要想一想，历史是怎么发展的，历史的运动形式是什么样的，它的运动轨迹怎样，运动有没有规律，等等，这些都是问题，都是今天历史学界在理论上所面临的重要问题。现在还有后现代主义思潮，认为历史是不可认识的，谈不上什么历史真相，其实这个问题是个老问题，只不过他们用新的理论提出来了。早在公元8世纪，中国的历史学家刘知幾在《史通》里认为历史已经过去了，但是前人给我们留下了许多记载，通过这些记载我们可以了解过去，这就很朦胧地回答了类似的问题。当然历史已经过去了，所以不可能完完全全地"复原"历史，只能逐渐接近历史真相，这是事实，但是不能因此就否定人们能够认识历史。我们读史学名著，特别是读马克思主义史学的名著，它们主要告诉我们的是这方面的见解。因此，20世纪老一辈马克思主义史家的著作我们还是要尊重的，尽管当时他们有些语言受政治的影响比较大，但是今天经过拨乱反正、改革开放，我们的认识方法更加理性，就不应该带有更多的片面性，应该合理地、冷静地来评价历史。

在讲到历史观念的时候，有些问题是我们经常要遇到的，比如历史发展的动力是什么？如果你能够真正认识这个问题，对你的工作很有帮助。比如历史和现实是什么关系？这在生活当中是经常碰到的。如果对历史不能够有一个正确的认识，对现实的很多问题得不到解释，得出不正确的结论，从而影响自己的奋斗和事业，这些我们都可以从历史的观念中得到启发。又比如，我们应当怎样评价历史事件和历史人物？这也是在现实生活当中常遇到的问题。一个人是社会的人，不能脱离社会去评价一个人，用所谓的纯学术、纯文学去评价一个人，这样就脱离了历史时代，我们不能脱离这个。总之，历史观念非常重要，我们读史学名著要从这里面得到营养。

读史学名著与丰富历史经验

中国史学非常重视对历史经验的总结，一个人几十年经历再丰富，积累的经验也是有限的。中国有句古话，"前事不忘，后世之师"。这句话非常重要，就是要重视历史经验。前人成功的，我们学习就可能成功；前人失败的，我们重复就还会失败。中国史学非常强调这一点，从《尚书》里可以看到，周公反复地对周朝的贵族讲话，要吸取商人失败的教训，不要骄傲，不要懈怠，不要饮酒，等等。历朝历代的史学家都十分重视对历史经验的总结。《史记》这部书了不起，价值非常高。司马迁《史记》的最大贡献在于史学，史学里面最大的贡献在于总结了秦汉之际的历史经验。真正了解中国历史的人就会发现，哪朝哪代只要讲历史经验，都会讲到秦汉之际的历史经验。司马迁提出的历史问题两千多年来人们一直在研究：强大的秦朝为什么十几年就垮台了？在秦汉之际的时候，西楚霸王项羽成了诸侯的首领，为什么刘邦能打败他？西汉建立之初，国家非常贫穷，天子不能具钧驷，而将相或乘牛车，齐民无藏盖，但是经过70年时间，到汉武帝时代成了强大的西汉，什么原因？汉初的政策是什么？与民休息、无为而治。秦汉之际的历史经验有许多被搬到舞台上，这是一个非常重大的主题，这就是历史经验的重要性。当然讲历史经验的书非常多，《资治通鉴》这部书由宋神宗取名，是帮助统治者统治的书，有人带着一种轻蔑的口气说这部书是为帝王提供资治的，这难道不对吗？这难道是一个缺点吗？一个国家治理好了，有什么不好呢？司马光用19年的工夫，用毕生精力撰写成《史记》一书，是一种非常了不起的责任感。

在历史经验中最重要的是两个方面：一个是治国安邦。中国文人有一个传统——修身齐家治国平天下，简单地说是以天下为己任。所谓人生的价值是以天下为己任，所以顾炎武讲，天下兴亡，匹夫有责。中国的史学名著在这方面有丰富的记载，比如从《尚书》《史记》《左传》到《通鉴》，治国安邦都是最重要的主题；从《战国策》《盐铁论》《贞观政要》《唐鉴》，到《读通鉴论》，再有虞世南的《帝王略论》、顾炎武《天下郡国利病书》等，都讲治国安邦。近代以来重视边疆史地与国家安全的研究，如《蒙古游牧记》《朔方备乘》《康輶纪行》，等等，研究外国史地与自强御侮的有魏源的《海国图志》、王韬的《法国志略》、黄遵宪的《日本国志》，等等；20世纪以来，马克思主义史学名著如郭沫若的《中国古代社会研究》、范文澜的《中国通史简编》、翦伯赞的《历史哲学教程》、胡绳的《帝国主义与中国政治》，都包含了丰富的治国安邦的经验。治国安邦是一个很宽的含义，这里面要细分还可以分成好多领域。唐朝吴兢写的《贞观政要》10卷40篇，每篇是一个主题，每篇都是一个治国安邦的主题。所以治国安邦只是一个笼统的概念。我们要是深入到史学名著里面去，就可以感到兴味无穷。

另一个就是人本思想，即以人为本的思想。中国的人本思想，确立很早。春秋时期人们就很重视人的作用，而否定天的作用，这有一个漫长的过程。到司马迁的时代，他写出了《史记》，确立了中国史学上的人本主义传统，因为《史记》主要写了人的活动。在《史记》的影响之下，后来出现的《汉书》等正史，都是在写人的活动，当然也写制度，主要是人的活动。

再一个是民本思想。治国什么最重要？民为邦本，民最重要，民安才能国安。这是一个基本的思想，也是中国史学中最丰富的一个思想。荀子讲过："君者，舟也；庶人者，水也。水则载舟，水则覆舟。"后来，唐太宗君臣反复引用这句话。任何时候不能忘记"民"。人本思想讲天和人的关系，民本思想讲君和民的关系，讲统治者和广大民众的关系。这非常重要。"水能载舟，亦能覆舟"，这是一个哲学道理，也是一个政治道理，也可以说是一个政治哲学。

突出的忧患意识。在治国安邦里面有个很重要的思想传统，政治家也好，思想家也好，史学家也好，都强调居安思危，只有这种思想才能使事业不断发展。任何时代，只要他满足了，骄傲了，得意忘形了，就一定会失败。

还有就是以天下兴亡为己任。这都是治国安邦里面最重要的一些经验。我过去写过一篇文章，那是企业家开会，当时提倡企业文化。我预见到大企业家在将来中国社会生活中具有重要作用。我在文章中这么写：一个企业家，他的最重要的贡献，不仅仅在于他能创造利润，作为当代中国具有远见的企业家，应当具有"国士之风"。所谓"国士之风"者，就是以天下为己任，以国家兴亡为己任。企业家当然要把企业办好，但他本人应该具有"国士之风"。"国士之风"这个词是从《战国策》中得到启发的。廉颇、蔺相如就有"国士之风"。为了国家，他们不计前嫌，互相理解和合作，使列国不敢小看他们。

我认为，人本思想、民本思想、忧患意识、"国士之风"、以天下为己任，等等，都是治国安邦里面非常重要的一些原则。

丰富历史经验，还有第二条，就是惩恶劝善。中国的历史书是非常讲究这一点的。治国安邦是对国家讲的，惩恶劝善可以说是对个人讲的，也就是人生修养。中国历史书写了大量的人，肯定什么，批判什么，是非常明确的。从史学名著里可以看到，哪些人对社会做出了有益的事情，哪些人在损害社会。这就是前车之鉴。唐朝史学家刘知幾讲了一个很深刻的道理。他说，历史都过去了，人都死了，为什么我们今天还能知道他们呢？就是因为"史官不绝，竹帛长存"，就是说历史把他们记载下来了，因此使我们后来的人能有机会去认识他们。看到前面的"贤人"，我们就向他学习，叫"见贤而思齐"；看到历史上行为不好的人，我们就反躬自问，叫"见不贤而内自省"。刘知幾非常感慨，他说："史之为用，其利甚博，乃生人之急务，为国家之要道。"这一点，很值得我们深思。历史学是国家不可缺少的，历史学专业的人才看起来好像没有用，其实用处非常大。

当然，历史经验里面还有人与自然的协调，在中国史书里面也有许多记载，我就不多讲了。比如有许多水利之书、方物之书，讲灾荒，讲自然现象的，等等，都有丰富的记载，对我们来讲都是宝贵的历史经验。

读史学名著与培育历史精神

什么是历史精神？应当有这么三层含义：

第一是尊重历史，尊重历史的创造，尊重历史所积淀的一切文明成果。简而言之，尊重历史。现实生活当中并不是每一个人都尊重历史，有位历史学家讲过对历史表示敬意，我想包含这个意思。对历史表示敬意，因为历史带给我们的东西太多了，没有历史就不可能有今天。

第二是理性地看待历史。历史的道路并非都是平坦的，有曲折，有坎坷。拿中国的历史来说，新中国成立以来，有辉煌也有灾难，但总的趋势是在前进，对于这些都要理性地看待，都要尽可能地给予理性的说法，这是很重要的。至于以往的历史，近代以来的历史，资本主义国家向外扩张，寻找殖民地，确实也带来了一些西方的文明，但是不是就可以以此来认为殖民主义对殖民地的掠夺是一种进步的行为？这要做出深入的研究。近代以来，中国史学家产生了一种世界意识，像魏源、黄遵宪、夏燮这些人，都具有近代意义上的世界意识，这确实和鸦片战争有关。但是，我认为当中国人用近代的眼光看待世界时是被逼迫的，是被殖民主义的侵略所逼迫出来的。因此，魏源写《海国图志》的第一篇就是《筹海篇》。为什么要"筹海"？这是为了自强御侮。所以，我们要理性地看待历史。

第三是合理地处理历史与现实的联系。把历史感同时代感结合起来，具体说来有这么两句话：看待现实问题要有深邃的历史眼光，看待历史问题要有鲜明的时代精神。政治家也好，学者也好，看待历史问题不能掉到历史里面去，你得有一种时代感、时代气息。相反，在看待现实问题时，应该有一种深邃的历史眼光，把历史和现实合理地结合起来。这三层意思结合起来，或许可以理解为是一种历史精神。

读史学名著与吸收历史语言

语言是表达思想的符号。因此，所谓吸收历史语言不只是文字表述问题，不仅仅是一个字面的问题，而是通过吸收历史语言来促进我们思想的深刻性、哲理性，因为在许多历史语言里面含有丰富的哲理。我讲这一点是有感于我们今天的汉语表述水平有每况愈下的趋势。怎么样丰富我们的语言，我想应该从我们的文化传统里面去汲取营养，其中包括从史学名著里汲取营养是非常重要的。我们现在的汉语表达能力、表述水平确实不尽如人意，当然这和我们中学的教学以及本科的教学都有关系。从历史学来讲，我就想到一个问题，我觉得多读一点史学名著，对于我们的语言修养会有极大的帮助。文章写得好不好，不是几句话可以说清楚的。要读理论著作，主要是指马克思恩格斯的著作，还有毛泽东的著作，当然还有一些西方的历史理论著作要读，同时我们的史学名著要读，别人的优秀论文要读，从中汲取营养，不是说凭脑子空想语言就能丰富起来，那是不可能的。我随便举一个例子，《左传》里有许多成语，我们现在把它看作成语，当时都是《左传》里面生动的记载。比如说"余勇可贾"，是说这个人胆量非常大，他的勇气用不完，他可以把自己多余的勇气卖出去，这说明什么意思呢？说明这个人不自量力，把自己估计过高。还有什么"祸起萧墙""三周华不住""灭此朝食"，诸如此类，这里面都有丰富的思想。如果我们不读史学名著，就很难掌握这些历史的语言来丰富我们现代语言的成分。"两司马"的语言都非常精彩，很值得我们认真研读和吸收。

以上这几点，综合起来能不能这样看：史学名著和人文修养归根到底是民族精神和民族风格的反映。我们讨论史学遗产和民族精神的问题，一是要有全面的眼光，二是要有重点的意识。史学名著就是我们研究的重点，要继承、发扬的重点。

(原载《江西社会科学》2005年第1期)

史学与大众文化

史学对于文化发展的积极作用，是多方面的，也是多层次的。史学对文化积累所起的作用，对民族文化发展所起的作用，就是在不同方面发挥的作用。史学所提供的历史知识、所积累的文献资料和思想资料，对促进思想家的思考、文学家和诗人的创作，都有重要的价值。从先秦诸子以下，不少思想家于历史知识的运用中阐述着自己的思想，而从唐代诗人开始，"咏史"也成了他们诗歌创作的一个重要的方面，这都可以看作史学对较高层次的文化发展的影响。同时，史学也在更广阔的社会层面上对大众文化产生影响，其中以对通俗文学和蒙学读物影响更为突出。

一

史学对通俗文学的影响，从敦煌变文到宋元话本可以看得十分了然。唐代寺院中盛行着一种说唱体作品，乃是俗讲的话本。所谓变文，是这种话本的一种名称。今按习惯说法，仍称变文。变文取材于佛经故事、民间传说，也取材于历史故事。从王重民、王庆菽、向达、周一良、启功、曾毅公等先生合编的《敦煌变文集》所见，前三卷所收23种变文均为历史故事，按有说有唱、有说无唱、对话体编次。这种以历史故事为内容的变文，有的直接取材于正史而辅之以民间传说，又益以唱词，连缀成篇，有说有唱，很是生动。如《敦煌变文集》卷1所收《伍子胥变文》，其基本内容是根据《史记》卷六六《伍子胥列传》加工、创作而成。《伍子胥变文》从楚平王为太子娶妃而自纳为妃说起，至吴王夫差赐伍子胥死而越将灭吴，以下阙文。这与《史记·伍子胥列传》所记，在主要事实上是吻合的。这里，我们就列举上述楚平王为太子娶妃、吴王夫差赐伍子胥死二事，两相比较，以见史学对历史故事类变文的影响。

《史记·伍子胥列传》记楚平王为太子娶妃事：

> 楚平王有太子名曰建，使伍奢为太傅，费无忌为少傅，无忌不忠于太子建。平王使无忌为太子取妇于秦，秦女好，无忌驰归报平王曰："秦女绝美，王可自取，而更为太子取妇。"平王遂自取秦女而绝爱幸之，生子轸。更为太子取妇。

伍奢是伍子胥的父亲，他因反对楚平王的这种做法而被杀。费无忌在变文中作魏陵。《伍子胥变文》记楚平王为太子娶妇事是这样说的：

> 楚王太子，长大未有妻房。王问百官："谁有女堪为妃后？朕闻：国无东官，半国旷地，东海流泉溢，树无枝，半树死，太子为半国之尊，未有妻房，卿等如何？"大夫魏陵启言王曰："臣闻秦穆公之女，年登二八，美丽过人。眉如尽月，颊似凝光，眼似流星，面如花色。发长七尺，鼻直颜（额）方，耳似珰珠，手垂过膝，拾指纤长。愿王出敕，与太子平章。倘如得称圣情，万国和光善事。"
>
> 遂遣魏陵，召募秦公之女。楚王唤其魏陵曰："劳卿远路，冒涉风霜。"
>
> 其王见女，姿容丽质，忽生狼虎之心。魏陵曲取王情："愿陛下自纳为妃后，东官太子，别与外求。美女无穷，岂妨大道。"王闻魏陵之语，喜不自昇（胜），即纳秦女为妃，在内不朝三日。

这段文字，跟《史记·伍子胥列传》相比有一个很明显的区别，即对秦女姿色的描述，以烘托楚平王的无道。再一个不同处，是《史记·伍子胥列传》中说"无忌驰归报平王曰：'秦女绝美，王可自取'"，而《伍子胥变文》说的是"其王见女，姿容丽质，忽生狼虎之心"，这就更加渲染了楚平王的无道。

伍子胥父兄均被楚平王所杀，他逃出楚国，历尽艰辛，到了吴国，事吴王阖闾，有大功。阖闾死后，吴王夫差听信太宰嚭的谗言，赐伍子胥死，《史记·伍子胥列传》记：

> 吴王……乃使使赐镂之剑，曰："子以此死。"伍子胥仰天叹曰："嗟乎！谗臣嚭为乱矣，王乃反诛我。我令若父霸。自若未立

时，诸公子争立，我以死争之于先王，几不得立。若既得立，欲分吴国予我，我顾不敢望也。然今若听谀臣言以杀长者。"乃告其舍人曰："必树吾墓上以梓，令可以为器；而抉吾眼县（悬）吴东门之上，以观越寇之入灭吴也。"乃自刭死。

《伍子胥变文》说这件事时，把太宰嚭的进谗言，改成了太宰嚭与伍子胥在为吴王夫差解梦中发生了分歧，伍子胥因直言其梦而终于被赐死，它说道：

> 尔时吴王夜梦见殿上有神光，二梦见城头郁郁枪枪（苍苍），三梦见城门交兵斗战，四梦见血流东南。吴王即遣宰彼（嚭）解梦。宰彼曰："梦见殿上有神光者富（福）禄盛，城头郁郁枪枪者露如霜，南壁下匦北壁匦王寿长，城门交兵者王手备缠绵，血流东南行者越军亡。"吴王即遣子胥解梦。其子胥上知天文，下知地理，中知人情，文经武律，一切鬼神，悉皆通变。吴王即遣解梦。子胥曰："臣解此梦，是大不祥。王若用宰彼此言，吴国定知除丧。"王曰："何为？"子胥直词解梦："王梦见殿上神光者有大人至，城头郁郁苍苍者荆棘备，南壁下有匦、北壁下有匦者王失位，城门交兵战者越军至，血流东南者尸遍地，王军国灭，都缘宰彼之言。"吴王闻子胥此语，振睛努目，拍陛大嗔："老臣监监，光咒我国。"子胥解梦了，见吴王嗔之，遂从殿上褰衣而下。吴王问子胥曰："卿何褰衣而下？"子胥曰："王殿上荆棘生，刺臣脚，是以褰衣而下殿。"王赐子胥烛玉之剑，令遣自死。子胥得王之剑，报诸百官等："我死之后，割取我头，悬安城东门上，我当看越军来伐吴国者哉。"

这一段俗讲，在太宰嚭之佞、伍子胥之直、吴王夫差之昏，以及伍子胥之死等方面，都是忠实于史书所记的。在此基础上，它吸收了民间传说，把"解梦"这一为大众所关注的事情用来代替伍子胥与太宰嚭在政见上的分歧，并用伍子胥"直词解梦"来突出他的正直。

《史记·伍子胥列传》记伍子胥逃亡途中，有"窘于江上，道乞食"共70余字的叙述，《伍子胥变文》则铺叙为数千字的有说有唱，其中尤其是有关浣纱女之情、渔人之义，极尽委婉、苍凉、真诚之词，令人感动。像这些地方，变文就更多地采用了民间传说，并经话本编写者的加工，成为一种独特的文学形式。

《敦煌变文集》的前三卷中，其他如《汉将王陵变》《捉季布传文一卷》《李陵变文》《韩擒虎话本》等，也都同《伍子胥变文》一样，与有关正史的传记有密切的关联。历史题材成为俗讲创作的一个重要内容；这种俗讲既有史实为依据，又有文学的创作，是史学与文学结合的产物。在这一点上，它与宋元话本的讲史不仅有相似之处，而且有源与流的关系。

唐代讲唱变文一类的话本不限于寺院道观，民间也很流行，并为当时人民所喜爱。时人赵璘《因话录》和段安节《乐府杂录》都提到俗讲大师文淑的故事，说他讲唱时"其声宛畅，感动里人""听者填咽寺舍"。唐末诗人吉师老有《看蜀女转昭君变》诗一首，诗云："妖姬未著石榴裙，自道家连锦水濆。檀口解知千载事，清词堪叹九秋文；翠眉颦处楚边月，画卷开时塞外云。说尽绮罗当日恨，昭君传意向文君。"①诗里说的"清词堪叹九秋文"，指讲唱者持有的话本；"画卷开时塞外云"，指讲唱之际还有图画随时展开，与讲唱相辅而行。这样的讲唱，在民间自然会受到欢迎。这诗还证明，在唐代也有女讲唱者的表演，可以证明讲唱变文的普遍。宋元话本正是因为有了这样的基础，才得以继承和发展起来。②

宋元话本，是说话人的本子。事实上，不论是说话人，还是话本，在唐代都已经出现了。有一件很有兴味的事情可作明证：安史之乱中，在官军收复长安后，唐玄宗从四川回到长安，虽是做着太上皇，但政治上的失落感却使他异常抑郁。史载："太上皇移仗西内安置。每日上皇与高公亲看扫除庭院，芟薙草木。或讲经、论议、转变、说话，虽不近文律，终冀悦圣情。"③说话和转变（说唱变文）并列，足见说话已很流行。至于话本，上面说到的《韩擒虎话本》，有人也认为就是唐代的话本。话本与变文之间的联系，还可以有一些其他的证明，这是一个很突出的例子。从史学对通俗文学的影响来看，话本与变文中都有关于历史题材的内容，这是它们相同的地方，但话本中历史题材的内容更丰富了，以至于有"讲史"（或称"演史"）的专称，这是它们不同的

---

① 《全唐诗》卷七七四。
② 这里涉及的有关论点，采自《敦煌变文集·引言》。
③ 郭湜：《高力士外传》。

地方，说明了史学影响通俗文学趋势的加强。北宋京城中，以讲史著称的有孙宽、孙十五、曾无党、高恕、李孝祥；也有以专讲一部话本出名的，如霍四究说《三分》（即《三国志》）、尹常卖说《五代史》。①苏轼《东坡志林》卷一记当时"说三国"的影响极为生动，他写道："王彭尝云：途巷小儿薄劣，其家所厌苦，辄与钱令听古话。至说三国者，闻刘玄德败，颦蹙有出涕者；闻曹操败，即喜唱快。"可见关于三国的讲史，已真正深入到大众之中了。

南宋时，讲史又有新发展，有人记载当时临安（今杭州）的讲史盛况说：

> 讲史书者，谓讲说《通鉴》、汉唐历代书史文传、兴废争战之事，有戴书生、周进士、张小娘子、宋小娘子、邱机山、徐宣孝。又有王六大夫，元（原）系御前供话，为幕士请给，讲诸史俱通，于咸淳年间，敷演《复华篇》及《中兴名将传》，听者纷纷，盖讲得字真不俗，记问渊源甚广尔。②

在这段文字中，有几点是很值得注意的。第一，是讲史的范围扩大了，甚至带有一定的系统性，其取材多据《资治通鉴》，汉、唐史书，同时出现了像王六大夫这样"讲诸史俱通"的名家。第二，《资治通鉴》成书于北宋，南宋时期即为说话人所采用，说明它的社会影响是很大的；过去有一种说法，认为《资治通鉴》部帙太大，不能广泛流传，显然是不完全符合事实的。第三，讲史人和大众很关注本朝史事，所以《中兴名将传》能够赢得"听者纷纷"。第四，讲史人中的女性占了相当的数量，以致出现了像张小娘子、宋小娘子这样有名的讲史艺人。从事讲史的说话人，多称作书生、进士、宣教，还有称作官人、万卷的，或许这都是大众送给他们的雅号以致反倒埋没了真实的名字。总之，我们可以看到，当史学通过讲话（讲史）人和社会大众结合起来的时候，显示出生机勃勃的活力，从而产生了更加广泛的社会影响和社会作用。

讲史在元代也很流行。元末杭州城里有个叫胡仲彬的人，兄妹都是"演说野史"的。后来胡仲彬以讲史者的身份，"招募游食无籍之徒"，准备起事，因被人告发而未果。③由此可见讲史流行仍很广泛。同宋代一样，这时女性讲

---

① 《东京梦华录》卷五《京瓦伎艺》。
② 吴自牧：《梦粱录》卷二〇。
③ 陶宗仪：《南村辍耕录》卷二七"胡仲彬聚众"条。

史也很活跃。时人杨维桢有《送朱女士桂英演史序》一文，记下了这位朱女士讲史的风采。他写道：

> 至正丙午春二月，予荡舟娱春过濯渡。一姝淡妆素服，貌娴雅，呼长年舣棹敛衽而前，称朱氏，名桂英，家在钱唐，世为衣冠旧族，善记稗官小说，演史于"三国""五季"。因延至舟中，为予说道君艮岳及秦太师事，座客倾耳。①

朱桂英女士擅长讲三国、五代故事，也能讲两宋之际故事，她讲得"座客、倾耳"，足见其说话艺术甚高。胡仲彬兄妹原在杭城讲史，朱桂英女士又是钱塘人，这或许可以说明元代讲史在一定程度上继承了南宋临安讲史之盛的遗风吧。

宋元时期的讲史话本又称平话（或称评话），它在长期的发展中逐渐形成了自己的系列，这跟变文中的历史故事多以单篇存在有所不同。今存元代刻本《全相平话》，当是平话系列的汇刻本，可惜现在所见到的只有5种了。它们是：《武王伐纣书（吕望兴周）》《乐毅图齐七国春秋后集》《秦并六国（秦始皇传）》《前汉书续集（吕后斩韩信）》《三国志》。《武王伐纣平话》开篇就说："三皇五帝夏商周，秦汉三国吴魏刘；晋宋齐梁南北史，隋唐五代宋金收。"这首诗亦可证明平话已形成系列。平话跟历史题材的变文还有一点不同之处，即平话是有说无唱，而历史题材的变文有些是有说有唱的。平话中常有诗句的穿插，它是由讲史者念出来而不是唱出来的。如《五代史平话》写黄巢起事之初的情景是：

> 那黄巢得五百贼众，拣下辛卯日离那悬刀峰下，将那村庄放火烧了而去。一路上遇着仓库，便劫夺米粮，投下曹、濮州回去。不数月，行到临濮县，将五百人潜伏深山中，两个潜地入县坛去。但见县城摧坏，屋舍皆无，悄无人烟，惟黄花紫蔓、荆棘蔽地而已。行到前面，见荆棘中有一草舍，有个老叟在彼住坐。尚让往见老人，因赋一诗道：

> 老人来此话离情，泪滴残阳诉楚荆。白社已应无故友，秋波依旧

---

① 杨维桢：《东维子文集》卷六。

绕孤城。

高天垒齐山树，昔日渔家今野营。牢落故乡灰烬后，黄花紫蔓上墙生。

尚让吟罢此诗，同黄巢问老人借宿。老人道："昨夜王仙芝反叛，尚君长军败，已在狗脊岭伏诛，累及爷娘良贱，一齐斩了。见今出兵捕捉他弟尚让未获。"唬得尚让顶门上丧了三魂，脚板下走了七魄。遂与黄巢不敢逗留，急奔过那县北十里头，小地名仁义里，投奔舅舅家借宿。……只见舅家屋内，新坟垒垒。尚让行得辛苦，与黄巢且坐歇子。因感泣，乃为诗一首：

平生感慨有谁知，何事谋身与愿违！上国献书还不达，故园经乱又空归。

孤城日暮人烟少，秋月初寒垄上稀，世境飒然如梦断，岂能和泪拜亲闱。

黄巢为见尚让吟诗，他也吟四句诗道：

秋光不见旧亭台，四面荒凉瓦砾堆。火力不能烧尽地，乱生黄菊眼前开。

这一段写出了环境的苍凉和人物心情的悲愤，而诗句是用来对说话起渲染和烘托作用的，以达到讲史预期的效果。所谓"听者纷纷""座客倾耳"，想必都与诗词的运用有关[①]。

历史题材的变文和宋元话本中的平话，或取材于历代正史，或采撷于稗官野史，它们所说的历史故事、兴废争战，都跟史学有一定的渊源，但变文和平话都不完全符合历史的真实，因为它们包含了许多民间传说和变文说唱者与讲史艺人的虚构、想象及创作。因此，历史题材的变文与平话，都是与历史著作有关的文学作品；变文说唱者和讲史艺人的活动，也都是跟史学活动有关的艺术活动。从这里，我们十分清晰地看到，史学在相当大的规模上促进着大众文化的发展。至于平话成为演义小说的前驱，许多历史故事被搬上了戏曲舞台，也都渗透着史学对大众文化的积极影响。

---

① 本节有关宋元讲史的部分阐述，参考了程毅中所著《宋元话本》一书（中华书局1964年版）。

二

史学对蒙学读物发展的推动作用，是它促进大众文化发展的另一个重要方面。

随着经济、文化的发展，中国封建社会自唐宋以下，涌现出一批蒙学读物。这类读物，一方面是"乡校俚儒教田夫牧子之所诵"[①]的教材，一方面也是市井百姓借以粗知历史文化知识的读本。唐人李翰所撰《蒙求》，通常被看作是较早的蒙学读本。该书采辑历史人物的言行、故事，编写成四言韵文，现存本共2484字，621句，读来朗朗上口，流传甚广。此后，有许多以"蒙求"命名的蒙学读物问世，成为大众文化中的一种普遍现象。在蒙学读物的发展中，史学起了积极的作用。今存传统蒙学读物，数量不小。这里，我们仅举北宋王令所编《十七史蒙求》、南宋王应麟所编《三字经》、明代程登吉所编《幼学琼林》这3部影响较大的蒙学读物，来说明史学与它们的关系。

《十七史蒙求》主要取材于"十七史"。"十七史"是宋朝人对反映宋朝以前历代史事的正史的统称，它们包括《史记》《汉书》《后汉书》《三国志》《晋书》《宋书》《南齐书》《梁书》《陈书》《魏书》《北齐书》《周书》《隋书》《南史》《北史》《新唐书》《新五代史》。《旧唐书》和《旧五代史》的成书都在《新唐书》和《新五代史》之前，但宋人只承认后者，不承认前者，故合计为"十七史"。其中《后汉书》包含范晔的《后汉书》纪传和司马彪的《续汉书》志。然而此书在取材上，实已超出"十七史"的范围，还涉及《左传》《国语》、谢承《后汉书》和《东观汉记》等。据宋人王献可在宋徽宗建中靖国元年（1101）为此书所作的序文称，编者王令深为王安石所器重，王安石曾有"力排异端谁助我，忆见夫子真奇材"的诗句，可见王令在宋神宗时是一个拥护新法的人。序文又称王令"富学该博，十七史书莫不通究"。以上这两条，对说明王令编《十七史蒙求》的思想是有关系的。《十七史蒙求》的编写方法是"其间圣君、贤相、忠臣、义士、文人、武夫、孝子、烈妇功业事实，以类纂集，参为对偶，联以音韵……以资记诵、讨论"[②]。这同李翰《蒙求》在编写方法上大致相似，全书共16卷，比李翰《蒙求》丰富多

---

① 《新五代史·刘岳传》。旧说有认为此传中提到的《兔园册》系唐初虞世南所撰，恐系讹传，不取。参见拙著《唐代史学论稿》，北京：北京师范大学出版社1989年版，第104页。
② 《十七史蒙求》原序。

了，所谓"参为对偶，联以音韵"，是每四字一句，揭示一则历史人物的故事，并使上下两句成对，便于阅读、记诵。总之，这是一本以历史人物故事纂集起来的蒙学读物，这既反映了纪传体史书以大量历史人物为中心的特点，又便于蒙童以记诵对偶联韵的句式而掌握历史知识。它的表现形式是：先出偶句，继注释文。如卷一有"萧宏钱愚，李憕地癖"句，释文写道：

> 《南史》：梁武帝弟萧宏，性爱钱，百万一聚，黄榜标之，千万一库，悬一紫标，如此三十余间。武帝见之，屈指计见钱三亿余万，他物满库，不知多少。武帝子萧综，以晋时有《钱神论》，遂作《钱愚论》讥之。
>
> 唐李憕，并州人，颇殖产，伊州有膏腴，自都至关口，田畴弥望，时谓"地癖"。

又如卷三有"萧何不治，孝恭粗足"之句，其释文是：

> 前汉萧何为丞相，买田宅必居穷僻处，为家不治垣屋，曰："令后世贤，师吾俭；不贤，毋为势家所夺。"
>
> 唐宗室河间元王孝恭常谓人曰："吾所居颇壮丽，非吾心也，当别营一区，令粗足充事而已。吾殁后，子也才，易以守，不才，不为他人所利。"

又如卷一五有"李皋发廪，郑默开仓"之句，释文这样说：

> 唐宗室李皋，字子兰。为温州长史，俄摄州事。州大饥，发官廪数十万石赈饿者。僚吏叩庭请先以闻，皋曰："人，日不再食且死，可俟命后发哉？苟杀我而活众，其利大矣！"既贷，乃自劾，优诏许开。
>
> 晋郑默，字思元。为东郡太守，值岁荒人饥，默辄开仓振给，乃舍都亭，自表待罪。朝廷嘉默忧国，诏书褒叹，比之汲黯。

从以上所举之例来看，《十七史蒙求》所作的启蒙教育，并不仅仅是历史知识，它包含了深刻的价值观教育。从全书来看，还多关于历史观、伦理观、道德观方面的内容，它们都寓于具体的历史人物故事之中。

《三字经》相传为南宋著名学者王应麟编著，其流传之广、影响之大，又在《十七史蒙求》之上。它以三字韵文写成，明清学人不断有注释、增补，至1928年有近代著名学者章太炎《重订三字经》行于世。以清初王相《三字经训诂》计，《三字经》的原文只有1128字，但它包含的内容却十分丰富。晚清贺兰思《三字经注解备要·序》说："世之欲观古今者，玩其词，习其义，天人性命之微，地理山水之奇，历代帝王之统绪，诸子百家之缘由，以及古圣昔贤由困而亨、自贱而贵，缕晰详明，了如指掌。"这当然是指他的注本说的，但于此也可看出他对《三字经》内容的概括，即"一部袖里'通鉴纲目'"，是有其道理的。《三字经》从人性、教育讲起，然后依次讲到自然、社会、人伦、经籍、历史，最后讲历史人物发愤读书、终成大器的故事。关于历史，它是这样讲的：

> 经子通，读诸史。考世系，知终始。
> 自羲农，至黄帝。号三皇，居上世。
> 唐有虞，号二帝。相揖逊，称盛世。
> 夏有禹，商有汤。周文武，称三王。
> 夏传子，家天下。四百载，迁夏社。
> 汤伐夏，国号商。六百载，至纣亡。
> 周武王，始诛纣。八百载，最长久。
> 周辙东，王纲坠。逞干戈，尚游说。
> 始春秋，终战国。五霸强，七雄出。
> 嬴秦氏，始兼并。传二世，楚汉争。
> 高祖兴，汉业建。至孝平，王莽篡。
> 光武兴，为东汉。四百年，终于献。
> 魏蜀吴，争汉鼎。号三国，迄两晋。
> 宋齐继，梁陈承。为南朝，都金陵。
> 北元魏，分东西。宇文周，与高齐。
> 迨至隋，一土宇。不再传，失统绪。
> 唐高祖，起义师。除隋乱，创国基。
> 二十传，三百载。梁灭之，国乃改。

梁唐晋，及汉周。称五代，皆有由。
炎宋兴，受周禅。十八传，南北混。

作者用了20句，240字，概括了自传说中的"三皇""二帝"至元朝统一的历史进程。王应麟是南宋末年人，入元后生活了17年，他只能把历史写到这里为止。王相《三字经训诂》把历史部分补至明亡，章太炎《重订三字经》又补至清亡。这个概括，主要是根据了自《史记》以下历代正史。从《三字经训诂》中说的"廿二史，全在兹，载治乱，知兴衰"来看，王应麟原作当有"十七史，全在兹"的句子。章太炎的重订本把这个问题写得更清晰了："凡正史，廿四部，益以清，成廿五。史虽繁，读有次：《史记》一，《汉书》二，《后汉》三，《国志》四，此四史，最精致。先四史，兼证经，参《通鉴》，约而精。历代事，全在兹，载治乱，知兴衰。读史者，考实录，通古今，若亲目。"可见，史学所提供的历史知识和历史观点，尤其是历代治乱必衰的来龙去脉，成为《三字经》的极重要内容。《三字经》的最后一部分内容，讲古人勤奋读书的故事，也都取材于史书。这些故事被集中在一起不仅对蒙童（当然，并不限于对蒙童）有教育的作用，而且还蕴含着一种教育思想，是古代教育史上值得参考的部分。如"头悬梁，锥刺股"，是讲苦读之勤；"如囊萤，如映雪"，是讲贫不废学；"如负薪，如挂角"，是讲身劳而好学；"苏老泉，二十七，始发愤，读书籍"，是讲年长而好学，等等。这种从历史故事中提炼出来的好学精神，八九百年来在社会大众中有广泛的影响，可以说是家喻户晓了。

《幼学琼林》是明代程登吉所编。"幼学"就是指"蒙学"。"琼林"，在唐代是内库之名，贮藏贡物；在宋代是皇苑之名，赐宴及第进士的场所。这里是借指丰富、重要之意，类似今日"宝库""大全"之意。《幼学琼林》是关于中国历史文化常识的通俗读本，用对偶句子写成，每句不拘字数，而联句大致做到押韵，读来朗朗上口，饶有兴味。《幼学琼林》在流传中不断为后人所增补，现今所传最好的本子，是清代邹圣脉的增补本，凡4卷33目。卷一主要讲天地、朝廷，卷二主要讲伦理关系，卷三主要讲人事、器用，卷四主要讲学识、技艺。《幼学琼林》的许多材料也来自史书，不过它与《十七史蒙求》《三字经》多取材于纪传体史书中的纪、传不同，而侧重取材于纪传体史书中的志和其他一些重要礼书（礼书也是史书的一部分）。这是因为，它以容纳最基本、最常用的成语、掌故为编写的宗旨，故此书曾有《幼学须知》《成语考》《故事寻源》等异名。用今天的观点来看，它是当时的一本"常用成语典故小词典"。如卷一《天文》一开始就写道："混沌初开，乾坤始奠。气之轻清上浮者为天，气之重浊下凝者为地。日月、五星，谓之七政，天地与人，谓之三才。"同卷《地舆》写得更有趣味："黄帝画野，始分都邑；夏禹治水，初奠山川。宇宙之江山不改，古今之称谓各殊。北京原属幽燕，金台是其异号；南京原为建业，金陵又是别名。浙江是武林之区，原为越国；江西是豫章之地，又名吴皋……"这既讲了一些具体的掌故，又包含了地理沿革的知识，其他各卷，亦多类此。这是《幼学琼林》作为蒙学读本的一大特点。此外，它也有一些内容是取材于纪传体史书的纪、传的。如同卷《文臣》说："萧、曹相汉高，曾为刀笔吏；汲黯相汉武，真是社稷臣。""李善感直言不讳，竟称'鸣凤朝阳'；汉张纲弹劾无私，直斥豺狼当道。"又如同卷《武职》写道："韩、柳、欧、苏，固文人之最著；起、翦、颇、牧，乃武将之多奇。范仲淹胸中具数万甲兵，楚项羽江东有八千子弟。孙膑、吴起，将略堪夸；穰苴、尉缭，兵机莫测。姜太公有《六韬》，黄石公有《三略》。韩信将兵，多多益善，毛遂讥众，碌碌无奇……"这些都是讲历史人物的才干、品质及其在历史上的作为和影响。

史学对于蒙学读本发展的推动作用，由此可见一斑。当然，蒙学读本中所讲到的历史，有的是属于先民的传说；所作的历史评价，有的并不是很妥当；所反映的历史观点，有的即使在当时也不是进步的观点。对于这些，似不必用对于历史著作的要求去要求它们。事物之间的关系是辩证的。我们在看到史学对蒙学读本发展的积极影响的时候，也应该注意到蒙学读本在普及历史知识方面所起到的积极作用。章太炎在《重订三字经》序文中指出："余观今学校诸生，几并《五经》题名、历朝次第而不能举，而大学生有不知周公者，乃欲其通经义、知史法，其犹使眇者视、跂者履也欤！今欲重理旧学，使人人诵《诗》《书》，窥纪传，吾之力有弗能已。若所以诏小子者，则今之教科书，固弗如《三字经》远甚也。"尽管这些话是几十年前讲的，但它对我们认识蒙学读本在普及历史知识方面的积极作用，毕竟是有启发的；而普及历史知识，也是大众文化所需要的。

史学的天地很广阔，大众文化的天地也很广阔，史学和大众文化的结合也必有广阔的天地。今天的史学，今天的大众文化，需要人们用新的眼光、新的高度来思考它们之间的辩证关系，促进它们的结合，这将是大有可为的。

(原载《史学史研究》1994年第2期)

永久的青春
——谈谈中国古代史学名著的魅力

认识史学的一条途径

南朝梁人刘勰在《文心雕龙·史传》开篇深有感慨地写道:"开辟草昧,岁纪绵邈,居今识古,其载籍乎。"作者在本篇中讨论了有关史书撰写及其得失的问题,而首先强调"居今说古,其载籍乎"的论点,这是指出了史书对于人们认识历史有不可替代的独特作用,可谓之宏论。我们甚至可以认为,史书的魅力就源于它这一独特的作用。

魏晋南北朝时期,史学多途发展,史书数量与种类剧增;兼之注家蜂起,蔚为风气。故隋唐以下,人们读史,有了更多的选择。南宋学人高似孙著《史略》,其序称:"太史公以来,载籍之作,大义粲然著矣……而善序事,善裁论,比良班、马者,固有荦荦可称。"他是有意识地在众多的史书中突出一些有代表性的著作,认为这对于后人"思欲商榷千古,钤括百家,大笔修辞,缉熙盛典"是很重要的。用时下流行的一句话来说,这就是关于史书的"精品"意识。南宋思想家、教育家朱熹虽然重经轻史,但他还是认为"史亦不可不看"。他反复要求他的学生们:"先读《史记》及《左氏》,却看《西汉》《东汉》及《三国志》,次看《通鉴》。""先读《史记》,《史记》与《左传》相包。次看《左传》,次看《通鉴》,有余力则看全史。"这似乎是涉及阅读史学名著的问题了。至于如何读史,他也对学生们提出了具体要求。一是关注重大史事:"读史当观大伦理、大机会、大治乱得失。"二是从是非判断中明确义理所在:"凡观书史,只有个是与不是。观其是,求其不是;观其不是,求其是,然后便见得义理。"三是从史事的叙述中揭示史家作史之意:"读史亦易见作史者意思,后面成败处,他都说得意思在前面了。"四是要牢

记最紧要的记载："人读史书，节目处须要背得，始得。"（以上均见《朱子语类》卷一一）

刘勰、高似孙、朱熹都不是史家，但他们对史书的这些见解，却真切地显示出人们如何正确认识史学的一条路径。正因为如此，我们在这个基础上来讨论史学名著问题也就更具有普遍的意义。

那么，究竟什么是史学名著呢？

何谓史学名著

对"史学名著"作一个明确的界定是很困难的，因为史学名著是在史学的漫长发展过程中产生并流传下来，对当时和后世有很大影响，因而受到人们的重视。唐代史学批评家刘知幾评论前代史家有三个标准，他认为："史之为务，厥途有三焉。何则？彰善贬恶，不避强御，若晋之董狐，齐之南史，此其上也。编次勒成，郁为不朽，若鲁之丘明，汉之子长，此其次也。高才博学，名重一时，若周之史佚，楚之倚相，此其下也。苟三者并阙，复何为者哉？"（《史通·辨职》）清人浦起龙解释这三层含义是"秉直者""勒巨册者""徒多闻者"。这个解释，前两层含义，大致近是。后一层含义，把史佚和倚相（亦称左史倚相）评为"徒多闻者"，颇为不妥。据《国语》所记，史佚和倚相都是极有见识的史官，倚相甚至被国人称为"楚国之宝"。即以刘知幾的"高才博学，名重一时"的评论来看，似亦不可认为是"徒多闻者"。这是显而易见的。至于他说的"编次勒成，郁为不朽"，如同左丘明所撰《左传》、司马迁所撰《史记》那样，无疑是传世名著了。如果按照刘知幾说的"郁为不朽"这个标准来确定史学名著的话，似乎过于苛求前人了。其实，刘知幾在《史通·古今正史》篇概述"正史"撰述史的过程中，不仅称道《春秋》经传、《史记》、《汉书》，也称道了荀悦《汉纪》、范晔《后汉书》、袁宏《后汉纪》、陈寿《三国志》、崔鸿《十六国春秋》等书。可见，"郁为不朽"也是相对的。值得注意的是，刘知幾特别称道"成其一家，独断而已"的著作，指出了"成其一家"同"郁为不朽"的关系。在当时史馆修史极其混乱的情况下，刘知幾所论是有道理的。后来，清代史学理论家章学诚把这称为"独断之学"（《文史通义·答客问中》）。

章学诚评论史书，根据不同的视点而各有评价。如他对史学上"通史家风"的赞扬，可以看作是认识中国史学之"通史家风"的门径。他讲到史论有关问题时写道："史论须读'四史'论赞，晋、宋以后，姑缓待之"（《文史通义外篇三·与乔迁安明府论初学课业三简》）。这些也可以作为我们判断史学名著的一个标准。此外，章学诚在论述中国古代史书体裁演变时，称赞南宋袁枢的《通鉴纪事本末》一书说："按本末之为体也，因事命篇，不为常格，非深知古今大体，天下经纶，不能网罗隐括，无遗无滥。文省于纪传，事豁于编年，决断去取，体圆用神，斯真《尚书》之遗也。"（《文史通义·书教下》）类似这样的论断，在《文史通义》中还可以举出一些来。这种情况进一步表明：对"史学名著"的理解和认识，难得有一个简要而明确的界定。大致说来，我们只能根据史书在史学发展上所产生的影响去把握它、说明它。我们可以试着把这种影响概括为这样几条原则：在当时产生了很大影响，至今仍有重要参考价值者；在当时因受种种条件限制未能产生广泛影响，但在后来的史学发展上引起人们的关注并产生了广泛的、积极的以至于深远的影响者；在当时产生了重大影响，开一代史学风气之先，在史学史上有突出地位者，凡此三种，皆可称为史学名著。这几条原则也许还不够准确和全面，希望得到读者的指教。

中国古代史学名著的魅力

中国古代史学名著的魅力所在，亦即它之所以被誉为"编次勒成，郁为不朽"的地方，是多方面的：不仅反映在内容上，也反映在形式上；不仅反映在思想方面，也反映在文字表述方面；不仅反映在它和时代的关系中，也反映在它和文化传统的关系中。中国古代史学名著在这些方面表现出来的魅力，不仅仅是吸引人，感动人，还在于启迪人，鼓舞人，显示出深邃的理性精神、历史精神和中华民族的优良传统与民族精神。

首先是历史真实的魅力。历史著作贵在真实而为信史，这就是先人所概括的"信以传信，疑以传疑"的原则（《穀梁传》桓公五年）。史学名著在这方面历来备受尊重。《汉书》作者班固在历史见识上同司马迁有歧异，但班固仍然称赞司马迁《史记》"辨而不华，质而不俚，其文直，其事核，不虚美，不隐恶，故谓之实录"（《汉书·司马迁传》）。这个评价经历了一千九百多年的历史检验，为中外学人所认可。李约瑟从《史记》中认识到中华民族具有深刻的历史意识，而鲁迅则把《史记》誉为"史家之绝唱，无韵之《离骚》"。一般说来，求真实，贵信史，是中国古代史学名著共同的突出特点。当然，它们也并非白璧无瑕，但毕竟瑕不掩瑜。顾颉刚指出："《二十五史》为中国历史事实之所荟萃。"这是从史学的最基本的和最重要的方面做出的评价。

其次是历史见识的魅力。孔子最重视史书中的"义"，司马迁把"究天人之际，通古今之变，成一家之言"视为撰史的宗旨，班固、范晔等都十分看重史论，而《唐鉴》《唐史论断》《读通鉴论》《宋论》等书均以史论见长。史论集中地反映了史家对历史的认识和评论，它以明确的语言、深刻的见解和"彰往而察来"的意识，赋予读史者无穷的联想和不尽的启示。朱熹论史，看重史论，他认为："司马迁才高，识亦高""司马公史论、《稽古录》、范《唐鉴》，不可不读""《唐鉴》议论大纲好"，（《朱子语类》卷一三四、一三六）等等。上引章学诚说的"史论须读'四史'论赞"，也都说明古代史学名著在历史见识方面的极大魅力。《史记》的论，不仅反映了司马迁的历史哲学、社会思想、人文精神，而且司马迁还善于寓论断于序事之中，更表明了他表达历史见识的艺术手法和高明之处。范晔《后汉书》的论，突出地反映了他的历史思想、社会思想、政治思想和伦理思想，对读者认识东汉的社会历史面貌和时代精神有很大启发。王夫之的《读通鉴论》，可以看作对中国古代社会历史作全面评论的一部杰作，宏论迭出，发人深省，是中国古代历史评论的最高成就。

第三是表现形式的魅力。中国古代史书体裁多样，有丰富多彩的表现形式，其中最重要的是编年体、纪传体、典制体、纪事本末体。它们分别以时间、人物、制度、事件为中心记事，但又彼此渗透、互相补充、各具特色。这里还有一个规律性的现象，即每一种新的体裁的出现，都伴随着一部以至多部史学名著的问世。《左传》《汉纪》《后汉纪》《资治通鉴》是编年体的代表作，《史记》《汉书》《后汉书》《三国志》是纪传体的代表作，《通典》是典制体的代表作，《通鉴纪事本末》是纪事本末体的代表作，等等。它们的纷纷面世，都使人们耳目一新，给后人开拓了认识历史、研究历史的恢宏的空间。举例来说，南宋杨万里为袁枢《通鉴纪事本末》作序，写道：此书的特点是"大抵搴事之成，以后于其萌；提事之微，以先于其明。其情匿而泄，其故悉而约，其作窾而椓，其究遐而迩。其于治乱存亡，盖治之源，医之方也"。

他还写到读此书的感受是："今读子袁子此书，如生乎其时，亲见乎其事，使人喜，使人悲，使人鼓舞，未既，而继之以叹且泣也。"这说明以事件为中心，把一件史事的始末原委清晰地表述出来，可以使读史的人产生一种特有的效果，感受到史书所蕴含的魅力。这种魅力，在不同体裁的史学名著那里，是以不同的形式表现出来的。

第四是文字表述的魅力。这一点是许多读史者最容易感受到的。如《左传》写战役胜负、使者辞令，《史记》写人物风貌、历史环境，《资治通鉴》写史事过程、双方辩难等，都写得十分精彩，脍炙人口，千百年来，传为不朽。明代学人茅坤评论《史记》写人物时写道："今人读《游侠传》，即欲轻生；读《屈原贾谊传》，即欲流涕；读《庄周》《鲁仲连传》，即欲遗世；读《李广传》，即欲立斗；读《石建传》，即欲俯躬；读《信陵》《平原君传》，即欲养士。若此者何哉？盖各得其物之情而肆于心故也，而固非区区字句之激射者也。"（《茅鹿门集》卷三）这是对史学名著的文字表述之美的深刻理解，揭示了文字表述之美的深层原因是得其情而肆于心，也就是通常所说的闳于其中而肆于其外。梁启超盛赞《资治通鉴》的文采，说司马光笔最"飞动"，使人"百读不厌"。（《中国历史研究法补编》第二章《史才》）"两司马"的高名，也同他们的史文表述之美有很大的关系。

第五是经世致用的魅力。中国古代史学名著历来受到各个时期的政治家、思想家和关心国事、天下事的士人们的高度重视，对他们有极大的吸引力，一个根本的原因，是由于这些历史著作在帮助人们治国安邦方面提供了丰富的历史经验和历史智慧，发挥着经世致用的作用。司马迁著《史记》，说是要"藏之名山，传之其人"，但他"述往事，思来者"的撰述意图，总结历代"成败兴坏之理"，尤其是关于秦汉之际的历史经验，是留给后人宝贵的思想遗产和精神财富，在人们的社会实践中产生了重大的作用。唐代史家吴兢撰写的《贞观政要》，受到唐、宋、辽、金、元、明、清各朝普遍的关注，先后被翻译成契丹、女真、蒙、满等文本广泛流传。唐代史家杜佑所著《通典》，不仅被时人誉为"经代（世）立言之旨备焉"，（《唐文粹》卷六八）而且直到清代重刻时还被乾隆皇帝在序中称道为"本末次第，具有条理，亦恢恢乎经国之良模矣"。四库馆臣评论此书说"凡历代沿革，悉为记载，详而不烦，简而有要，元元本本，皆为有用之实学，非徒资记问者可比"（《四库全书总目》卷八一）。至于《资治通鉴》《唐鉴》《通鉴纪事本末》《读通鉴论》《天下郡国利病书》《读史方舆纪要》，等等，也都饱含经世致用之旨、治国安邦之道，吸引着关心社会治乱、国计民生的人们。

第六是激励人生的魅力。在中国古代史学中，纪传体史书占有核心的位置，也可以说"正史"占有核心的位置。纪传体史书记载了许许多多不同时期的先进人物。他们的人生态度、嘉言懿行，成为后人学习的楷模，在历史上产生了极其深远的影响，成为民族精神生生不息、世世相传的具体表现，这就是所谓"中国的脊梁"。一部二十四史，固然有君臣父子的说教、封建伦理的羁绊，但这总不能掩盖住历史上各种先进人物及其事迹的光辉。诚如李大钊在《史学要论》中所说："即吾人浏览史乘，读到英雄豪杰为国家为民族舍身效命以为牺牲的地方，亦能认识出来这一班所谓英雄所谓豪杰的人物，并非有与常人有何殊异，只是他们感觉到这社会的要求敏锐些，想要满足这社会的要求的情绪热烈些，所以挺身而起为社会献身，在历史上留下可歌可泣的悲剧、壮剧。我们后世读史者不觉对之感奋兴起，自然而然的发生一种敬仰心，引起'有为者亦若是'的情绪，愿为社会先驱的决心亦于是乎油然而起了。"李大钊的这些话，阐明了历史著作对世人的启迪和影响及其所产生的精神力量。中国古代史学名著（不限于史学名著）对"后世读史者"的这种启迪和影响，是最广泛和最深层的，是无时不在和潜移默化的。这种精神上的魅力是其他事物不能替代的。

中国古代史学名著所具有的种种魅力，有的是我们可以感受到的，有的是我们不容易感受到的，但它们都是客观存在的。当然，中国古代史学名著当中，也有过时的和落后的东西，甚至也有糟粕存在其间，我们应当加以鉴别，以明抉择去取。这是时代使然，是可以理解的。

中国古代史学名著是中国古代优秀文化遗产的一个重要部分，它记录着中华民族的伟大历程和创造精神，具有永久的青春和生命。在新的世纪里，当中华民族奋起走向伟大的振兴的时候，人们会更加自觉地珍惜它们，并从中获得无穷无尽的启示和教益。

（原载《光明日报》2001年2月6日）

中国史书的特点

中华民族历来重视治史。世界几大古代文明，只有中华文明没有中断而延续下来，这同我们这个民族始终注重治史有着直接的关系。中国史书，正是这一优良传统的载体及其凝聚起来的巨大宝藏；认识中国史书的特点，无疑会加深人们对于这一优良传统的理解，更加自觉地学习历史。

记述的连续性

悠久的史官制度、日益健全的修史机构和发达的私人著史，使中国拥有古老而众多的史籍。梁启超认为："中国传下来的书籍，若问哪部分多，还是史部。中国和外国不同。外国史书固不少，但与全部书籍比较，不如中国。中国至少占十之七八。"[①]数量多，这是中国史书的一个明显的特点。此外，中国史书还有记述的连续性、内容的丰富性和形式的多样性这几个特点。

从现存的文字记载和历史典籍来看，甲骨文、金文、《尚书》《春秋》《左传》《国语》《战国策》以及《世本》《竹书纪年》等，记述了先秦时期的中国历史；司马迁继承了这些成果，益以秦汉之际及汉初的历史撰述，还有实地考察所得，写出了宏伟的中国通史——《史记》；此后，或朝代史，或通史，或专史，或一方之史，或各种传记，其撰述从未间断，形成了连续不断的、有系统的、多层面的历史记载和历史撰述，成为世界史学上绝无仅有的壮举。这首先是中国历史连续性发展的产物，同时也是中国史家群体的贡献。

从史学的、文化的观点来看，这一记述的连续性之特点的形成，有多方面的原因。一是有史官制度和修史机构作为制度上的保证，二是有众多史家的深刻的历史意识作为思想上的保证。司马谈的临终遗言表示，对于"汉兴，海内

---

① 梁启超：《中国历史研究法》，北京：东方出版社1996年版，第317页。

一统"的史事,"余为太史而弗论载,废天下之史文,余甚惧焉!"①他深为忧虑的是"天下之史文"。司马迁继承父亲未竟之业,写出了《史记》。唐初,令狐德棻向唐高祖李渊提出建议,认为"近代以来,多无正史","如至数十年后,恐事迹湮没""如文史不存,何以贻鉴今古?"他主张对于前代所缺之正史,一一修之。②其后,在唐太宗时,史馆修成梁、陈、齐、周、隋"五代史",并重修了《晋书》;唐高宗时,史馆修成《五代史志》,而史家李延寿撰成《南史》和《北史》。这成为史学上一大盛事。史书的一个重要作用在于"贻鉴今古",唐初史家对此有深刻的共识。元世祖即位后不久,大臣王鹗提出撰写辽、金两朝的历史,他认为:"宁可亡人之国,不可亡人之史。若史馆不立,后世亦不知有今日。"③这就是说,撰写史书的重要性和必要性,不应因朝代的兴亡而有所改变。在这个思想的指导下,元顺帝时,史臣们写出了宋、辽、金三朝历史,把统一的多民族国家的历史撰述推进到一个新的阶段。像这样的鲜明的历史意识的事例,在中国史学上是屡见不鲜的。尽管不同时期的史家提出问题的根据、方式有所不同,但贯穿其间的核心思想就是历史撰述的神圣性。对于这种神圣的认识和实践,不仅在官修史书过程中表现得十分突出,而且在私人著史过程中也表现得同样鲜明。

内容的丰富性

历史的进步使社会生活呈现出日益纷繁复杂的趋势;在这个趋势中,人们对社会、对自然、对人在社会和自然中的位置的认识不断提高。人们这种实践和认识的历史进程,开阔着史学家的视野,从而丰富着历史撰述的内容。

先秦时期的史书,已经涉及政治、军事、民族、制度、地理、天文等内容;而《史记》则向人们展示出社会历史的丰富内容、历史进程、朝代兴衰、人物活动(上自天子、皇帝,下至工商业者各阶层人物的活动)、民族关系、典章制度、社会风习、朝廷与地方、内地与边区,等等,构成了一幅纷繁复杂的历史长卷。从此,历史撰述为自己开辟了广阔的道路。

魏晋南北朝时期,由于社会历史的发展经历着巨大的变动:政治上的分割

---

① 《史记·太史公自序》。
② 《旧唐书·令狐德棻传》。
③ 《元朝名臣事略》卷一二《内翰王文康公》。

与统一变动、各民族间的迁移和交往的变动、地主阶级内部构成的变动、意识形态领域经学传统地位的变动，以及区域经济和文化的发展、选官制度的特点，等等，使这一时期的史学呈多途发展的趋势。这一时期的历史撰述不仅数量剧增，而且它们的种类也在迅速发展。南朝梁人阮孝绪著目录书《七录》，其中"记传录"著录史书，分史书为十二部。[①]唐初史家撰《隋书·经籍志》，其史部书分为十三类。盛唐时刘知幾著《史通》，把史书分为"正史"和"杂述"两个部分，而"杂述"又包含"十品"即十类。[②]《隋书·经籍志》史部十三类是：正史、古史、杂史、霸史、起居注、旧事、职官、仪注、刑法、杂传、地理、谱系、簿录。《史通》在"正史"以外的"十品"是：偏记、小录、逸事、琐言、郡书、家史、别传、杂记、地理书、都邑簿。二者参照，除去名异而实同的部分，史书可以独立为类者，当十五六类之多。

唐宋以下迄于明清，史书分类大致如此而又有所损益、变通，反映了史书内容的丰富，始终保持着长盛不衰的趋势。值得注意的是，如果从典制史书的撰述来看，更可以看出历史撰述之内容不断丰富的趋势。如唐代史家杜佑著《通典》，分历代典章制度为九门；元初马端临著《文献通考》，则分历代典制为二十四门；明代中后期王圻著《续文献通考》，又分历代典制为三十门。这一趋势，无疑是历史进步的产物，但这同史学家的思想、视野努力跟上这种进步也是有直接关系的。

中国史学是一座巨大的宝藏，这一方面表现为史书记事的源远流长、连续不断，另一方面还表现为史书的内容的丰富、充实。此外，中国史书的多种表现形式，也为这一宝藏增添了光彩。

形式的多样性

史书体裁是史书的外部表现形式。在三千年的史学史上，中国史书体裁经历着辩证的发展过程，有一种年代久远的说法，左史记言，右史记事（一说右史记言，左史记事），言为《尚书》，事为《春秋》。这说明了史官的分工，也说明记言、记事是较早的历史记载形式。但言与事并不能截然分开，《尚书》中就包含了记事的成分；较晚出现的以记言为主的《国语》《战国策》，

---

① 见《广弘明集》卷三《七录序》。
② 见《史通》之《古今正史》与《杂述》。

也包含了不少记事的成分。中国史学上最先形成比较规范的表现形式的，是编年体史书《春秋》《左传》，它们按年、月、日时间顺序记事。《左传》记事丰赡，不仅有精彩的记言，而且也有记一件事情的始末原委的，如僖公二十三年记晋公子重耳在外流亡十几年的经历。晚出的编年体史书《汉纪》《后汉纪》又使用"言行趣舍，各以类书"的方法，记载了许多历史人物；《资治通鉴》往往于历史人物的卒年之下，略述其生平事迹。可见，编年记事的史书，也记言，也记事件始末，也记人物，其间存在着互补和辩证的关系。

比起编年体史书，纪传体史书出现较晚。战国时期出现的《世本》是一种综合体的形式，它很可能是纪传体史书的前驱。司马迁的《史记》包含本纪、表、书、世家、列传五个部分，是记事件、制度、人物和历史进程的综合体史书，后人称为纪传体史书，这跟它记述了朝代更迭和大量的历史人物有关。纪传体史书扩大了史书记述的范围，同时也扩大了人们的历史视野，促进了人们对于历史面貌的整体性认识，是编年体史书所不及的。这是又一层辩证发展关系。

继《史记》之后，班固撰《汉书》，"自是世有著述，皆拟班、马，以为正史，作者尤广。一代之史，至数十家"[1]。纪传体史书的发展至唐初达到了全盛时期，二十四史中有八部史书撰于此时，可为明证。因此，刘知幾著《史通》总结史学发展时，开篇就从"六家"讲到"二体"，认为"班、荀二体，角力争先"，"后来作者，不出二途"，视班固《汉书》、荀悦《汉纪》为历史撰述的两种模式。刘知幾在详论"古今正史"的同时，又指出："偏记小说，自成一家，而能与正史参行，其所由来尚矣""爰及近古，斯道渐烦，史氏流别，殊途并骛。"[2]他总结了"史之杂名"，凡有"十品"，认为它们是对"正史"的补充，反映了他对史书表现形式之辩证发展的朴素的辩证认识。

中唐时期，杜佑撰《通典》巨著，从会通和分门两个方面继承、发展了纪传体史书中的书志部分，写出了第一部结构严谨、规模宏大的典制体通史，从而突破了编年、纪传"二体"的格局。《通典》的巨大影响和众多续作，使典制体史书卓然而立，成为中国史书的又一种主要表现形式。《通典》从典章制度的制订、演变，探讨它对于为政得失、民族关系、社会进步、历史进程的影

---

[1] 《隋书·经籍志二》正史类小序。
[2] 《史通·杂述》。

响，这是全面地突出了历史运动中主体与客体如何协调的问题，在历史认识上有重大意义。《史记》和《通典》都足以证明，史书体裁绝不仅仅是史家对史书表现形式的选择，它也反映着史家对历史的理解和认识。这也是中国史书体裁之辩证发展的一个方面。

晋唐之际数百年间，史学家们对编年、纪传二体孰优孰劣展开了激烈的争论，余波所及直至宋代。尊《春秋》《左传》者，指责司马迁改变了圣人为史之体，崇《史记》《汉书》者，备言纪传体存在的必要。刘知幾《史通·二体》篇，分别指出编年、纪传二体的长短，结论是"考兹胜负，互有得失"，"欲废其一，固亦难矣"，在二体孰劣孰优上持公允的态度，但他没有从理论上回答导致这场争论的原因。唐后期皇甫湜撰《编年纪传论》一文，从理论上对史书体裁的发展提出新的认识，他指出："古史编年，至汉司马迁，始更其制，而为纪传，相承至今，无以移之。历代论者，以迁为率私意，荡古法，纪传烦漫，不如编年。湜以为合圣人之经者，以心不以迹；得良史之体者，在适不在同。编年、纪传，系于时之所宜、才之所长耳，何常之有！夫是非与圣人同辨，善恶得天下之中，不虚美，不隐恶，则为纪、为传、为编年，是皆良史矣。"①他认为编年、纪传二体都是在一定的社会条件下，史家发挥其专长创造出来的，因而史书体裁不是一成不变的。同时指出，衡量"良史"的标准是"是非与圣人同辨，善恶得天下之中，不虚美，不隐恶"；达到这个标准，不论在表现形式上是纪、是传、是编年，都应当予以肯定。皇甫湜认为，纪传体史书的出现，克服了编年体史书"多阙载，多逸文"的不足，有利于史书的"以备时之语言，而尽事之本末"，因而是合理的。他还批评有些论者在史书体裁上的一味"好古"的倾向，无裨于史学的发展。《编年纪传论》之论史书体裁比起刘知幾所论，一是突出了理论上的说明，二是包含了发展的观点，是古代史学上论史书体裁的大文章。文中提出"尽事之本末"的要求，对酝酿新的史书体裁的出现，是有思想上的启发的。

在《春秋》《左传》作为编年体史书奠基著作问世后约三四百年，出现了纪传体史书的开创性著作《史记》；《史记》问世后约八九百年，有影响深远的典制体通史《通典》的诞生；关于编年、纪传二体的数百年的讨论而有《编年纪传论》的撰写，在《通典》与此论之后三百余年，乃有宋代史家袁枢所撰

---
① 《文苑英华》七四二。

《通鉴纪事本末》的面世。每一种新的史书体裁的产生，都经历了漫长的酝酿、发展过程，历史的发展、史学的发展、史家的创造性才能的发挥，交互影响，反映了中国史书体裁之辩证的发展过程。

编年体、纪传体、典制体、纪事本末体，是中国史书所采用的几种主要体裁。编年体，在《资治通鉴》问世后，有重大的发展；纪传体，在《汉书》问世后，历代正史都仿效《史记》《汉书》，成为中国古代史学的主干；典制体，《通典》问世后，续作蜂起，乃有"三通""九通""十通"的形成；纪事本末体，自《通鉴纪事本末》问世后，出现了历朝纪事本末的撰写。此外，中国史书还有学案、表、图、史论、史评，而且也都有出色的成就，同时，各种不同的史书体裁在运用、发展中，存在着相互补充和综合的趋势，使各自变得更加合理，更加趋于完善。这些史书体裁，铸造了中国古代史书多姿多彩的表现形式，显示了中国史学的鲜明的民族特色。在当代史学发展中，它们仍保持着鲜活的生命力，具有历史撰述上的借鉴价值。

（原载《长白学刊》2000年第3期）

关于历史文学的札记

一

在史学工作中，对历史文学的研究和实践，是一个很重要的问题。

按照白寿彝先生的看法，历史文学有两个意思。一个意思是指用历史题材写成的文学作品，另一个意思是指真实的历史记载所具有的艺术性的文字表述①。前一种历史文学，是文学工作者需要着重研究和实践的问题；后一种历史文学是史学工作者需要着重研究和实践的问题。这两种历史文学固有其内在的联系，又有不可随意混淆的地方。

二

史学工作者所需要着重研究和实践的历史文学之所以重要，至少有三个方面的原因。

第一个原因是：在我国史学上，历史文学有古老的传统。譬如《诗经》，有《风》《雅》《颂》三个部分，《雅》《颂》部分的许多篇章是讲历史的，《国风》里面也有不少是反映历史画面的。《诗经》是文学，但在很大程度上也是历史，是历史的诗歌表现形式。章学诚等人倡言"六经皆史"，自有总的考虑；但就《诗经》来看，上面说的当是一个重要根据。后来，《左传》《史记》《资治通鉴》的作者，都很重视历史文学，这是历史文学的进一步发展。现今的史学工作者不应当把这个古老的传统丢掉，而应当继承它和发扬它。

再一个原因是：要继承和发扬这个传统，就得下功夫研究它。"前四史"（《史记》《汉书》《后汉书》《三国志》）和《左传》《通鉴》，两千年来

---

① 白寿彝主编：《史学概论》，银川：宁夏人民出版社1983年版，第189页。

为人们所传诵，经久而不衰，其中有一个原因，就是它们的作者用以表述历史的文字都很好。鲁迅赞扬《史记》是"史家之绝唱，无韵之《离骚》"[①]，就是从文、史两个方面来评价它的。我们研究史学家及其著作，当然首先要研究历史思想、历史文献，同时也要研究历史文学，即以往史学家对历史的文字表述，总结他们在这方面的经验，为当前的史学工作提供借鉴。在古代，刘知幾和章学诚曾经作过总结，但从今天的观点来看，他们的总结都有不足之处，需要史学工作者在已有成果的基础上，作新的探索和新的概括。关于这一点，似乎还没有引起比较多的史学工作者的注意和重视。

还有一个原因是：现在的历史著述工作大多不太讲究历史文学的修养，这在一定程度上削弱了史学工作的社会意义。因为有些史学著述、史学文章写得很艰深，一般读者不爱读，有的甚至连同行也不愿读。再说，现在不少史学著作和论文的体裁也很单调。这种情况，是需要史学工作者研究和改进的。

从这三个方面的原因来看，历史文学的重要性可以归到一点，这就是发扬我国史学上历史文学的优良传统，开创历史著述工作的新局面。有一位从事史学杂志编辑工作的朋友对我说："好的史学文章，应当有一点时代的韵味。"他说的"时代的韵味"，指的是在观点正确、材料翔实的基础上，还应当具有活泼的形式和生动、准确的文字表述，使人产生一种强烈的时代感。这是一位（当然不只一位）编者的心声，也是广大读者的希望。"言之无文，行而不远"，如果史学工作者不注意历史文学的修养，不重视对历史的文字表述，恐怕也就很难产生出具有长久生命力的、受到群众欢迎的历史著作。

三

历史文学的重要作用之一，是要真实地写出历史上万千人物的精神、风貌和许许多多有重大影响的历史场面，使后人对历史能有具体的、生动的（历史本身原来就是具体的、生动的）认识。在这方面，史学名著往往有惊人的魅力。写人物，写战争，写重要的历史场面，都会给人留下不可磨灭的印象。记得30年前在中学念书时，语文课上读过有关信陵君和夷门侯生的故事，那是《史记·魏公子列传》中极其精彩的一段。文章开始先叙信陵君"仁而下士"，士多

[①] 鲁迅：《汉文学史纲要》，《鲁迅全集》第9卷，北京：人民文学出版社1981年版，第420页。

"争往归之",是以诸侯"不敢加兵谋魏十余年"。接着,便写道:

> 魏有隐士曰侯嬴,年七十,家贫,为大梁夷门监者。公子(信陵君)闻之,往请,欲厚遗之。不肯受,曰:"臣修身洁行数十年,终不以监门困故而受公子财。"公子于是乃置酒大会宾客。坐定,公子从车骑,虚左,自迎夷门侯生。侯生摄敝衣冠,直上载公子上坐,不让,欲以观公子。公子执辔愈恭。侯生又谓公子曰:"臣有客在市屠中,愿枉车骑过之。"公子引车入市,侯生下见其客朱亥,俾倪,故久立,与其客语,微察公子。公子颜色愈和。当是时,魏将相宗室宾客满堂,待公子举酒。市人皆观公子执辔。从骑皆窃骂侯生。侯生视公子色终不变,乃谢客就车。至家,公子引侯生坐上坐,遍赞宾客,宾客皆惊。

这段记述,把魏公子信陵君礼贤下士的诚意和谦恭态度以及夷门侯生的落落大方和善于察言观色的性格,都写得细致、鲜明,栩栩如生。至于从车骑、虚上座、过闹市,直到"遍赞宾客,宾客皆惊"的每一个场面,都是一幅幅热烈、有趣的图画,使人难以忘怀。因为侯生受到了这样崇高的礼遇和真诚的敬重,后来他在信陵君窃符救赵这个重大历史事件中扮演了重要的角色,就成了顺理成章的事情。司马迁非常善于记述这样的历史场面,如刘邦鸿门赴宴的紧张场面,燕太子丹在易水之上送别荆轲的悲壮场面,韩信拜将的庄严场面,等等,在《史记》里比比皆是。《资治通鉴》对有些历史场面的记述也是很精彩的。

写好历史场面,从史学工作的目的来看,有两个方面的作用:一是引人入胜,便于历史知识的广泛传播;二是重点突出,使读者对重大的历史事件有深刻的印象。现在史学工作者撰述历史,大多夹叙夹议,平铺直叙,很少有完整的历史人物形象,也很少有重要的历史场面的描写。这对于表述具体的和生动的客观历史来说,显然是不够的。如何写出既能反映历史发展规律,又能表述历史发展的具体性和生动性的史书,这是一个需要不断探索和反复实践的问题。和这个问题有直接关系的,首先是史书体裁(表现形式),其次是历史文学(文字表述)。当然,有的史学著作,由内容所决定,必须采取理论的形式或夹叙夹议的形式,即便如此,也还是要求文采的。

四

　　史学工作者的历史文学修养，是长时期努力形成的，功力所在，不是可以一蹴而就的。在这方面，我们这一代史学工作者跟老一辈马克思主义史学家相比，有很大的距离；这个距离不是在短时期内就可以缩小的。

　　怎样加强历史文学的修养？其实这也没有一个固定的模式。有几点，或许是带有共同性的。第一点，要提高对于这个问题认识的自觉性。古人评论史家或史书，往往都把文采作为一个重要的标准。班氏父子对司马迁有激烈的批评，但他们也还是承认司马迁"善述序事理，辩而不华，质而不野，文质相称，盖良史之才也"。[1]"自刘向、扬雄博极群书，皆称迁有良史之材，服其善序事理，辩而不华，质而不俚"[2]。范晔赞班固的文采说："若固之序事，不激诡，不抑抗，赡而不秽，详而有体，使读之者亹亹而不厌，信哉其能成名也。"[3]《晋书·陈寿传》记，陈寿撰成《三国志》后，"时人称其善叙事，有良史之才。"因为古人这样看重"序事"（叙事），所以刘知幾也说："夫史之称美者，以叙事为先""夫国史之美者，以叙事为工"；其标准是"书功过，记善恶，文而不丽，质而非野"[4]。后来，章学诚也讲到"文字之佳胜"[5]的问题。可见，注重史书的叙事，注重文采，是中国史学家的一贯看法。把这些看法归结起来，就是刘知幾说的"史之为务，必藉于文"[6]。把"文"对于"史"的关系提到这样的高度来认识，这对我们来说，往往还缺乏这样的自觉性。提高历史文学的修养，首先就要提高这种自觉性。所谓"言之无文，行而不远"，从今天的史学工作来看，是跟史学的群众性和社会性相关联的，也是跟史学的实际应用价值相关联的。

　　第二点，要学习古代史学家在历史文学方面的经验。刘知幾《史通·叙事》篇总结前人在"叙事"上的经验和教训，提出了三条，即尚简、用晦、不妄饰。前两条是经验，后一条是教训，也是划清史学与文学之区别的一条重要标准。诚如刘知幾所说："其立言也，或虚加练饰，轻事雕彩；或体兼赋颂，词类俳优"，那就会变成"文非文，史非史"，不伦不类了。这是史学工作者

---

[1] 《后汉书·班彪传》上。
[2] 《汉书·司马迁传》后论。
[3] 《后汉书·班彪传》下后论。
[4] 《史通·叙事》。
[5] 《文史通义·文理》。
[6] 《史通·叙事》。

所忌讳的。从这个意义上说不妄饰,是历史文学的一条原则。范晔说的"言之皆有实证,非为空谈"①,似乎也是这个意思。

第三点,要注意从文学作品中汲取营养。史学工作者加强历史文学的修养,要多读史学名著,从中汲取营养,这是无疑的。但同时,也应当读一点文学名著,因为其中也有可供史学工作者汲取的养分。恩格斯赞扬巴尔扎克说:"他在《人间喜剧》里给我们提供了一部法国'社会'特别是巴黎'上流社会'的卓越的现实主义历史,他用编年史的方式几乎逐年地把上升的资产阶级在1816年至1848年这一时期对贵族社会日甚一日的冲击描写出来……在这幅中心图画的四周,他汇集了法国社会的全部历史,我从这里,甚至在经济细节方面(如革命以后动产和不动产的重新分配)所学到的东西,也要比从当时所有职业的历史学家、经济学家和统计学家那里学到的全部东西还要多。"②列宁高度评价托尔斯泰,说他是"俄国革命的镜子"③,因为他的作品真实地描绘了1861年至1905年"这一段的俄国历史生活"④,表现了这个时期俄国"最广大人民群众的观点的急遽转变⑤。列宁还指出:"在《安娜·卡列尼娜》里,托尔斯泰借康·列文的嘴,非常清楚地表明了这半个世纪俄国历史的变动是什么。"⑥恩格斯和列宁的话,从理论上说明了历史上的伟大的现实主义文学作品对史学工作有着多么重大的意义:具体地说,这个意义主要表现在两个方面:(一)史学工作者可以从这些文学作品中研究它们所反映的那个历史时代的某些特征和细节,借以补充历史文献记载的不足。(二)史学工作也可以从这些文学作品中得到启发,根据确凿的和丰富的历史资料,把历史著作写得细致一些、生动一些,改变一下(至少是调和一下)那种粗线条式的、大道理式的历史著述的文风。

历史文学作为史书在文字表述上的一种风格,同世间的任何事物一样,只要人们重视它,并不断地进行研究和探索,是一定可以被认识和被掌握的。

(原载《安徽史学》1985年第3期)

---

① 《宋书·范晔传》。
② 《马克思恩格斯选集》第4卷,北京:人民出版社1995年版,第462—463页。
③ 《列宁全集》第15卷,北京:人民出版社1958年版,第176页。
④ 《列宁全集》第15卷,北京:人民出版社1958年版,第321页。
⑤ 《列宁全集》第16卷,北京:人民出版社1958年版,第331页。
⑥ 《列宁全集》第17卷,北京:人民出版社1958年版,第32页。

说"野史"

野史是中国史学遗产的一个重要方面。唐宋以下，蓬勃发展，明清以来，数量剧增，不下两三千种，由此引发关于野史的汇编刊刻屡有所出，成为史学发展上的一个突出现象。最近20年来，或重印旧编，或裒辑新集，或以野史名书，或以笔记题签，均时有所见，显示出中国人对于野史笔记的新的浓厚兴趣。

一

中国史书自唐初成书的《隋书·经籍志》（656）分为13类，即正史、古史、杂史、霸史、起居注、旧事、职官、仪注、刑法、杂传、地理、谱系、簿录，至清乾隆时修成《四库全书总目提要》（1781）分史部书为15类，即正史、编年、纪事本末、别史、杂史、诏令奏议、传记、史钞、载记、时令、地理、职官、政书、目录、史评，其间相距一千一百余年，历代官府、私家所修目录之书，于史书分类上虽有所损益，然大致不脱离上述基本框架。在一般的文献目录书中，尽管见不到以"野史"为名的分类，但野史作为一个有广泛含义的概念与撰述范围却是早已存在的。

野史之名，始见于唐。陆龟蒙有诗云："自爱垂名野史中。"（《奉酬袭美苦雨见寄》，见《全唐诗》卷六三〇）史载："（唐昭宗）龙纪中，有处士沙仲穆纂野史十卷，起自大和，终于龙纪，目曰《大和野史》。"（《唐会要》卷六三《史馆上·修国史》；《册府元龟》卷五五六《国史部·采撰二》；《新唐书·艺文志二》杂史类著录，"沙仲穆"作"公沙仲穆"）又有撰人不明的《野史甘露记》2卷（《新唐书·艺文志二》杂史类）。这或许是迄今我们所知道的最早的以"野史"为名的著作。两宋以下，以野史命名的著作逐渐增多。如北宋龙衮撰《江南野史》（一名《江南野录》）20卷，今存10

卷，记述南唐史事；孔毅甫撰《野史》1卷，记北宋官员、学人40事（洪迈疑非孔氏所作，见《容斋随笔》卷一五"孔氏野史"条）；《宋史·艺文志二》著录《新野史》10卷，《明史·艺文志》"杂史"类著录《野获编》8卷、《傃庵野钞》11卷、《三朝野史》7卷、《野记矇搜》12卷、《南诏野史》1卷；清代以来则有《南明野史》《清季野史》，等等。实际上，以"野"名史者只是野史中的极少一部分，野史的真正数量要比这大得多。宋人左圭所编《百川学海》、元末明初人陶宗仪所编《说郛》、清留云居士所辑《明季稗史》，以及近人编纂的《清朝野史大观》等书，都汇集了丰富的野史撰述。

从野史的渊源来看，它与杂史有密切的联系。唐沙仲穆所撰《大和野史》《新唐书·艺文志》即著录于"杂史"类。明人所著《澹生堂藏书目》，于"杂史"类分列野史、稗史、杂录三目，亦可证明野史与杂史的联系。《隋书·经籍志》史部"杂史"类小序，概述了杂史的面貌及其在体例、作者、内容上的几个特点：从整体面貌上看，有些史书，"属辞比事，皆不与《春秋》《史记》《汉书》相似，盖率尔而作，非史策之正也""然其大抵皆帝王之事，通人君子，必博采广览，以酌其要，故备而存之，谓之杂史"，此其一；从作者身份来看，东汉末年，"天下大乱，史官失其常守。博达之士，愍其废绝，各记闻见，以备遗亡。是后群才景慕，作者甚众"，此其二；从体例来看，东汉以下，史学逐渐突破官府藩篱向民间发展，故"学者多钞撮旧史，自为一书，或起自人皇，或断之近代，亦各其志，而体制不经"，此其三；从所记内容来看，"又有委巷之说，迂怪妄诞，真虚莫测"，此其四。杂史的面貌及其所具有的这几个特点，使它和正史有着明显的界限和区别，也可以说是它"野"的表现。"杂"与"野"是有联系的。刘知幾《史通·杂述》篇，胪列正史以外的"史氏流别"凡10种：偏记、小录、逸事、琐言、郡书、家史、别传、杂记、地理书、都邑簿，其中即有不少属于野史之列（《史通·杂述》篇失于过"杂"，不如《隋志》"杂史"类论列清晰），而其内容也远远超出了"帝王之事"的范围了。

宋明以下，野史发达。元初史家马端临指出："杂史、杂传，皆野史之流出于正史之外者。"（《文献通考·经籍考》二二）这里包含着对"野史"的又一种界定，颇值得参考。明人高儒于嘉靖十九年（1540）撰成《百川书志》，其中《史志》篇分列史咏、子史、野史、外史、小史等类，将野史独立成目。值得注意的是，所谓"野史"的内涵亦愈来愈宽。宋人洪迈论野史，曾举沈括《梦溪笔谈》为例（《容斋随笔》卷四"野史不可信"条），而元修《宋史》则将《梦溪笔谈》著录于《艺文志》之子部"小说"类，清修《四库全书》又把它列入子部"杂家"类。又如上文提到的《新野史》，在《宋史·艺文志》中居于"别史"类，而《野史甘露记》和《大和野史》则又著录于"传记"类。可见，宋元以来，"野史"所包揽的范围越来越广泛了。至近代，梁启超把别史、杂史、杂传、杂记等统称为野史（见《中国历史研究法》，商务印书馆1933年版，第70—71页），这是史家对"野史"内涵第一次做出明确的界定。今人谢国桢则认为："凡不是官修的史籍，而是由在野的文人学士及贫士寒儒所写的历史纪闻，都可以说是野史笔记，也可以说是稗乘杂家。"（《明清野史笔记概述》，《史学史资料》1980年第5期）梁氏据传统文献分类立论，谢氏依官、私区别及作者身份裁定，均不无道理；然二说都有可商榷处。首先，"别史"立目，创于宋人陈振孙《直斋书录解题》，著录《南史》《北史》等。《宋史·艺文志》因之，除《南史》《北史》外，还著录元行冲《后魏国典》、孙甫《唐史记》、刘恕《十国纪年》、郑居中《崇宁圣政》及《圣政录》、郑樵《通志》、蔡幼学《宋编年政要》等各种体裁史书123种。《四库全书总目》史部"别史"类序称：别史者，"上不至于正史，下不至于杂史""包罗既广，六体兼存"，据此笼统地把"别史"纳入"野史"范围，似有未妥。仅从《宋史·艺文志》史部"别史"类著录来看，就必须区别对待；其次，"野史笔记""稗乘杂说"固然"不是官修的史籍"，但也并非皆出于"在野的文人学士及贫士寒儒"之手；不少野史笔记的作者还是有官身的，只是多非史官罢了。要之，综合梁、谢二说并略加修正，于野史笔记之内涵，庶可得其大体。

在历史上，尤其是明清以下，学人还常把野史称作"稗史"，如明黄昌龄辑历代野史笔记40余种，刻为《稗乘》一书；明商濬编刻《稗海》一书，收历代野史杂记70余种；清留云居士辑录《明季稗史》一书，共汇刻16种野史笔记，等等。其实，称野史为稗史是不确切的：《汉书·艺文志》云："小说家者流，盖出于稗官。街谈巷语、道听途说者之所造也。"颜师古注引如淳曰："街谈巷语，其细碎之言也。王者欲知闾巷风俗，故立稗官使称说之。"然师古并不同意这种说法，乃进而注曰："稗官，小官。《汉名臣奏》唐林请省置吏，公卿大夫至都官、稗官各减什三，是也。"由于人们忽略了师古注文，于是把稗官和小说等同起来，造成一系列错误。余嘉锡在《小说家出于稗官说》一文中，对此详加辨析，指出："自如淳误解稗官为细碎之言，而《汉志》著录之书又已尽亡，后人目不睹古小说之体例，于是凡一切细碎之书，虽杂史笔记，皆目之曰稗官野史，或曰稗官小说，曰稗官家。"①把一切细碎之书称为"稗官小说"，已失却原意，固不可，而把它们称作"稗官野史"或"稗史"，进而又以稗史泛指野史，则尤其不可。如上所述，稗官本是小官，职责是采访闾巷风俗、民间琐闻，故小说家出于此。若其所记内容，或与史事有关，后人称为稗史，还勉强说得过去；若以其所记尽称稗史，或竟以稗史包举野史，则显然是不妥当的。按《汉志》本意，稗官所记，系"街谈巷语、道听途说"，但野史内容却不仅限于此，而较前者宽广得多。清人潘永因《宋稗类钞》、近人徐珂《清稗类钞》，以杂记琐事之史籍为稗史，似较为允当。

总体来看，我们可以得到两点规律性的认识，第一，野史本是一个较宽泛的概念，自唐以下，相沿至今；第二，野史具有几个明显的特点：一是作者多非史官，二是体裁不拘，三是所记大多出于闻见，四是记事较少忌讳。

二

一般说来，"野史"是相对于"正史"而言的。正史和野史的区分及其名称的产生，是在中国古代史学已经十分发展的情况下出现的。《广弘明集》卷三载南朝梁人阮孝绪《七录序》及《七录目录》，其《七录目录》附录七种之二是："《正史削繁》十四帙，一百三十五卷，《序录》一卷"（《隋书·经籍志二》杂史类著录："《正史削繁》九十四卷。阮孝绪撰。"《旧唐书·经籍志上》："《正史削繁》十四卷，阮孝绪撰。"《新唐书·艺文志二》："阮孝绪《正史削繁》十四卷"）。《正史削繁》可能是"正史"名称最早的由来。尽管《广弘明集》成书晚于《隋志》，但从它著录《正史削繁》一书详于《隋志》来看，其所据文献当早于《隋志》之所据。《隋书·经籍志二》分史部书为13类，以"正史"类为之首，著录历代纪传体王朝史，并有小序概说其意。这是"正史"在历史文献分类上真正确立的标志。所谓"正史之名，见于《隋志》"（《四库全书总目》史部"正史"类序）之说，或许包含

---

① 余嘉锡：《余嘉锡论学杂著》上册，北京：中华书局1963年版，第278页。

了上述两种情况。《隋志》成书于7世纪中期即唐高宗显庆元年（656），而阮孝绪（479—536）是5世纪和6世纪之交的人，其《正史削繁》当比《隋志》早一百二三十年。阮书已佚，故我们现在讨论正史含义，只有从《隋志》说起。《隋志》所谓"正史"，指的是《史记》《汉书》一类的纪传体史书。除纪传体各史之外，尚包括关于这些史书的集注、集解、音训、音义、驳议等著作。刘知幾撰《史通》，特叙《古今正史》篇，然其所谓"正史"含义与《隋志》并不相同。他在《史通·古今正史》篇结末处写道："大抵自古史臣撰录，其梗概如此。盖属词比事，以月系年，为史氏之根本，作生人之耳目者，略尽于斯矣。自余偏记小说，则不暇具而论之。"这里，刘知幾是把自古以来凡"史臣撰录"之书，尽视为"正史"。因此，上起先秦的《尚书》《春秋》，下迄唐初的官修诸史，不论记言、记事、编年、纪传，都在《古今正史》论列范围之内。他的正史含义比《隋志》宽广得多。以上两种关于正史的含义，对后世都有一定影响。

刘知幾以下受其影响最突出者，是清代雍、乾之际定稿刊正的《明史》，其《艺文志·序》写道："四部之目，昉自荀勖，晋、宋以来因之。前史兼录古今载籍，以为皆其时柱下之所有也。明万历中，修撰焦竑修国史，辑《经籍志》，号称详博。然延阁广内之藏，竑亦无从遍览，则前代陈编，何凭记录，区区掇拾遗闻，冀以上承《隋志》，而赝书错列，徒滋䛕舛。故今第就二百七十年各家著述，稍为厘次，勒成一志。"因此，《明史·艺文志》"正史"类所列之书皆为明人之著作，内容多系宋、元、明三朝史事，体裁则包含纪传体、编年体、纪事本末体。这显然是受了刘知幾《史通》之《古今正史》篇和《书志》篇的影响所致。

《隋志》以下，《旧唐书·经籍志》承《隋志》体例，也于史部书首列正史，"以纪纪传表志"。《新唐书·艺文志》《宋史·艺文志》均因之。清修《四库全书总目》进一步发展了这一传统认识，其史部总序云："今总括群书，分十五类，首曰正史，大纲也。"正史类序又称："正史之名，见于《隋志》，至宋而定著十有七。明刊监版，合宋、辽、金、元四史为二十有一。皇上钦定《明史》，又诏增《旧唐书》，为二十有三。近蒐罗四库，薛居正《旧五代史》得裒集成编，与欧阳修书并列，共为二十有四。今并从官本校录，凡未经宸断者，则悉不滥登。盖正史体尊，义与经配，非悬诸令典，莫敢私增，所由与稗官野史异也。"这是把"钦定"的《史记》等二十四史列为正史，并强调"未经宸断，悉不滥登""非悬诸令典，莫敢私增"，从而使正史处于史书中之最崇高的地位。而有关正史的训释音义、掇拾遗阙、辨正异同、校正字句等著作，均分别列于各史之后。自是，正史即"二十四史"遂成为一个固定的概念，至今为人们所袭用。

以上关于正史的两种认识，一是指纪传体皇朝史而言，一是指官修史书而言。前者内涵比较具体，后者内涵则过于宽泛。20世纪以来，尽管这两种说法都有影响，但从主要倾向来看，所谓"正史"，即专指作为纪传体皇朝史的"二十四史"。在这里，我们也可以得到一个规律性的认识，即"正史"的概念，千余年中，其含义或宽或狭，几经变化，最后以专称"二十四史"作为最有影响的确定的概念。近人先后增《新元史》而成"二十五史"，再增《清史稿》而成"二十六史"，只是姑妄言之罢了。1935年，顾颉刚在《二十五史补编》序中写道："《二十五史》为中国历史事实之所荟萃，"这是从史学的最基本的方面高度评价了历代正史的史学价值。

三

从史学发展的角度来看，正史和野史都具有重要的史学价值。问题在于，人们应当怎样对待它们，尤其是应当怎样看待野史的撰述及其价值。

在史学史上，自唐宋迄于明清，野史笔记为许多史学名家所重视。关于对野史之价值的评价，从比较明确的意义上说，宋人洪迈是较早提出这个问题的学人。他曾举魏泰《东轩录》、沈括《梦溪笔谈》二书所记真宗朝史事中的三事有误，乃断言"野史不可信"（《容斋随笔》卷四）。此外，他又指出陈无己《谈丛》"所载国朝事，失于不考究，多爽其实"，并举出四例证之（《容斋随笔》卷八）。他还指出孔毅甫《野史》一书所记本朝事多有不确处，疑其为魏泰所作（《容斋随笔》卷一五）。可见洪迈对野史是很关注的，他的批评也是很认真的。然其所谓"野史不可信"的断语却失之于偏颇。宋人高似孙提出另一种见解，他详考《资治通鉴》所参考的文献"二百二十余家"，除诸正史外，采用野史笔记甚多，并举例说明所记"皆本末粲然"，认为："杂史、琐说、家传，岂可尽废？"（《史略》卷四"通鉴参据书"条）元初胡三省为《资治通鉴》作注，对此有更深刻的认识，他在讲到《资治通鉴考异》时指出："盖唐中世之后，家有私史……《考异》三十卷，辩订唐事者居太半焉，亦以唐私史之多也。"（《资治通鉴》卷二五〇懿宗咸通元年七月，胡三省注）这就有力地证明了野史笔记的真正价值。明末人喻应益也是推崇野史的，他甚至认为西汉以后"安冀国有信史，野史之不可已也久矣"。同时，他也指出：野史之作，"见闻或失之疏，体裁或失之偏，记载或失之略"（《国榷》喻序）。这是推崇野史而又认识到野史的缺陷。清人昭梿论金、元史云："自古稗史之多，无如两宋，虽若《扪虱新语》《碧云騢录》不无污蔑正人，然一代文献，赖兹以存，学者考其颠末，可以为正史之助。如金、元二代，著述寥寥，金代尚有《归田录》《中州集》等书，史官赖以成编；元代惟《辍耕录》一书，所载又多系猥鄙之词，故宋（濂）、王（袆）诸公不得不取材诸碑版、行状等词，其事颇多溢美。"（《啸亭杂录》卷二"金元史"条）昭梿认为，众多野史可以作为撰述正史的材料来源之一。1922年，梁启超著《中国历史研究法》也持这种见解，他还举出若干史例，证成其说。梁氏重视野史的史料价值，无疑是对的；但是，他把野史过分抬高，以至认为"不知谁何之人所作半通不通之笔记"，竟可与《史记》《汉书》"作等夷视也"，这就未免不近情理了。

从今天的认识来看，我们在对待野史、野史和正史的关系以及与此相关的问题上，应比前人有更多的理性认识：一是应有全面的和辩证的观点，二是应有历史主义的观点，三是应有批判继承的观点，值得注意的是，关于这些观点，前人也都提出了一些有价值的思想资料；这些思想资料多具有方法论的意义，可供我们参考、借鉴。

关于全面的和辩证的观点。明代史家王世贞针对本朝的史学，就国史、野史、家史的是非得失阐述了精辟的见解。他指出："国史，人恣而善蔽真，其叙章典、述文献，不可废也。野史，人臆而善失真，其征是非、削讳忌，不可废也。家史，人谀而善溢真，其赞宗阀、表官绩，不可废也。"（《弇山堂别集》卷二〇《史乘考误》引言）这一段话，概括地指出了国史、野史、家史各自所存在的偏颇和缺陷及其在史学上毕竟又都各有长处而"不可废"的道理，言简意赅，可谓史学批评史上的确论：他所总结的"人恣而善蔽真""人臆而善失真""人谀而善溢真"的三种情况及有关概念，具有值得重视的理论、方法论意义。从这里我们得到这样的启发，所谓全面的和辩证的观点，一是对正史、野史、家史的得失应作综合的评价，不应作孤立以至于对立的看待；二是对野史本身的长短应作辩证的看待，以避免陷于偏颇的误区；三是由此而及于全部史学遗产，亦应作如是观。

关于历史主义的观点。不论是对野史、正史，还是如王世贞所说的国史、野史、家史，都应作历史的、辩证的看待。在这个问题上，清代史家章学诚提出了深刻的见解。他写道："凡为古文辞者，必敬以恕。临文必敬，非修德之谓也；论古必恕，非宽容之谓也。敬非修德之谓者，气摄而不纵，纵必不能中节也；恕非宽容之谓者，能为古人设身而处地也……不知古人之世，不可妄论古人文辞也；知其世矣，不知古人之身处，亦不可遽论其文也。身之所处，固有荣辱、隐显、屈伸、忧乐之不齐，而言之有所为而言者，虽有子不知夫子之所谓，况生千古以后乎？"（《文史通义·文德》）章学诚讲的"文德"，是文史批评的原则之一，所举的《三国志》《汉晋春秋》《资治通鉴》《资治通鉴纲目》及其作者对"天统""纪传"的认识与处理，都从时代及作者"身之所处"予以说明，在史学批评方法论上具有普遍的意义。今天我们对待"正史""野史"及一切史学遗产，不论是从全局上看，还是就个别的著作及作者来说，都应采取这种方法论原则。

关于批判继承的观点。"批判继承"是今人的观念，但并非古人没有这种思想因素：《隋书·经籍志二》杂史类小序一方面指出野史"非史策之正"，一方面又强调"通人君子，必博采广览，以酌其要"。刘知幾在《史通·杂述》篇卷末写道："刍荛之言，明王必择；蒭菲之体，诗人不弃。故学者有博闻旧事，多识其物，若不窥别录，不讨异书，专治周、孔之章句，直守迁、固之纪传，亦何能自致于此乎？且夫子有云：'多闻，择其善者而从之'，'知之次也。'苟如是，则书有非圣，言多不经，学者博闻，盖在择之而已。"杂说野史，虽有这样那样的缺陷，但其中毕竟有"要"可"酌"，有"善"可"择"，因而受到"通人君子"、博闻学者们的重视。这些认识，包含了鲜明的批判继承思想因素，值得今人借鉴。

四

现在，我们可以概括地来说明野史的史学价值了，它主要表现在：

——反映了中华民族重视治史的优良传统和史家自觉意识的不断增强。中华民族具有突出的历史感,历来重视治史。这一方面表现在官府对历史记载和历史撰述的重视,因而建立起完备的史官制度和修史制度;另一方面又表现在私家撰史的发展,而野史笔记的兴起也正是这一发展趋势的必然结果之一,它从一个重要的侧面反映了中华民族重视治史的优良传统和史家自觉意识的不断增强。唐人李肇撰《唐国史补》(一作《国史补》),自序其书撰述旨趣说:"昔刘𫗧集小说,涉南北朝至开元,著为《传记》。予自开元至长庆撰《国史补》,虑史氏或阙则补之意,续《传记》而有不为:言报应,叙鬼神,徵梦卜,近帷箔,悉去之;纪事实,探物理,辨疑惑,示劝戒,采风俗,助谈笑,则书之。"可见,李肇是为续刘𫗧《传记》(即《隋唐嘉话》)而作此书,其主旨是"虑史氏或阙则补之意",这也是诸多野史笔记著者的共同旨趣。李肇以"国史补"名书,其意甚明;而唐僖宗时进士林恩著有《补国史》10卷,(《新唐书·艺文志二》杂史类)亦同此意。李德裕撰《次柳氏旧闻》,旨在"以备史官之阙","惧其失传"(《次柳氏旧闻》序)。宋人王辟之《渑水燕谈录》序说:"今且老矣,仕不出乎州县,身不脱乎饥寒,不得与闻朝廷之论、史官所书;闲接贤士大夫谈议,有可取者,辄记之。"欧阳修《归田录》自序也说:"《归田录》者,朝廷之遗事,史官之所不记,与夫士大夫笑谈之余而可录者,录之以备闲居之一览也。"他们都特意指出,其书所录与史官所书、所记的区别;而所谓"可取者""可录者",自也包含"以补史氏"之意。

——丰富了历史记载的内容。野史笔记的兴起,极大地丰富了历史记载的内容。这里,我们不妨以唐、五代的有关著作为例略作说明。唐及五代的野史笔记,因其作者的身份、见识、兴趣、视野的不同而具有各自的特点和价值。但这些书说人物,论事件,讲制度,旁及学术文化、生产技艺、社会风情、时尚所好,等等,都或多或少可以从一个方面反映历史的面貌。在现存的唐、五代野史笔记中,张鷟的《朝野佥载》(6卷,原系20卷)、刘𫗧的《隋唐嘉话》(3卷,亦称《传记》《国朝传记》《国史异纂》)、刘肃的《大唐新语》(13卷,亦作《大唐世说新语》)、封演的《封氏闻见记》(10卷)、李肇的《国史补》(3卷,亦称《唐国史补》)、韦绚的《刘宾客嘉话录》(1卷)、李德裕的《次柳氏旧闻》(1卷)、郑处诲的《明皇杂录》(2卷)、赵璘的《因话录》(6卷)、李绰的《尚书故实》(1卷)、张固的《幽闲鼓吹》

（1卷）、范摅的《云溪友议》（3卷，一作12卷）、郑綮的《开天传信记》（1卷）、高彦休的《唐阙史》（2卷）等，以上为唐人撰述；以及王仁裕的《开元天宝遗事》（2卷，一作4卷）、王定保的《唐摭言》（15卷）、孙光宪的《北梦琐言》（20卷）等，以上为五代人撰述。这些野史笔记，除少数外，大多是唐人或唐末、五代人记唐事，比较真切。如《隋唐嘉话》记南北朝至开元间事；《朝野佥载》主要记唐初开元时事，而以记武则天时事最多；《国史补》记开元至长庆年间事；《因话录》记玄宗至宣宗朝事；《幽闲鼓吹》《云溪友议》《唐阙史》《北梦琐言》记唐末事。这些野史笔记所记虽不及正史系统、全面，但在揭示时代特点和社会风貌方面，因少有拘谨、言简意赅而具有独特的价值。

应当指出，野史笔记中，有的尚未完全摆脱神仙志怪的影响，但这毕竟不是它们的主要倾向。诚然，即使是小说、故事一类的笔记，也与史学有一定的关系。近人陈寅恪以韩愈主持修撰的《顺宗实录》同李复言的《续玄怪录》中的"辛公平上仙"条"互相发明"，证明宦官"胁迫顺宗以拥立宪宗"及"宪宗又为内官所弑"的事实，从而说明："李书此条实乃关于此事变幸存之史料，岂得以其为小说家言，而忽视之耶。"① 又如段成式所著《酉阳杂俎》20卷，续集10卷，虽有不少神仙志怪的记载，但它却包含了一些社会史、科技史和中外文化交流史的内容，历来受到中外学人的重视。

两宋以下，有些野史笔记的作者在考证史事方面用力甚勤。如宋人张世南著《游宦纪闻》，被称赞为"修史校书，它日或有采证，岂小补云乎哉"（《游宦纪闻》李发先跋）。又如宋人李心传所著《旧闻证误》一书，对宋初以来各家所载朝章典制详加辨正，证其讹误，被人誉为"良史才"（《旧闻证误》李调元序）。野史笔记在这方面的价值，也是很重要的。

——活泼了历史撰述的形式。《隋书·经籍志二》说"杂史"的特点之一是"体制不经"，是指它在体裁上不像编年体史书、纪传体史书那样规范，即是其"杂"的一个方面。刘知幾《史通·杂述》篇指出："偏记小说，自成一家，而能与正史参行，其所由来尚矣。"所谓"自成一家"，一指内容而言，一指体裁而言。清人浦起龙解释《杂述》篇的要旨说："杂述，谓史流之

---

① 陈寅恪：《〈顺宗实录〉与〈续玄怪录〉》，见《金明馆丛稿二编》，上海：上海古籍出版社1980年版。

杂著。"这也应当包括内容和形式两层含义。正是这种"体制不经"的"史流之杂著",使其得以用活泼的形式来撰述史事:有分卷而无标目者,有分卷而有标目者,有事后追记者,有当时所记者,有分类编次者,有依时编次者,等等。这种撰述形式的"杂",确与编年体、纪传体、典制体、纪事本末体史书具有规范的体裁、体例迥异;但也正是这种撰述形式的"杂"及其多彩多姿,极大地活泼了中国古代史书的编撰形式,有利于史家主体意识的发挥,有利于历史记载领域的开拓,有利于史学更广泛地走向社会、走向民间。这是唐宋以后中国史学进一步发展的一个重要标志。

综上,从积极的方面来看,野史笔记在思想上、内容上和体裁上,都有值得重视、借鉴之处。不论是在研究、撰写中国历史方面,还是在促进当今史学发展方面,野史笔记都是有待于进一步发掘的史学宝藏。

(原载《齐鲁学刊》2000年第1期)

说风俗

中国先民，极重风俗。政治家视其为为政之要的一个方面。学人视其为看待某一时代之社会习尚、精神风貌的主要根据。在中国史学上，有应劭撰《风俗通义》于东汉之末，有顾炎武深究历代风俗于明清之际，而上起先秦，下迄清末，其间关于风俗的记载和评论，史不绝书。"风俗者，天下之大事"。（引自《日知录》卷一三）这话，很好地表明了风俗同天下的关系。

何谓"风俗"？东汉的班固和应劭都作了解释，其意略同。据应劭《风俗通义》序：风，多由于自然条件而生，有美恶刚柔之分；俗，多由于社会环境而成，有直邪善淫之别。而圣人则可以"均齐"它们，使其"成归于正"。从这个意义上说，"辨风正俗"是"为政之要"的核心。风俗的形成，离不开自然和社会；风俗有厚薄，故需要"均齐"和"辨正"。这是古人关于风俗的基本认识。

所谓"风俗"，一是如《史记·货殖列传》《汉书·地理志》所记各地不同的"俗"与"好"，即所谓"百里不同风，千里不同俗"；二是带有普遍性或倾向性的"人心风俗"，它更直接地影响到一个时代或一个时期的政治面貌与社会时尚，并最终影响到历史进程。从总的方面看，这两种"风俗"是相互影响的。

中国历史上有移风易俗、辨风正俗的传统。《诗·周南·关雎序》云："美教化，移风俗。"把教化同风俗联系起来，足见它们对于社会风貌至关重要。

要移风易俗，就先要了解民间风俗。《礼记·王制》记："命大师陈诗，以观民风。"这是一种古老的了解民间风俗的途径。两汉以下则拓宽了这种途径，而移风易俗的措施也就更加具体化了。西汉自武帝时起，常派大臣分赴各地，举贤观风。如汉宣帝时，"遣太中大夫强等十二人循行天下，存问鳏寡，览观风俗，察吏治得失，举茂材异伦之士。"（《汉书·宣帝纪》）汉元帝时，"临遣光禄大夫褒等十二人循行天下，存问耆老鳏寡孤独困乏失职之民，延登贤俊，招显侧陋，因览风俗之化。"（《汉书·元帝纪》）显然，举贤、观风、存恤，都是政治上的大事。东汉时，朝廷亦派遣大臣"持节督郡国行风俗""分行州郡，班宣风化，举实臧否"（《后汉书·雷义传》及《孝顺帝纪》）。唐承汉制，在移风易俗上也有一些具体措施。唐太宗初年，置观风俗使，派遣重臣巡省天下，"观风俗之得失，察政刑之苛弊"；武则天时，以巡察使"分巡天下，察吏人善否，观风俗得失"；唐德宗时，分遣黜陟使于诸道，"观风俗，问疾苦"。（《唐会要》卷七七、七八）可见，唐代诸使中，多有观览风俗、移风易俗的使命。清代，也有类似的制度。这个传统的作用，就其主要方面来看，对社会的进步、历史的发展，是有积极意义的。

在历史上，移风易俗，重在政风、世风、文风。从上引"观风俗之得失，察政刑之苛弊"，"察吏人善否，观风俗得失"等语来看，为政之风实为风俗中的极重要方面。史载：盛唐置十道按察使。"不限年月，惩恶劝善，激浊扬清，孤穷获安，风俗一变"。（《唐会要》卷七七）这里讲的"风俗一变"，就是指的政风。

干宝《晋纪·总论》论晋代时尚："风俗淫僻，耻尚失所，学者以《庄》《老》为宗而黜《六经》，谈者以虚薄为辩而贱名俭，行身者以放浊为通而狭节信，进仕者以苟得为贵而鄙居正，当官者以望空为高而笑勤恪。"论中还说到与此相连带的种种现象，显示出了晋代一幅衰败的世风的图画。北齐文宣帝高洋曾有戒浮华诏，诏书强调说，浮华世风，均应蠲革，以求"反朴还淳，纳民轨物"。李肇论唐德宗以后长安风俗之侈，说道："长安风俗，自贞元侈于游宴，其后或侈于书法图画，或侈于博弈，或侈于卜祝，或侈于服食，各有所蔽也。"（《唐国史补》卷下）这种种"侈"的风俗，自是当时的世风。在李肇看来，因其有"蔽"，自当移易。顾炎武论周末、两汉、两宋之风俗，亦多指世风而言。

隋初，针对六朝"竞骋文华，遂成风俗"的文风，果断地"屏黜轻浮，遏止华伪"，强调"公私文翰，并宜实录"。曾有一位州刺史因"文表华艳"而"付所司治罪""自是公卿大臣咸知正路，莫不钻仰坟集，弃绝华绮，择先王之令典，行大道于兹世"（《隋书·李谔传》）。可见隋初在整顿文风上的决心和效果。其后，大臣李谔"又以属文之家，体尚轻薄，递相师效，流宕忘反"，乃上书建议矫正。隋文帝将李谔所奏"颁示天下"，于是"四海靡然向风，深革其弊"。这里说的"弊"，是"文笔日烦，其政日乱"之弊。直到唐代武则天时，人们还在称颂隋文帝的"禁断文笔浮词"，以致"风俗改励，政化大行"（《旧唐书·薛登传》）。

政风、世风、文风本是互相渗透的，而政风则起着主导的作用。所谓"美教化，移风俗"，也只有在良好的政风的引导之下通过一系列的政治行为才能实现的。顾炎武研究历代风俗而提出一个结论："天下无不可变之风俗。"（《日知录》卷一三）历史证明，他的结论是正确的。

（原载《光明日报》1995年1月30日）

三个西方学者和中国传统史学

中国史学，源远流长，博大精深，为世所罕见，亦为世所公认。它不仅在中华文化的发展中具有伟大的意义，它在世界文化的发展中也具有重大的意义。有趣的是，前些年，在中国学术界，关于传统史学的议论，有种种看法。其中有一种看法，是对传统史学持否定态度的。持这种看法的朋友，至今还是有的。这也不足为奇，研究学问的人，总是会有自己的看法的。但是，我想文化是有传承性的，史学也一样。全盘继承是不可能的，全盘否定恐怕也不行。在文化（包括史学）发展的长河中，人们的"现代"，并不是以不承认"过去"来实现的，人们在学术上的进步，也不是以全盘否定在当时也是进步的历史遗产来实现的。在这里，重要的问题在于，一是历史地看待历史遗产，给其恰如其分的评价；二是创造，在前人的基础上进行创造。

前人和遗产真的那么重要吗？是的，从中国传统史学来说，这的确是很重要的。对此，中国学人已有许多论述了。我们或许应当换一个角度来看问题，以便把它看得更真切些。

从人类文明的发展来看，中国史学无愧是这一发展的进程在世界东方的辉煌记录。毫无疑问，它已经成了全人类文明进程的伟大记录的一个部分——一个值得人类骄傲的、具有典型意义的部分。最近三百年来的世界学术史表明，中国史学的世界意义，不断受到一些有声望的学者的评论和称颂。18世纪的法国学者伏尔泰，19世纪的德国学者黑格尔，20世纪的英国学者李约瑟，当是这些有声望的学者中最有声望的人了。

伏尔泰在1765年发表了他的《历史哲学》①。在《历史哲学》中，伏尔泰是这样评论中国史学的：

---

① 即现今所见《风俗论·导论》，上海：商务印书馆1985年版，第73—75页。

> 我们在谈论中国人时，不能不根据中国人自己的历史。他们的历史已由我们那些互相诘难的各个教派——多明我会、耶稣会、路德教派、加尔文教派、英国圣公会教派——的旅行者们所一致证实。不容置疑，中华帝国是在四千多年前建立的……
>
> 如果说有些历史具有确实可靠性，那就是中国人的历史。正如我们在另一个地方曾经说过的：中国人把天上的历史同地上的历史结合起来。在所有民族中，只有他们始终以日蚀、月蚀、行星会合来标志年代；我们的天文学家核对了他们的计算，惊奇地发现这些计算差不多都准确无误。其他民族虚构寓意神话，而中国人则手中拿着毛笔和测天仪撰写他们的历史，其朴实无华，在亚洲其他地方尚无先例。
>
> ……不像埃及人和希腊人，中国人的历史书中没有任何虚构，没有任何奇迹，没有任何得到神祇的自称半神的人物。这个民族从一开始写历史，便写得合情合理。
>
> 他们与其他民族特别不同之处就在于，他们的史书中从未提到某个宗教团体曾经左右他们的法律。中国人的史书没有上溯到人类需要有人欺骗他们、以便驾驭他们的那种野蛮时代……他们的史书仅仅是有史时期的历史。
>
> 这里有一个对我们来说尤其重要的原则，即：如果一个民族最早的编年史证明确实存在过一个强大而文明的帝国，那么这个民族一定在多少个世纪以前早就集合成为一个实体。中国人就是这样一个民族，四千多年来，每天都在写它的编年史。

这是230年前，一位影响了整整一个时代的西方哲人、历史学家对中国史学的评价。这使我们产生一种感觉：就像是在聆听一位对中国历史和中国史学怀有崇高敬意的教师，在娓娓地讲述着他的心得和认识，他的判断和评论。因此，我们就不曾感到引文的冗长，而是感到格外的亲切。

当然，伏尔泰对中国史学的认识和评价，间或也有过誉之处，这一方面固然是出于某种误解，一方面也是出于同欧洲及世界其他各国的比较，这后一点从他的著作中看得十分清楚。这就是说，从总体上看，伏尔泰对中国史学的认识和评价，是一种严肃的认识和评价，是把中国史学作为世界史学的一个辉煌的部分来认识和评价的。

如果说伏尔泰是着重在评论中国史书的话，那么黑格尔对中国史家则有他的精辟的认识。他讲过一句名言："中国'历史作家'的层出不穷、继续不断，实在是任何民族所比不上的。"①黑格尔对中国历史的评价，有些是需要后人予以澄清的，但他对中国史家的这个评论，则是中肯的。中国至晚自西周以来，史官、史家确是"层出不穷、继续不断"。就史官来说，唐代以前姑且不论，如果把唐太宗贞观三年（629）正式设立史馆以后直至清代的史馆中有史官职衔的人统计一下，那将是一个庞大的名单；如果把自孔子、司马迁以下历朝历代那些没有史官职衔的史家统计一下，同样也将是一个庞大的名单。黑格尔之所以特别指出这一点，是因为这对文明的发展和史学的发展都具有非常重要的意义。

李约瑟博士是当今许多中国人都熟悉的英国学者，他以毕生的精力致力于中国科学技术史的研究和撰述，从而取得辉煌的成就，不仅受到了中国人的尊敬，也受到了全世界学术界的尊敬。他在《中国科学技术史》第一卷即《导论》中，在对中国作"历史概述"之前，他以极大的兴趣简要叙述了"中国历史编纂法"的有关问题。他以赞叹的语气写道：

> 也许不用多说，中国所能提供的古代原始资料比任何其他东方国家，也确实比大多数西方国家都要丰富。譬如，印度便不同，它的年表至今还是很不确切的。中国则是全世界最伟大的有编纂历史传统的国家之一。关于某一事是在什么时候发生的问题，中国往往不仅可以确定它的年份，而且还可以确定月份，甚至日期……尽管各个朝代的官职和名称不断变化（如十二世纪郑樵所著的《通志略》中，对此有丰富的记载），但都设有史官专门记载不久前发生的和当时发生的事件，最后编成完整的朝代史。这些史书所表现的客观性和不偏不倚的态度，最近曾有德效骞与修中诚加以赞扬和描述。

李约瑟还详细地介绍了朝代史即"正史"的"格局"，并分别介绍了编年史、纪事本末史、别史、杂史、杂著、笔记、笔谈，认为杂著以下这类书中"的确

---

① [德]黑格尔著，王造时译：《历史哲学》，上海：生活·读书·新知三联书店1956年版，第161页。

往往含有对科学史有决定性意义的论述"。李约瑟在高度赞扬中国历史编纂学及其成就的时候，也透露出一位科学史大师的沉重心情，他说："到目前为止，实际上还没有一部中国史书被译成西文，这应该说是全世界学术界最大的憾事之一。"①他这里所说的"中国史书"，是指《史记》《汉书》等历史名著。从他的这些话中，我们可以想见中国史学在李约瑟博士心目中的崇高地位和沉重的分量。

这里，我并不是要对伏尔泰、黑格尔、李约瑟关于中国史学的评论作详细的评论，也不是要借助这三位学者的声望来证明中国传统史学中那些辉煌成就和优良传统的存在；我只是通过他们的这些论述，证明中国史学在近三百年以来已经成为世界各国的学者用以说明人类文明与创造的知识宝藏。

中国史学不仅属于中国，它也属于世界。

（原载《书屋》1996年第6期）

---

① [英]李约瑟：《中国科学技术史》第1卷《导论》，北京：科学出版社，上海：上海古籍出版社1990年版，第74、75、77页。

经济全球化形势下的文化抉择

经济全球化趋势，已成为新世纪的历史特点和人们讨论的主要话题之一。人类的经济社会和文化面貌，都要发生这样那样的变化。当然，经济全球化并不是全人类的"福音"，它在不同国家、不同地区产生的影响并不相同。因此，从世界范围看，在实际生活中和理论探讨中，都不乏反对经济全球化的行为和观点。中国是一个发展中的国家，是一个实行改革开放的大国。面对经济全球化趋势，必须采取积极的姿态和相应的对策，趋利避害，以便赢得自我发展的时间和空间。这既是历史经验的启示，也是现实生活的要求。从这一基本认识出发，进而来看待我们的文化发展战略，才可能采取清醒的、冷静的、积极的方针和步骤。

从历史上看，就一般意义而言，各国、各民族间的经济文化交流从来没有中断过，只是持续时间的长短、进展程度的强弱由于种种原因而有所变化罢了。中国古代的汉唐文化，尤其是唐代文化，吸收了多种域外文化；而唐代文化又深深地影响了亚洲各国的文化。值得注意的是，中国古代的科学技术和思想文化，对欧洲的社会进步和文化发展所产生的积极作用，更是不可轻估的。近代以来至新中国成立以前，中国沦为半殖民地国家，西方文化的"输入"，往往是同强权外交相联系的，与此前的各国间的经济文化交流不可同日而语。可以这样说，殖民地文化的最大特点和本质所在，是国家主权的被损害和民族精神的被压抑。我以为，对于中国历史上中外文化交流的性质及影响，我们是不应当忽视的。

当今，在经济全球化趋势下，中国文化发展的国际环境和国内环境都增加了新的因素。从国际环境看，经济全球化趋势的加强，必然加快各国间文化的相互交流和相互影响，这是一个历史潮流。从国内环境看，改革开放的基本国策，也将继续推动中外文化交流，一方面是对外国文化的"引进"，一方面是对中国文化的向外传播，这也是一个历史潮流。在这种历史条件下，中国文化发展似应确立这样几条原则：

第一，经济与文化有密切的关系，但经济与文化又有本质的区别。经济全球化必然会促进各国文化的进一步联系，但这不等于是"文化全球化"。近代以来，西方文化发展了几百年，但各国仍自有其自己的文化，这是一个历史事实。从现实来看，由于世界观、价值观的差别的存在，由于民族文化传统的差别的存在，这就足以使文化的"全球化"在相当长的历史时期内不可能出现。正因为如此，我们不应简单地谈论"全球化"问题，也不应盲目地从"经济全球化"中推论出"文化全球化"观念。这不仅在学理上不能成立，而且在实践中会造成混乱并产生负面影响。有的论者把"文化全球化"解释为"全球范围内文化的多元共存"，似难以成立。

第二，从唯物史观来看待历史发展，应当看到在21世纪，各国间的文化联系会比以往任何时间都更加密切。这种联系伴随着高科技的飞速发展而日益加强。面对汹涌澎湃而来的外来文化，我们所应持的恰当态度是：不拒绝，不照搬，择善而从。所谓"择善"，当然是按照我们的国情和我们所持的世界观、价值观。在这里，联系既是客观趋势，选择亦多有余地。这里存在着很大的空间，也检验着文化工作者的鉴别能力和向导作用。从"五四"以来，历史留给我们正反两个方面的经验教训，都极为丰富，极富于现实的启迪意义。同时，历史也一再证明，这种鉴别能力和向导作用是极为重要的。

第三，发扬中华文化的民族特点，推进人类文化事业的更大进步。任何一种文化，一方面，都同一定的经济、政治分不开。因此，世界文化是多样的，是五彩斑斓的。这种情况，在经济全球化形势下，不会有根本的改变。尽管人类沟通的渠道更多了，各种文化也会不断增加着相互间的衔接点，但人类分属于各个地区和国家，又各有自己的历史传统和民族特点，其文化面貌仍将是多样的、五彩斑斓的。从这个意义上说，中国文化的发展，在积极面对世界的同时，仍将坚持发扬自己的历史传统和民族特点。这是推进中国文化发展的必由之路，也是对世界文化发展继续做出贡献的正确途径。在这里，文化的民族性和世界性是辩证统一的。这是人们说得很久的一个话题了，只是今天我们可以更加理性、更加自信地来看待它。中国文化,因其有悠久的历史、丰富的内涵、多姿多彩的表现形式,历来为世界各国有识之士所重视。中国文化,是中华民族的伟大创造,也是中华民族对人类文明和世界文化的伟大贡献。随着改革开放的深入发展,随着中外文化交往的日益密切,中国文化的价值和意义,必将在各国得到人们更多的理解和认识。总之,继承优秀文化遗产,创造新的文化成果,一方面使传统文化得到弘扬,一方面使现代文化保持民族特点,是当今文化工作者的神圣责任。

以上三点,是我对经济全球化时代文化工作之定位和视野的肤浅认识。这里说的文化工作,是广义的,它包含人文社会科学在内。近年,从一般意义上讨论经济全球化和文化发展关系者甚多,我认为,其中有的认识是可以进一步探讨的。

(原载《求是学刊》2002年第5期)

附录：关于文化的民族性与世界性

——访北京师范大学教授瞿林东

记者：从历史上看，各国、各民族的经济、文化交流由来已久。请谈谈您的看法。

瞿林东：各国、各民族之间的经济、文化交流由来已久，这种交流对推动世界文明的发展、人类社会的进步，发挥了巨大的作用。伴随着历史进程，这种作用越来越显得突出和重要。太久远的不说了，就中国汉唐时期来说，这是中国古代文明极其辉煌的时代。汉唐文明固然是中华民族的伟大创造，但其中也包含了对外来文明的吸收。同样，汉唐文明尤其是唐代文明极大地影响了世界历史，这是各国历史学家们所公认的。可见，世界各国、各民族之间的经济文化交流确有长久的历史。近代以来，西方资本主义向外扩张，对殖民地的占有和掠夺，也是一种"交流"的形式，但这是一种不平等的"交流"形式，同古代的经济、文化交流有本质上的区别。

记者：在经济全球化形势下，中华文化的发展应是怎样的态势？有人担心在这个过程中，中华文化的个性得不到凸显。您对此如何认识？

瞿林东：对于经济全球化的问题，我们不能回避它，而是要面对它。这是一个历史趋势，人们认识到它的种种作用，才能采取理性的、正确的措施。总的来看，中华文化的发展也应采取这一态度，即面对世界、发展自己。我们知道，自鸦片战争以来，一百六十年左右，中国人从来没有像今天这样理直气壮地、充满信心地面对世界，这就是走向世界、向世界各国一切先进的事物学习，以充实自己，提高自己。新中国成立，特别是改革开放以来，中国已经有了很大的发展，但这仅仅是中国走向伟大复兴的开始。我所理解的中华民族的伟大复兴，一方面是指国家的富强，另一方面也包含中国将对世界的历史进步做出新的、更辉煌的贡献。

当然在这个过程中，我们不能只关注经济领域的问题，而且也应关注文化领域的问题。在经济全球化的过程中，发达国家不仅要在经济上占到很多好处，而且也会在文化上大规模地推销自己，这种文化推销归根到底也是和经济利益结合在一起的。对此，一方面，我们应当清醒对待，应当有所警惕；另一方面，我们也应当有充分的自信心，即中华文化的历史积累和优良传统具有强大的生命力，必将在经济全球化过程中得到新的发展。这首先是因为中华文化有深厚的根基。所谓根深叶茂，这是自然之理，也是文化之理。中华文化有五千年左右的历史，其各个方面的创造和成就，已成为人类文明史的重要部分。随着世界各国间文化交往的日益发展，中华文化将比以往任何时代更加受到世界的了解和重视，中华文化的民族特点和个性也会受到各国人民的理解和尊重。近二十多年来的历史，可以证明这个判断是有根据的。其次，我们对自己的文化和文化传统，也要不断提高认识，不断在继承其优秀遗产的基础上，根据时代的要求，吸收一切先进文化成果，进行新的创造。中华文化有这个能力，也有这个传统。我们的先人早就懂得："富有之谓大业，日新之谓盛德。"（《易·系辞上》）"苟日新，日日新，又日新。"（《礼记·大学》）创新而不遗余力，积极进取，与时俱进，这是我们中华文化之民族性的重要方面。尊重传统和锐意创新的辩证统一，这是文化发展的规律，认识并自觉实践这一规律，中华文化在新的世纪里将更加显示出它的光华和辉煌。再次，世界历史证明，人类社会发展的主流总是表现为人们对美好事物的向往和追求，而美好的事物不是单调的，而是多彩的，不是贫乏的，而是丰富的，这在精神、文化方面尤其突出。我认为，提出这种看法是正确的：经济趋于全球化，但是各个伟大民族必然保持民族文化的独立性。文化的丰富多彩是世界文化发展的前景。

费孝通先生提出"文化自觉"的问题，我很赞成。在文化方面，不迷信别人，也不固守自身，而是树立保持民族特点和风格、面向世界和未来的文化发展观，使我们中华文化既显示出东方文化的睿智和魅力，又是开放的和受到世界欢迎的文化。

记者： 从您上面所作的分析来看，是否可以认为，所谓经济全球化会必然导致文化全球化的提法是不恰当的？

瞿林东： 关于经济全球化的问题，现在也还有一些不同的认识。关于在经济全球化趋势下，文化发展的前景问题，不同的认识就更多一些。这是很自然的事情。我认为经济全球化不可能导致文化全球化。前面讲过，在经济全球化过程中，文化的交往、联系、相互影响会更加密切，但这并不意味着文化全球化。首先，有一个基本观点是必须明确的，即经济影响着甚至决定着文化，但二者毕竟不是一回事。经济讲求效益、讲求速度、讲求给人们带来多少物质财富；文化讲求境界、讲求风格、讲求给人们带来多少精神享受。各国在经济上的差别，是可以测定出来的，而它们在文化面貌上的不同，则是不好用量化的标准来测定的。其次，文化的发展，一方面同现实密切相关，一方面又同历史密切联系。一个民族国家的存在，是同这个国家拥有自己的民族文化分不开的。中华文化是中国历史上曾经存在过的民族和今天的56个民族所共同创造的，源远流长，遗产丰厚，这个历史是割不断的。不独中国如此，其他凡拥有悠久历史文化传统的国家也是如此。再次，这里还有一个很大的误解，以为"经济全球化"是所有国家都会得到相同的利益，以至于必将导致文化上的"趋同"。其实，经济全球化本身并非如此，发达国家获得最大利益，发展中国家如果应对得当，可以获得一部分利益，如果应对失当或因其他客观上的诸多原因，不仅得不到利益，甚至会受到损失。在这种情况下，二者之间的价值观念、政治信仰、是非标准、利害得失是会有很大区别的。这种局面怎么可能会出现文化全球化呢！因而，这种提法或类似提法是不妥当的。

记者： 作为一个历史工作者，您对文化问题十分关注，这是出于专业上的考虑，还是源于一种社会责任？您认为今天我们所讨论的这些问题的最重要的意义何在？

瞿林东： 我对文化比较关注，既有专业上的敏感，同时也是出于一种社会责任。我认为大多数史学工作者都是如此。从专业上看，史学是文化的一个重要方面，它的发展不能脱离文化发展的总趋势。前不久，我写了一篇文章《经济全球化趋势与中国史学发展前景》，就是基于这种认识。从社会责任来看。我认为经济全球化不仅是一个历史发展过程，而且是一个世界性的主题。我们中国人对此应当有清醒的和明确的认识，这对中华民族走向伟大的复兴，有十分重要的关系。不论在决策层面上，还是在民族素质层面上，都与此密切相关。党的十五大指出，文化是综合国力的一部分，它的战略地位极其重要。因此，在经济全球化趋势中如何制定我们的文化政策，如何发展中华文化，如何加快中华文化走向世界的步伐，自是不可回避的问题。但是，这又不只是一个文化政策问题，它是同全民族的整体素质相关联的。我建议有更多的人来参加讨论经济和文化是什么关系，经济全球化趋势下，中华文化如何发展，等等，以不断丰富和提高我们的认识，推进我们的社会实践。马克思、恩格斯说过："历史活动是群众的事业。"当全民族有了"文化自觉"意识，我们中华文化必定有更加辉煌的前景。

总之，我们既要关注经济全球化，也应当面对它、利用它。放眼世界，在世界的广阔舞台上不断展现我们民族文化的魅力，以海纳百川的精神吸收一切有益于我们的成果。同时，树立正常的心态和正确的文化发展观，只有这样才能在文化的抉择中走向成功之路。

（原载2001年7月4日《学习时报》"经济全球化与中华文化"专栏，徐庆群、陶春采访并撰文）